U0959854

权威·前沿·原创

皮书系列为
“十二五”“十三五”国家重点图书出版规划项目

BLUE BOOK

智库成果出版与传播平台

煤炭蓝皮书

BLUE BOOK OF COAL INDUSTRY

中国煤炭工业发展报告（2019）

ANNUAL REPORT ON COAL INDUSTRY IN CHINA (2019)

煤炭产业高质量发展研究

主　编／岳福斌

社会科学文献出版社
SOCIAL SCIENCES ACADEMIC PRESS (CHINA)

图书在版编目(CIP)数据

中国煤炭工业发展报告.2019：煤炭产业高质量发展研究/岳福斌主编.-- 北京：社会科学文献出版社，2020.7

（煤炭蓝皮书）

ISBN 978-7-5201-6777-2

Ⅰ.①中… Ⅱ.①岳… Ⅲ.①煤炭工业-经济发展-研究报告-中国-2019 Ⅳ.①F426.21

中国版本图书馆CIP数据核字（2020）第101165号

煤炭蓝皮书

中国煤炭工业发展报告（2019）

——煤炭产业高质量发展研究

主　　编/岳福斌

出 版 人/谢寿光

组稿编辑/周　丽

责任编辑/王玉山

文稿编辑/李小琪

出　　版/社会科学文献出版社·城市和绿色发展分社（010）59367143

地址：北京市北三环中路甲29号院华龙大厦　邮编：100029

网址：www.ssap.com.cn

发　　行/市场营销中心（010）59367081　59367083

印　　装/天津千鹤文化传播有限公司

规　　格/开　本：787mm×1092mm　1/16

印　张：22.75　字　数：337千字

版　　次/2020年7月第1版　2020年7月第1次印刷

书　　号/ISBN 978-7-5201-6777-2

定　　价/168.00元

本书由北京绿能煤炭经济研究基金会资助
谨以此书向中华人民共和国成立七十周年献礼

煤炭蓝皮书
编纂指导委员会

部，原山东省煤炭工业局分党组书记、局长

华　炜　第十一、十二届全国人大代表，北京绿能煤炭经济研究基金会理事长，陕西煤业化工集团原党委书记、董事长

刘　锦　内蒙古煤炭工业协会会长

刘万波　四川省煤炭产业集团党委副书记、总经理、副董事长

刘银志　河南能源化工集团党委书记、董事长

李　伟　兖矿集团总经理

李晋平　第十二、十三届全国人大代表，山西省工业和信息化厅党组书记、厅长，潞安集团原党委书记、董事长

李鸿双　晋煤集团党委书记、董事长

杨照乾　中共十九大代表，陕西煤业化工集团党委书记、董事长

宋老虎　陕西能源集团党委副书记、总经理

张双旺　内蒙古伊泰投资股份有限公司董事长

张有喜　第十二届全国人大代表，同煤集团原党委书记、董事长

武华太　中共十八大代表，山西焦煤集团原党委书记、董事长

武望国　同煤集团副总经理、大同煤业股份公司董事长

赵永峰　中国神华能源股份有限公司副总经理

贺佑国　应急管理部信息研究院（煤炭信息研究

院）院长、党委副书记，应急管理出版社社长

姜耀东　第十二、十三届全国政协委员，中国矿业大学（北京）原副校长

崔　涛　中国煤炭报社党委书记

游　浩　潞安集团党委书记、董事长

翟　红　中共十九大代表，阳煤集团党委书记、董事长

煤炭蓝皮书编纂委员会

主　　编　岳福斌

委　　员　（按姓氏笔画排序）

王永革　阳煤集团党委副书记、副董事长、总经理
王志清　晋煤集团党委副书记、副董事长、总经理
田富军　河南能源化工集团党委副书记、副董事长、总经理
刘俊义　潞安集团党委副书记、副董事长、总经理
严广劳　陕煤集团党委副书记、总经理
杜善周　神东煤炭集团总经理
张东海　内蒙古伊泰集团有限公司党委书记、董事长、总裁
张海军　兖矿集团投资发展部部长
岳鸿飞　联合国工业发展组织驻华项目官，北京大学经济学院博士后
郑和平　川煤集团董事、副总经理，党委委员
荣　君　同煤集团董事会秘书、行政事业部总经理
徐　颖　北京信息科技大学教授
黄　巍　山西焦煤集团党委副书记、副董事长、总经理

雷贵生　陕煤集团黄陵矿业公司党委书记、董事长

参编人员　（按姓氏笔画排序）

马全动　马步才　王　欢　王　怀　王　奕
王　峰　王　强　王　蕾　王日杰　王文平
王永革　王志文　王志清　王启瑞　王茂盛
王昌润　王明港　王宝红　王春迎　王俐俐
王晋波　王新民　王耀岳　牛　刚　田富军
田德凤　付书俊　白平彦　令狐建设　冯志武
冯敏捷　吕志刚　吕贵良　朱拴刚　乔乃琛
刘万波　刘向华　刘利鹏　刘春林　刘俊义
刘振东　刘银志　闫建新　江琳洁　池亚楠
孙福群　严广劳　杜　平　杜善周　李　伟
李　健　李　聪　李中超　李怀明　李秋实
李重阳　李俊诚　李浩森　李鸿双　杨照乾
杨海军　肖耀猛　闵小建　宋录生　张　坤
张文才　张双旺　张东海　张付民　张邦永
张吉林　张利华　张茹敏　张海军　张唯赫
张新闻　陈　飞　陈晋亮　武望国　林火灿
岳鸿飞　周剑波　周海丰　郑　清　郑有雷
郑和平　郑海山　屈　凌　赵永峰　赵晋华
赵福堂　郝忠美　荣　君　胡可征　段日雄
禹　前　袁景民　贾长茂　徐　颖　徐卫平
高东风　高彦清　郭成刚　席北明　唐恩贤
黄　巍　盛天宝　常星星　梁　洪　游　浩
雷贵生　蔡　华　翟　红　樊　稳

秘　　书（按姓氏笔画排序）

王　奕　王　蕾　王志文　刘利鹏　池亚楠

李秋实　李重阳　张新闻　胡可征

主编简介

岳福斌　男，辽宁省葫芦岛市人，中国社会科学院研究生院教授、中国矿业大学（北京）客座教授，博士生导师，中国煤炭经济研究院院长，北京绿能煤炭经济研究基金会副理事长兼秘书长，中国能源研究会中国煤炭经济30人论坛（CCEF－30）组委会副主任委员兼秘书长、中经煤炭产业景气指数特约撰稿人。长期致力于中国经济问题研究，出版著作30余部，发表学术论文300余篇。近十九年来致力于中国煤炭经济研究，先后主持了铁路建设基金对煤炭产业的影响、煤炭价格形成机制、煤炭成本构成、煤炭交易制度、煤炭财产保险、煤炭管理体制、北煤南运铁路专线建设、煤炭产业基金、煤矿企业兼并重组、煤炭企业精细化管理、煤炭税费制度综合改革、加强商品煤质量管理、混合所有制及其在煤炭产业的构建、中国能源革命与煤炭产业策略、科学推进我国煤制油产业发展、煤炭工业发展“十三五”产能规划研究、煤炭产能新常态与落后产能退出新机制、煤炭产业脱困发展与供给侧结构性改革、积极稳妥降低煤炭企业杠杆率、煤炭产业供给侧结构性改革降成本等课题，以及《煤炭工业发展“十二五”规划》、河南省等多项地方政府和煤炭企业发展战略课题，提出的多项政策建议被政府采纳。已载入《中国当代著名经济学家辞典》《中国当代著名青年学者辞典》《世界华人著名教育家辞典》《当代华人名人传略》《经济日报——领军者人物专版》等。

摘　要

本书由中国矿业大学（北京）中国煤炭经济研究院牵头组建的中国煤炭蓝皮书编纂委员会组织编写，系已经公开出版发行的“煤炭蓝皮书”第十一卷。

全书由总报告和实证报告构成。总报告由中国煤炭经济研究院课题组撰写，阐述了高质量发展要求的提出、背景和意义，从高质量发展的内涵入手，探讨了煤炭产业高质量发展的客观要求，提出了煤炭产业经济高质量发展测度指标体系，分析了影响煤炭产业经济高质量发展的因素，提出了积极稳妥推进中国煤炭产业高质量发展的政策建议。各实证报告分别由煤炭主产省产业主管部门领导和国家能源、陕煤、兖矿、同煤、焦煤、阳煤、潞安、晋煤、伊泰、河南能源、川煤等企业成立的以主要负责人为组长的课题组撰写，分别从产业管理部门和企业角度，介绍了高质量发展的基本情况、采取的措施及取得的成就，针对推进发展中存在的问题、面临的困难和挑战，提出了积极推进高质量发展的思路、条件要求和政策建议。

本书集知识性、理论性、实践性、政策性于一体，以产业发展中亟待解决的现实问题为导向，特别突出了以马克思主义经济理论和西方经济理论结合作为指导思想的理论基础，特别突出了以习近平同志为核心的党中央提出的“五大新发展理念”作为指导思想，特别突出了煤炭产业从高速增长转向高质量发展的基本要求。本书在马克思经济发展理论的指导下做出了创新：第一次为煤炭产业高质量发展定义，提出了煤炭产业经济高质量发展测度指标体系。本书内容翔实、观点鲜明、可读性强，可作为深入推进煤炭产业经济从高速增长转向高质量发展，特别是煤炭产业高质量发展相关政策制定、执行、评估、完善，煤炭企业生产经营管理，以及高等院校、科研院所、企事业单位教学、科研参考用书。

关键词： 煤炭产业　高质量发展　测度指标体系

序

基于资源禀赋和长期以来的产业积累，煤炭一直是我国最重要的一次能源，是满足国家能源需求的基石。纵观历史，当代能源发展逐渐呈现出一些特点：能源发展也是燃料的脱碳过程（氢化过程），化石能源由燃料利用逐步转向原料利用；能源消费由一次能源向二次能源过渡，电能在终端能源消费中的比重将逐步上升；电力由长期以来集中式供应，到与太阳能、风能等分布式电力结合。新能源的兴起是历史的必然。作为对新中国经济社会发展做出过巨大的、无可替代贡献的煤炭产业怎么办，是一个必须认真回答的课题。2017 年中央经济工作会议明确指出，“推动高质量发展是当前和今后一个时期确定发展思路、制定经济政策、实施宏观调控的根本要求”。这为煤炭产业发展指明了正确方向，煤炭产业必须从高速度增长转向高质量发展。

早在 2018 年 3 月召开的中国煤炭经济研究院理事长工作会议上，就有专家建议组织研究煤炭产业高质量发展问题。之后，在内蒙古国际能源大会、山西焦煤“双百行动”综合改革实施方案研讨会上，中国煤炭经济研究院相关专家、学者分别作了关于煤炭经济高质量发展的报告。经过“中国煤炭经济 30 人论坛（CCEF－30）第二十二次内部研讨暨纪念中国煤炭产业改革开放 40 年座谈会”对煤炭产业经济从高速度增长转向高质量发展的讨论，2019 年 1 月，中国煤炭经济研究院理事长工作会议决定，为贯彻落实党中央、国务院的战略部署，助推煤炭产业高质量发展，正式将“煤炭产业高质量发展研究”作为 2019 年重点课题和“煤炭蓝皮书”选题；集中力量，深入研究，形成共识，探索切实可行的路径、方式和方法。

为贯彻落实理事长工作会议的决定，中国煤炭经济研究院吸收院内外高校和研究机构参与，并在来自煤炭产业及银行、证券等金融部门专业人士的支持下，成立了“煤炭产业高质量发展研究”专项课题组。通过举办论坛、专题研修班、座谈会、研讨会等方式深入交流，形成思路，并深入煤炭企业实地调研。在此基础上，“煤炭蓝皮书”编纂委员会又邀请了煤炭主产省产业主管部门领导、煤炭产业社会组织代表及多家重点煤炭企业参与进来，共同组建了庞大的编纂团队。在产业内外各界的大力支持下，所有参编成员面对“高质量发展”这一新时代课题，认真学习，刻苦钻研，深入调研，反复讨论，集思广益。经过半年多时间的努力，以“煤炭产业高质量发展研究”为主题的《煤炭蓝皮书：中国煤炭工业发展报告（2019）》如期完成。

全书由总报告和实证报告构成。总报告由中国煤炭经济研究院课题组撰写，阐述了高质量发展要求的提出、背景和意义，从高质量发展的内涵入手，探讨了煤炭产业高质量发展的客观要求，分析了影响煤炭产业经济高质量发展的因素、存在问题、困难和面临的挑战，提出了煤炭产业经济高质量发展的测度指标体系，提出了积极稳妥推进中国煤炭产业高质量发展的政策建议。各实证报告分别由煤炭主产省产业主管部门领导和国家能源、陕煤、兖矿、同煤、焦煤、阳煤、潞安、晋煤、伊泰、河南能源、川煤等企业成立的以主要负责人为组长的课题组撰写，分别从产业管理部门和企业角度，介绍了高质量发展的基本情况、采取的措施及取得的成就，针对推进发展中存在的问题、面临的困难和挑战，提出了积极推进高质量发展的思路、条件要求和政策建议。

本书以煤炭产业发展中亟待解决的现实问题为导向，特别突出了以马克思主义经济理论和西方经济理论结合作为指导思想的理论基础，特别突出了以习近平同志为核心的党中央提出的“五大新发展理念”作为指导思想，特别突出了煤炭产业从高速增长转向高质量发展的基本要求，并在重大理论、政策和制度创新方面进行了有益探索。本书内容翔实、观点鲜明、可读性强，集知识性、理论性、实践性、政策性于一体，可作为煤炭产业高质量发展相关政策制定、执行、评估、完善，煤炭企业生产经营管理，以及高等院校、科研院所、企事业单位教学、科研参考用书。

借此卷“煤炭蓝皮书”出版之际，我谨代表编纂指导委员会向为本书奉献辛勤汗水、贡献思想智慧的所有编写人员表示由衷的感谢！向为我国煤炭产业高质量发展做出不懈努力，为煤炭产业发展做出贡献的专家、学者、企业家以及战斗在一线的同志们致以崇高的敬意！当前，世界正处于百年未有之大变局，中国进入新时代，煤炭产业要顺应大势，向着安全、高效、绿色、经济、智能、可持续的方向前进再前进。

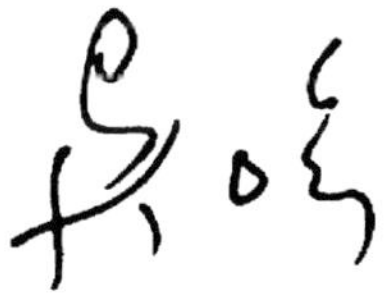

2019 年 11 月

目 录

Ⅰ 总报告

Ⅱ 实证报告

皮书数据库阅读**使用指南**

总 报 告

General Report

B.1
煤炭产业高质量发展研究报告

中国煤炭经济研究院课题组*

摘 要： 本报告阐述了高质量发展要求的提出、背景和意义，从高质量发展的内涵入手，探讨了煤炭产业高质量发展的客观要求，分析了影响煤炭产业经济高质量发展的因素、存在的问

* 课题组组长：岳福斌。主执笔：岳福斌；池亚楠，中国煤炭经济研究院博士研究生，研究方向为煤炭经济；张新闻，中国工商银行业务研发中心产品经理，经济学硕士，研究方向为金融科技、绿色发展；李重阳，国家金融与发展实验室研究员，经济学硕士，研究方向为利率与货币政策、汇率与跨境资本流动、金融科技。成员（按姓氏笔画排序）：王奕，中国煤炭经济研究院硕士研究生，研究方向为煤炭经济；王蕾，中国煤炭经济研究院助理研究员，经济学硕士，研究方向为煤炭经济；王志文，中国煤炭经济研究院硕士研究生，研究方向为煤炭经济；刘利鹏，中国煤炭经济研究院博士研究生，研究方向为煤炭经济；李秋实，中国工商银行业务研发中心产品经理，金融学硕士，研究方向为金融工程、投资理财及私人银行；林火灿，《经济日报》宏观经济部主任记者，新闻学硕士，长期从事宏观经济和煤炭经济采编报道；岳鸿飞，联合国工业发展组织驻华项目官，北京大学经济学院博士后，主要研究方向为经济学、绿色工业发展；胡可征，中国社会科学院研究生院博士研究生，中国农业银行研发中心测试质量管理师，研究方向为能源经济与金融市场；徐颖，北京信息科技大学教授，经济学博士，长期从事证券投资学、金融学、保险学等应用经济学教学科研，硕士研究生导师。

题、困难和面临的挑战，提出了煤炭产业经济高质量发展的测度指标体系，建议要不断加强学习，深化认识，统一高质量发展思想，创新驱动，制定满足发展需要的战略规划，深化改革，及时总结经验，积极稳妥推进中国煤炭产业高质量发展。

关键词： 煤炭产业　高质量发展　测度指标体系

一　高质量发展要求的提出、背景和意义

（一）高质量发展要求的提出

2017 年 10 月，党的十九大报告明确指出："中国特色社会主义进入新时代，我国经济发展也进入了新时代，其基本特征是由高速增长阶段转向高质量发展阶段。"随后，习近平总书记到江苏徐州考察调研时明确指示："我国经济由高速增长转向高质量发展，这是必须迈过的坎，每个产业、每个企业都要朝着这个方向坚定往前走。"① 2017 年底中央经济工作会议也明确指出，"推动高质量发展是当前和今后一个时期确定发展思路、制定经济政策、实施宏观调控的根本要求"②。

2018 年春节来临之际，习近平总书记赴四川调研时再次强调，我国经济已由高速增长阶段转向高质量发展阶段，并提出了夯实实体经济、深化供给侧结构性改革、抓好生态文明建设等具体要求。第十三届全国人民代表大会第一次会议上，国务院总理李克强在政府工作报告中指出，"要大

① 《习近平在江苏徐州市考察时强调　深入学习贯彻党的十九大精神　紧扣新时代要求推动改革发展》，《人民日报》2017 年 12 月 14 日，第 01 版。

② 《中央经济工作会议在北京举行　习近平李克强作重要讲话　张高丽栗战书汪洋王沪宁赵乐际韩正出席会议》，新华社，2017 年 12 月 20 日。

力推动高质量发展。发展是解决我国一切问题的基础和关键"[①]。习近平在此次会议上同内蒙古、广东、山东、重庆代表团审议时，以高质量发展为主题多次发表重要讲话。

之后，习近平总书记多次在地方考察中强调高质量发展。2018 年 4 月 13 日，在庆祝海南建省办经济特区 30 周年大会上的重要讲话中，他指出，海南要坚决贯彻新发展理念，建设现代化经济体系，在推动经济高质量发展方面走在全国前列。4 月 24 日至 28 日，习近平总书记深入湖北宜昌、荆州、武汉，湖南岳阳以及三峡坝区等地调研时强调，"推动高质量发展是做好经济工作的根本要求"，"以长江经济带发展推动经济高质量发展"[②]。6 月 12 日至 14 日，习近平总书记在山东考察时强调，要坚决贯彻落实新发展理念，不断取得高质量发展新成就。9 月 25 日至 28 日，习近平总书记赴东北三省考察，在实地了解东北振兴情况时强调，"制造业特别是装备制造业高质量发展是我国经济高质量发展的重中之重，是建设现代化大国必不可少的内容"[③]。

2018 年 6 月 15 日，国务院发布《关于积极有效利用外资推动经济高质量发展若干措施的通知》（国发〔2018〕19 号）。

2018 年 9 月 26 日，为深入实施创新驱动发展战略，进一步激发市场活力和社会创造力，推动创新创业高质量发展，打造"双创"升级版，国务院首次印发了关于高质量发展的文件——《关于推动创新创业高质量发展打造"双创"升级版的意见》（国发〔2018〕32 号）。

2018 年 9 月 20 日，中央全面深化改革委员会第四次会议审议通过了《关于推动高质量发展的意见》文件，会议指出"推动高质量发展是当前和今后一个时期确定发展思路、制定经济政策、实施宏观调控的根本要求，要加快创建和完善制度环境，协调建立高质量发展的指标体系、政策

① 李克强：《政府工作报告——2018 年 3 月 5 日在第十三届全国人民代表大会第一次会议上》，新华网，2018 年 3 月 5 日。

② 《六次地方考察，习近平频频强调这件大事》，新华网，2018 年 10 月 21 日。

③ 《把握制造业高质量发展的着力点》，《人民日报》2019 年 11 月 6 日，第 13 版。

体系、标准体系、统计体系、绩效评价和政绩考核办法。要抓紧研究制定制造业、高技术产业、服务业以及基础设施、公共服务等重点领域高质量发展政策，把维护人民群众利益摆在更加突出位置，带动引领整体高质量发展”①。

2019 年 3 月 4 日至 12 日，全国两会期间，习近平总书记 6 次“到团组”，多次提及高质量发展，并提出一系列重要要求。“如何推动实现高质量发展”成为不少代表团的“必答题”。2019 年政府工作报告以“坚持稳中求进工作总基调，坚持推动高质量发展”为原则，报告中至少 8 次提到“高质量发展”：推动制造业高质量发展，协同推动高质量发展与生态环境保护，推动经济高质量发展，等等。

（二）高质量发展要求提出的背景

1. 中国经济高速增长拐点已经出现

当前中国已经进入了一个新时代，改革开放 40 多年来，我们创造了“中国速度”，当前经济总量位居世界第二。21 世纪初，我国经济延续了 20 世纪末的高速增长态势，成为美国网络泡沫破灭后世界经济增长点；2001 年加入 WTO 后，更是成为世界经济的火车头。具体增长情况如图 1 所示，21 世纪初，GDP 年度增长率一路攀升，并于 2007 年达到峰值，为 14.2%，随后虽有小幅度波动，但整体呈下降趋势。2008 年在外部环境恶化和国内政策调整的双重压力下，我国经济增长速度在外需增速大幅度回落的影响下明显回落，宏观经济进入本轮经济周期的下行区间。为对冲经济持续下行趋势，我国于 2008 年 11 月推出 4 万亿元的投资拉动政策，才出现了 2010 年的小幅度反弹。但由于结构性问题没有得到彻底解决，这一举措并未取得预期效果，直到 2015 年下半年才逐渐稳定。从图 1 可以清楚地看出我国经济高速增长拐点出现的情况。对此，中国改革发展研究院院长迟福林曾公开表示，我国经济增长正处于由高速向中速转

① 《习近平主持召开中央全面深化改革委员会第四次会议》，新华网，2018 年 9 月 20 日。

换的历史拐点。[1] 2011 年以来的经济放缓，不仅是短期经济波动的表现，更是中长期经济增长趋势的反映。

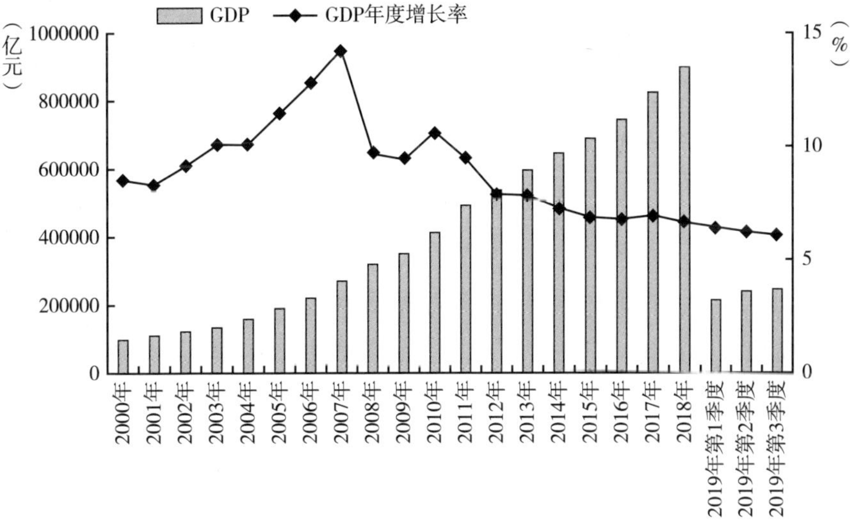

图 1　中国历年 GDP 及其年度增长率

资料来源：国家统计局年度数据、季度数据。

2. 传统经济发展方式已难以为继

改革开放以来，我国创造了连续 34 年经济平均增速超过 9.8% 的经济奇迹，依靠要素驱动成功跨越了低收入国家的“贫困陷阱”，形成了世界上人口最多的中等收入群体。这一成果也意味着我国将面临“中等收入陷阱”[2] 考验，以往粗放的发展方式已走到尽头，难以满足经济进一步发展的需求。

第一，一味追求经济增长忽视了环境问题，环境承载力接近峰值。传统

① 《粗放式增长走到尽头　出口型拉动没了劲头　创新驱动扩大内需绘出转型路线图》，《人民日报》（海外版）2012 年 11 月 27 日，第 02 版。

② “中等收入陷阱”是指一个国家和经济体的人均国内生产总值（GDP）达到世界中等水平后，由于不能顺利实现发展战略和发展方式转变，新的增长动力特别是内生动力不足，最终出现经济停滞。

经济发展方式以外延方式为主，强调数量增长，尽管在特定的历史条件下发挥了积极作用，但这种以高速增长为主要目的的赶超型、粗放型发展模式，是以高能耗、高污染为代价来换取经济快速增长的。长期以来，支撑中国经济高速增长的行业，如煤炭、火力发电、冶金、建材、造纸、石化等都是高能耗、高污染行业，高能耗、低效益、高排放的经济增长方式使得生态环境不堪重负。城市污染加剧，垃圾、农药、化肥等污染严重，水土流失、荒漠化、森林和草地功能衰退等生态问题凸显。近年来，雾霾天气多发、城市河道水体黑臭、“垃圾围城”、土壤污染、危废处置以及农村环境污染等问题依然突出。依靠大量消耗资源、牺牲环境的增长方式不仅是不可持续的，付出的代价也是沉重的。这种以严重透支资源和生态环境为代价的经济增长，不仅制约经济发展，而且降低了人们的生活质量。因此，若不转变这种经济增长方式，中国经济将难以持续健康发展。

第二，劳动人口的持续下降导致劳动力数量对经济增长的推动作用减弱。中国经济高速增长高度依靠资源和低成本劳动力等要素投入，尤其是人口红利的积极作用。大量廉价劳动力源源不断地从农村流入城市、由农业部门流入非农部门，支撑了劳动密集型产业的快速发展，“made in China”遍布全球。但到了2012年，中国人口结构逼近“刘易斯拐点”①，劳动适龄人口（16~59岁）从1982年的5.7亿人增至2012年的峰值9.2亿人后，劳动适龄人口增量由正转负，总量进入减少阶段，人口红利逐渐消失。由此导致劳动力成本不断攀升，人力资本改善速度放慢，资源重新配置的空间减小，资本报酬开始递减，推动经济增长的传统动力逐步消失，结果必然是潜在增长能力降低。要进一步加快我国经济发展，增长动力就必须从主要依靠资源和低成本劳动力等要素投入转向创新驱动，转变经济发展方式。

第三，投入产出率低，资源严重浪费。尤其是全球金融危机之后，中国的投资效率持续降低，区域资本配置出现了脱实向虚的趋势。从增量资本产

---

① 刘易斯拐点，即劳动力过剩向短缺的转折点，是指在工业化进程中，随着农村富余劳动力向非农产业的逐步转移，农村富余劳动力逐渐减少，最终达到瓶颈状态。

出率（用新增单位 GDP 所需的固定资产投资总额衡量）来看，2017 年为 7.7%，高出世界平均水平 3 个百分点左右。从劳动生产率来看，尽管增速较快，改革开放以来，年均增长率达到 8.67%，但目前仍低于世界平均水平。从全要素生产率来看，由于研发效率和科技成果转化方面的原因，我国全要素生产率水平及其增速都落后于发达国家，2014 年中国全要素生产率是美国的 43%，世界水平的 50.1%，在 40 个劳动生产率相近的经济体的比较中列第 31 位。

第四，对创新能力的关注度等不足。研发投入、创新能力与发达国家相比尚有差距，2015 年，每百万研究人员中的中国人数为 1177 人，远低于日本的 5231 人、韩国的 7087 人、德国的 4431 人、英国的 4471 人；2013 年中国研发经费支出中的 84.6% 用于试验发展，10.7% 用于应用研究，只有 4.7% 用于基础研究，由此导致实用新型和外观设计专利占比偏高，而具有原创性、颠覆性的技术创新偏少；2014 年的劳均资本（即每个劳动力拥有的资本）为 8.69 万美元，相当于法国的 1/5，美国的 1/4，日本的 1/3，世界平均水平的 1/2。

第五，出口优势和参与国际产业分工模式面临新挑战。“出口”曾是拉动我国经济发展的“三驾马车”之一。改革开放之初，中国货物进出口总额仅为 206 亿美元（1978 年），位居世界第 29 位。随着对外开放的深度和广度不断拓展，尤其是在 2001 年正式加入世贸组织后，贸易总量迅速增长。2002～2012 年，中国出口总额年均增速达到 21.3%，2012 年货物出口全球占比达到 11.2%；2009 年起，我国连续 9 年保持货物贸易第一大出口国和第二大进口国地位；2013 年起，我国超越美国成为全球货物贸易第一大国，并连续 3 年保持这一地位；2017 年，进出口额占全球的 11.5%，货物贸易重回全球第一。虽然中国对外经贸实现了跨越发展，开始从贸易大国向贸易强国迈进，但无论是从进出口产业结构、产品技术含量还是从经营主体竞争力、创新能力来讲，中国对外贸易仍然存在速度与质量不协调、规模与效益不协调等一系列发展困境。经济发展面临的国内外环境已发生深刻变化，原先长期支撑对外贸易高速增长的比较优势正逐步弱化，今后继续维持出口高增长、出口额占国内生产总值高比例的传统方式已难以为继。

3. 经济发展新常态要求转变发展方式

中共十八大以来，以习近平同志为核心的党中央运筹帷幄、谋篇布局，推动中国特色社会主义进入了新时代。新时代经济发展的显著特征是经济发展进入了新常态。中国经济发展转向高质量发展阶段是适应、把握和引领新常态的必然要求。

“新常态”（The New Normal）的概念最早由美国太平洋基金管理公司总裁 M. 埃里安（Mohamed El-Erian）于 2008 年开始使用，以预言 2008 年国际金融危机之后世界经济增长可能的长期态势。习近平总书记在 2014 年 5 月考察河南时第一次提及经济“新常态”，要求领导干部“从当前中国经济发展的阶段性特征出发，适应新常态，保持战略上的平常心态”。2014 年 11 月 9 日，习近平总书记在亚太经合组织工商领导人峰会开幕式上所作的题为《谋求持久发展 共筑亚太梦想》的主旨演讲中，对中国经济新常态问题进行了系统阐述，指出中国经济新常态呈现三大特点：“从高速增长转为中高速增长”，“从要素驱动、投资驱动转向创新驱动”，“经济结构不断优化升级”。新常态将给中国带来新的发展机遇：经济增速虽然放缓，但无论是速度还是体量，在全球也是名列前茅的；经济增长速度更趋平缓，增长动力更为多元；经济结构优化升级，发展前景更加稳定；政府大力简政放权，进一步释放市场活力。

经济发展进入新常态，是我国经济发展的必经阶段。我国古代以农业立国，农耕文明长期处于世界领先水平，但在工业革命后就开始落后于世界。中国共产党领导人民建立起新中国后，为实现国家富强、民族复兴和人民富裕的伟大目标始终不懈努力。改革开放以来，中国用几十年时间就走完了西方发达国家几百年的发展历程，在国际舞台上由“跟跑”变为“领跑”，创造了人类经济史上的“中国奇迹”。但是，随着经济总量的持续上升，我国在经济发展中也遇到了一系列新问题。2015 年 7 月 30 日，中共中央政治局召开工作会议，分析和研究当前经济形势和部署经济工作时指出，我国经济正处于增长速度换挡期、结构调整阵痛期和前期刺激政策消化期的“三期叠加”的特定阶段，经济发展步入新常态：所谓“增长速度换挡期”，指我国经济已处于从高速换挡到中高速的发展时期；所谓“结构调整阵痛期”，意指结构调整刻不容缓，不调就不能实现进一步的发展；所谓“前期刺激政策消化期”，主要指在国际金融危机爆发初期，实施了一系列经济刺激计划，现在这些政策还处于消化期。

面对新格局，要有新常态。当前所谓的“经济新常态”，就是经济发展表现出不同于以往的新的持续性和普遍性的发展形态，强调“调结构、稳增长”。这种形态主要有三个方面的特点：第一，经济增长速度由高速转入中高速；第二，经济结构持续优化升级，让广大民众充分享受到发展成果；第三，从要素驱动、投资驱动转向创新驱动。第一个特征已经是事实，而后两个特征是期望目标，需要经过努力才能实现。在经济增速放缓、产能过剩的情况下，传统的通过规模扩张获取效益的发展模式已经不能适应“新常态”发展要求。随着经济增速放缓，成本高、效率低的问题日益凸显，这就倒逼经济发展方式要转型升级，经济发展的效益就必须通过提高效率、降低成本来实现。经济新常态背景下，只有通过转变发展方式才能实现结构优化、创新驱动，进而将发展成果惠及更广大民众。因此可以说，经济新常态最核心的内涵就是转变经济发展方式，即实现高质量发展。

4. 供给侧结构性改革不断深入的必然结果

“深化供给侧结构性改革”是“推动高质量发展”的 8 项重点工作中的第一项。党的十九大报告指出，“必须坚持质量第一、效益优先，以供给侧结构性改革为主线，推动经济发展质量变革、效率变革、动力变革”。推进供给侧结构性改革，要从“供给”方面也就是生产端入手，促进过剩产能有效化解，推动产业优化重组，降低企业运行成本，发展现代服务业和战略性新兴产业，提升公共产品和服务供给的保障程度，提高供给结构对需求变化的灵活性和适应性。简言之，就是“去产能、去库存、去杠杆、降成本、补短板”。

去产能的本质是“去”过剩产能，营造新业态；淘汰落后产能，实现转型升级；处置“僵尸”企业，为先进产能腾出发展空间。去库存是以解决存量问题为目标的改革任务，本质是差别化处理区域性、结构性问题，有序消化房地产库存、去除房地产泡沫，防止加重地方债务问题与金融风险。去杠杆的目标是降低过高杠杆率，主要是解决有关经济主体在追求发展过程中债务负担加重进而在经济形势变化后暴露出来的负债率过高问题。降成本就是要及时化解企业成本居高不下的矛盾，促进企业效益提升，并借此抵消“去产能、去库存、去杠杆”造成的效益滑坡。补短板的核心要义是扩大经济社会发展滞后领域的有效供给，有助于解决我国经济发展内生动力不足、转型升级迟缓等问题。

以“三去一降一补”为主要内容的供给侧结构性改革的深入推进，奠定了经济高质量发展的基础，为经济高质量发展提供了有力支撑。

第一，供给侧结构性改革的深入推进，有助于解决供给需求结构性错位问题。中国经济面临的矛盾从表面上看是速度问题，实则是结构问题。其关键不在需求侧，而在供给侧，供需关系结构性失衡，“供需错位”严重阻碍中国经济实现高质量发展。中低端产品供给过剩，高端产品供给不足，过剩的那一部分产能制约了经济转型发展。供给侧结构性改革从生产端、供给端入手，为真正启动内需、实现经济高质量发展另辟蹊径。

第二，供给侧结构性改革的深入推进，有助于优化资源配置方式。实现经济高质量发展，要厘清政府与市场的关系。以往过多地从需求侧强调政府的宏观调控作用，“有形之手”伸得过长、干预过多，供给侧结构性改革则更多地强调微观企业和个人，让“无形之手”充分发挥作用。政府是规则制定者，稳定企业和市场的相对预期，发挥其积极性和创造性，简政放权，将权力下放给市场和企业，充分发挥市场配置资源的能力。

第三，供给侧结构性改革的深入推进，为经济增长培育新动力。从需求侧管理到供给侧结构性改革的转变，体现了中央对经济工作的部署从注重短期增长向注重可持续发展以及质、效并重的转变。用更注重以中长期的高质量制度供给统领全局的创新模式，取代以短期需求调控为主的凯恩斯主义模式。在经济体制机制的创新发展中，以高效的经济制度和开放的市场格局，充分激发微观主体创新、创业、创造的潜能，培育我国经济长期稳定发展的新动力，实现经济高质量发展。

第四，深化供给侧结构性改革，以破解体制机制障碍与约束。经济结构性改革的重难点在于深化经济体制改革，建立国家经济治理体系和治理能力现代化的制度体系。当前，我国尚未完全建成一个完善、健全、规范的市场经济体制，政府与市场的关系尚未厘清，政府对市场的不当管制与干预现象依然存在，“供给约束”与“供给抑制”阻碍了经济的发展步伐。具体来看，在传统体制机制的约束下，供给侧的优化调整效果滞后，资源要素从无效需求领域向有效需求领域的流动受阻，新技术、新产品、新产业和新服务难以释放其供给潜力。从长期来看，实现经济高质量发展还要以供给侧结构性改革为主线。

40 多年的改革开放实践证明，不断深入的改革实践在变革落后生产方式的同时，也为创新生产方式创造了条件。党中央适时提出“推进供给侧结构性改革”，就是要在更高水平上实现供需均衡，以期真正实现中国经济由高速增长阶段向高质量发展阶段的转变。

5. 高质量发展是新发展理念的具体实践

中国特色社会主义进入新时代，习近平总书记旗帜鲜明地提出要坚定不移贯彻“创新、协调、绿色、开放、共享”的新发展理念。

创新发展是引领高质量发展的第一动力，被摆在国家发展全局的核心位置。创新发展要不断推进理论创新、制度创新、科技创新、文化创新。理论创新是社会发展和变革的先导，也是各类创新的思想灵魂和方法来源，实现理论创新必须自觉地把思想认识从那些不合时宜的观念、做法和体制中解放出来；制度创新属“原动力”创新，是持续创新的保障，能够激发各类创新主体活力，核心是国家治理创新，推进国家治理体系和治理能力现代化，形成有利于创新发展的体制机制；科技创新属“主动力”创新，科学技术作为“乘数”作用到劳动力、资本、技术、管理等生产要素中；文化创新是“软实力”创新，为各类创新活动提供不竭的精神动力。这四大创新指明了高质量发展的创新思路、创新方向。

协调发展是高质量发展的内在要求，解决的是高质量发展中的不平衡问题。根据实际情况，集中人力物力财力，着力推进协调发展，在促进城乡协调、区域协调等发展的同时，努力在一些战略重点和关键环节取得突破，以带动全局的发展。当前实施的“一带一路”倡议和京津冀协同发展、长江经济带战略，都是推动区域协调发展、推动资源要素在更宽的范围内优化配置的重要举措。

绿色发展是高质量发展的必要条件，注重解决的是高质量发展中人与自然和谐的问题。没有绿色发展，高质量发展只是一句空话。绿色发展就是要遵循尊重、顺应、保护自然的规律，牢牢把握“绿水青山就是金山银山”的时代新思想，将生态文明建设融入经济、政治、文化、社会建设各方面。坚定走生产发展、生活富裕、生态良好的文明发展道路，加快建设资源节约型、环境友好型社会，形成人与自然和谐发展的现代化建设新格局。

开放发展是高质量发展的必由之路，解决的是高质量发展中的内外交流融合问题。开放发展理念包含主动开放、双向开放、公平开放、全方位开放、共赢开放等方面，全方位升级我国对外发展方式。主动开放，是要主动在国际事务上发出中国声音，贡献中国智慧，积极参与和引领重要议题的讨论和新规则的创建；双向开放要求坚持“引进来”和“走出去”并重；公平开放，是构建公平竞争的发展环境，实现开放双方依法平等使用生产要素、参与市场竞争、受到法律同等保护；全方位开放，要加大西部开放力度，进一步拓展陆上交流通道，推动中部地区和东北等老工业基地“走出去”，打造陆海内外联动、东西双向开放的全方位开放新格局；共赢开放，互惠互利，通过国际交流合作，建设相互尊重、合作共赢的新型国际关系，共同推动全球经济再上新台阶。

共享发展是高质量发展的本质，解决的是高质量发展中的公平正义问题，是社会主义制度优越性的根本体现。共享发展的出发点和落脚点在于“人”，“人人参与、人人尽力、人人享有”，更加注重人自身的全面发展是共享的应有之义。抓住人民最关心的民生问题尽力而为，在幼有所育、学有所教、劳有所得、病有所医、老有所养、住有所居、弱有所扶上开启新征程。

创新、协调、绿色、开放、共享的五大新发展理念是相互贯通、相互促进、相互联系的一个集合体，是新时代、新常态下发展的世界观、方法论和总要求，是高质量发展问题提出的指导思想和理论基础，是管全局、管根本、管方向、管未来的，是从高速增长到高质量发展的行动指南。

6. 现阶段我国主要矛盾从根本上决定由高速增长转向高质量发展

党的十九大明确提出，中国社会主义进入新时代，我国社会主要矛盾已经转化为人民日益增长的美好生活需要和不平衡不充分的发展之间的矛盾。

改革开放之初的主要矛盾是人民日益增长的物质文化需要同落后的社会生产之间的矛盾，这一提法适应了当时的经济发展要求。1980 年，我国人均 GDP 只有 205.12 美元，美国为 12249.04 美元。在当时的背景下，如何进一步提升生产力，解决“从无到有”“从穷变富”的问题成为国家发展的重要目标，经济工作的策略就是让一部分人先富起来，先富带动后富。

经过改革开放 40 多年发展，我国社会生产力水平总体显著提高，经济实力、科技实力、国防实力、综合国力等大幅提升。2018 年，中国国内生产总值超过 90 万亿元，按平均汇率折算，经济总量达到 13.6 万亿美元，稳居世界第二位（中国 GDP 占据全球 1/6）。但面对新的社会需要，发展不平衡不充分的问题在新时代凸显出来，成为满足人民日益增长的美好生活需要的主要制约因素。所谓发展不平衡，有区域发展不平衡、城乡发展不平衡、供需结构不平衡、群体发展不平衡等。所谓发展不充分，主要指创新能力不够强，发展的能力和水平、质量和效益还需要提高，转变发展方式还处于攻坚阶段，民生领域还有不少短板。

从社会需要看，人民日益增长的美好生活需要表现为：一是人民需要的内涵大大扩展，不仅对物质文化生活提出更高要求，而且从人的全面发展和社会全面进步的角度提出更多要求，比如对民主、法治、公平、正义、安全、环境等方面的需要日益增长起来；二是人民需要的层次大大提升，比如期待有更好的教育、更稳定的工作、更满意的收入、更可靠的社会保障、更高水平的医疗卫生服务、更舒适的居住条件、更优美的环境、更丰富的精神文化生活，多样化、个性化、高端化的需求与日俱增。

因此，发展不平衡不充分是制约人民美好生活需要增长的主要问题。解决好这一矛盾，就需要更加平衡更加充分地发展，要以增进人民获得感和幸福感为目标。过去40多年来行之有效的增长逻辑、增长方式、增长动力、增长结构等都将得到升级，将追求更加均衡、更加包容、更加普惠的经济社会发展，而经济领域改革将为高质量发展提供有力支持。

（三）高质量发展要求提出的意义

1. 回答了新的历史条件下如何发展问题

2019年是新中国成立70周年，纵览党带领全国各族人民走过的风雨历程，可以清晰地看到三个标志性的里程碑。第一个里程碑：70年前的中国，以毛泽东同志为核心的党的第一代中央领导集体带领中国人民浴血奋战，建立了新中国，中国人民从此站起来了。第二个里程碑：40多年前的中国，改革开放的总设计师邓小平同志领导伟大的改革，大胆探索、不断创新、砥砺前行，使中国实现了从站起来到富起来的转变。正在经历的第三个里程碑：中国人民紧紧围绕在以习近平同志为核心的党中央周围，探索如何实现从富起来到强起来的飞跃。

纵观世界经济发展历程，半个多世纪以来，曾经有100多个国家进入中等收入经济体行列，但根据世界银行的报告，只有13个国家跨过“中等收入陷阱”，进入高收入经济体行列。这13个国家当中，有8个是欧洲国家，本身差距不大，或是石油生产国，除此之外，即为学术界重点研究的跨越“中等收入陷阱”的成功案例，即日本和“亚洲四小龙”（韩国、新加坡、中国台湾、中国香港）。而多数拉美国家及东南亚国家如阿根廷、巴西和马来西亚等，则被世界银行视为陷入“中等收入陷阱”的典型。其失败的共性原因可总结为以下五点：一是贫富差距拉大，收入分配不平衡，社会矛盾激化；二是经济结构和发展方式老旧，不能与时俱进；三是各种形式的垄断主导市场，市场的优化配置机制作用得不到充分发挥，缺乏活力；四是金融体系脆弱，如亚洲金融危机导致了东南亚国家经济陷入停滞发展状态；五是行政僵化、权力集中，不能人尽其才、物尽其用。

当前，中国已成为中等收入经济体，开始面对“中等收入陷阱”。未来中国经济向何处去？这是新历史条件下亟待回答的带有根本性意义的问题。中国根据自身实际，总结经验，及时转变发展方式，旗帜鲜明地提出中国经济应由高速增长转向高质量发展，这一战略性举措的提出，在紧要关头回答了新的历史条件下如何发展的问题，其意义十分重大。

2. 开启了中国经济发展新时代

新中国用不到 70 年的时间，走过发达国家数百年的历程。客观地讲，经过改革开放促成的超常规发展，中国已今非昔比，摆脱了贫困、告别了短缺，相对富裕。尽管如此，我们不能夜郎自大、故步自封，毕竟，我国现在仍处在社会主义初级阶段，而且这个阶段的路还很长，还需要在现有富起来的基础上，致力于强起来。中国只有强起来，才能屹立于世界民族之林，才能在国际事务中拥有更多的话语权，才能更好地履行国际责任和义务，才能推动中国社会从初级阶段向中级阶段、高级阶段前进。中国经济的高速增长，使中国相对富起来，这是必须肯定的。然而，富不一定强。要想从富到强，必须在体量的基础上提高质量，从高速增长转变为高质量发展。高速增长与高质量发展是两个不同时代的发展方式。高质量发展问题的提出，标志着中国经济高质量发展新时代的开启。

3. 指出了新时代经济发展的动力源泉

改革开放以来，总结回顾中国经济的高速增长，投资、出口、消费“三驾马车”功不可没，依赖劳动力和物质资源的大量投入，中国一跃成为世界第二大经济体。然而，在这一过程中，质量和效率却没有得到相应的提升。

经过多年的高速增长，中国经济发展进入新时代，以往的发展动力已不再适用于新的发展阶段。人口结构形成的人口红利①，是改革开放以来中国吸引外资、经济高速增长的重要推力。然而，各国发展的历史经验表明，没

① 一国人口生育率的迅速下降在造成人口老龄化加速的同时，少儿抚养比例迅速下降，劳动年龄人口比例上升，在老年人口比例达到较高水平之前，将形成一个劳动力资源相对丰富、抚养负担轻、于经济发展十分有利的“黄金时期”，人口经济学家称之为“人口红利”。

有一个国家是在缺乏高素质人才的条件下走向富裕的。随着我国老龄化现象的出现并加剧，人口红利优势不复存在，未来中国经济增长必须转向人力资本红利①。由于资源总量的限制，投资效率在达到顶峰后也呈现下降趋势。外商投资方面，对外资的政策优惠减少、劳动力成本快速上升以及环保要求严格等原因致使外资企业经营成本上升，外商直接投资规模明显下降。自2008年以来，中国外商直接投资与世界不同收入经济体相比已不占优势。

时代在变化，动能需更新。不同的发展阶段，经济发展的动能是在不断变化的。新旧动能转换，是新时代经济发展亟待解决的问题。当今世界新一轮科技革命及由此引发的产业革命，对新旧动能转换提出了挑战，同时也提供了机遇。以习近平新发展理念为灵魂的高质量发展要求的提出，明确把创新作为推动和引领高质量发展的第一动力，使新时代经济发展亟待解决的新旧动能转换问题有了答案，为实现质量变革、效率变革提供了新的动力源泉。“转向高质量发展”这一论断的本质含义，就是我国经济已经从主要依靠增加物质资源消耗实现的粗放型高速增长，转变为主要依靠技术进步、改善管理和提高劳动者素质实现的集约型增长。

二　高质量发展的内涵及其特点

（一）经济增长与经济发展

1. 增长、发展与质量的内涵

《辞海》一书将“增长”释义为“增加、提高”，而经济学领域所谓的“增长”，指连续发生的经济事实的变动，具体表现为一定时期内产出的增加，或者是总产值和人均产值的增加。“发展”在《辞海》中有两重释义：其一为“事物由小到大、由简单到复杂、由低级到高级的变化”；其二为

① 人力资本红利，是体现在劳动者身上的可用于生产产品或提供各种服务的智力、技能以及知识的总和。人力资本增值就是通过对人力资本的积累、投资和扩充，促使人力资本的价值得以提升。

“扩大（组织、规模）”。当“发展”表现第二层含义（即扩大组织、规模）时，与“增长”一词的内在含义相近。总体比较，“发展”一词的含义更为宽泛，内涵更为丰富。在现代汉语中，“发展”是事物从产生开始的一个进步变化、不断更新的过程，既有量的变化，又有质的变化。在阐述人类社会发展的范畴内，“发展”表示社会的全面进步，包括物质文明、精神文明、生态文明的进步，人的素质提高与德智体能的全面提升，是社会的可持续发展。在哲学范畴内，“发展”描述了事物由旧物质向新物质运动变化的过程，其本质是新事物的产生和旧事物的灭亡，即新事物代替旧事物。由事物相互联系引起的事物发展，不是事物在原有状态下的简单重复，也不是一个一个变化过程的简单相加，而是一个新陈代谢的过程，这个过程前后相连，呈现出历史的联系，又前后有别，呈现出跳跃式的发展。另外，“发展”具有过程性，任何事物的发展都不是一蹴而就的，需要一个过程。这一过程是事物在时间上的延续和空间上的延伸。对具体事物来说，是指任何事物都会经历产生、发展和消亡的过程；对整个世界来说，过程就是从低级向高级、从简单到复杂的发展历史。

单就“质量”的内涵而言，在现代汉语语境中，根据使用领域的不同存在不同含义：在物理学领域，“质量”用于度量物体平动惯性的大小；在经济学领域，“质量”用于度量产品或者服务的优劣程度，高质量意味着产品或服务较大程度满足要求。另外，根据出发角度不同，“质量”亦被赋予不同内涵。例如，美国质量管理专家约瑟夫·莫西·朱兰（Joseph M. Juran）从顾客角度分析，产品质量就是适用性，即产品在使用时用户需要的满足程度；另一位美国质量管理专家菲利普·克罗斯比（Philip Crosby）则从生产者角度出发，认为“质量”是指产品符合规定要求的程度。在 ISO 8402—1994 ①关于质量术语的定义中，“质量”是反映实体满足明确或隐含需要能力的特性总和，其本质是客观事物具备某种能力的属性。这种能力或者说需

① ISO 8402—1994《质量管理和质量保证——词汇》是一个质量术语国际标准，是 ISO 9000 家族中一个基础标准。

要在合同环境中是规定的，而在其他环境中，隐含需求则应加以识别和确定，同时，这种需要是动态的、发展的、相对的，会根据对象和环境的变化而变化。因此，无论从哪个角度来认识“质量”，关于“质量”的评价始终包含使用要求和满足程度两个要素，其中“质”即使用要求，“量”即满足程度。

2. 经济增长与经济发展辩证关系

经济增长与经济发展同属宏观经济学研究范畴，尽管两者经济学意义相近，但其概念本质却有不同。经济增长指一个国家或地区 GDP 或者人均 GNP 的增加，以产出量作为衡量尺度，本质更侧重于经济数量的增加。一般来说，经济增长有两种释义：从总量上看，经济增长指经济体生产的产品和劳务在一定时期内的持续增长，即实际总产出的增加；从均量上来看，经济增长指按人口平均计算的实际产出的增加，即人均实际产出的增加。这两种定义在本质上具有共性，都以产出量作为衡量尺度，更侧重于经济数量的增加。美国经济学家西蒙·史密斯·库兹涅茨（Simon S. Kuznets）给经济增长下的定义有较高的普适度：“一个国家的经济增长，可以定义为给居民提供种类日益繁多的经济产品的能力长期上升，这种不断增长的能力是建立在先进技术以及所需要的制度和思想意识之相应的调整的基础上的。”①

经济发展则是指一国或地区按人口平均实际福利的增长，对应该国或地区经济结构和社会结构持续创新优化的变化过程，它不仅表现在经济体量的增加、财富的扩张，还意味着经济发展本质的变化。在重视经济量变的基础上，同时强调分配结构的改善、社会的变迁、人与自然的和谐、经济增长质量的提高。现代发展理论认为，发展是政治、经济、社会三者相互影响的进步过程。经济增长与经济发展存在逻辑上的对立与统一：没有“质”的提高，增长将是不可持续的；没有“量”的增加，发展也将成为无源之水、无本之木。美国经济学家查尔斯·P. 金德尔伯格（Charles P. Kindleberger）

① 〔美〕西蒙·库兹涅茨：《现代经济的增长：发现和反映》，《现代国外经济学论文选》（第二辑），商务印书馆，1981，第 21 页。

在《经济发展》一书中认为："经济发展包括：改善物质福利，尤其是改善贫困线以下的人的物质福利；根除贫困以及与此关联的文盲、疾病及早亡；改变投入产出结构，将生产的基础结构从农业转向工业；适龄劳动人口的生产性就业；使具备广泛基础的利益集团有较多的决策权，增进社会公众福利。"①

经济增长与经济发展两者相互作用、密不可分。经济增长的本质是一个国家或地区在一定时期内的商品和劳务生产能力的增长，关注点在于物质方面的进步和生活水平的提高，侧重于经济数量的增加；经济发展则是指一个国家或地区按人口平均的实际福利增长，关注点在于经济结构的改变，包括社会制度、经济制度、价值判断及经济形态等的变革，侧重于经济质量的提高及经济结构的改变。一方面，经济增长是基础和手段，经济发展是结果和目的，快速增长能够促进经济发展，离开经济增长则无法实现经济发展；另一方面，经济发展方式的转变也为经济持续有效增长提供了条件。

经济增长和经济发展在目标、衡量指标、路径等方面均存在明显不同。首先，从目标来看，经济增长注重短期经济数量的变化，而经济发展着眼于经济长期质量上的提升；其次，从衡量指标分析，衡量经济增长的指标是经济增长的速度、经济总量及人均 GDP 等，经济发展除了要关注经济增长的指标外，更要兼顾社会发展相关指标，例如自然资源利用率、环境污染综合指数、贫富差距等指标；最后，从实现路径来看，经济增长追求的是在增长中谋发展，即优先实现经济增长再来谈经济发展，而经济发展则主张利用经济增长的手段实现经济发展，在该发展方式下，单纯的经济增长不能够有效地改善经济结构，因此强调必须从发展中谋求增长。

3. 经济增长与经济发展的理论基础

在人类浩瀚的历史长河中，经济增长与经济发展理论不断丰富和完善，最终形成现代经济增长和经济发展理论体系。经济增长理论运用均衡分析方法，建立各种经济模型，重点考察经济长期增长的动态过程。经济发展理论

① 〔美〕查尔斯·P. 金德尔伯格、布鲁斯·赫里克：《经济发展》，张欣、陈鸿仪等译，上海译文出版社，1986。

以经济增长理论为基础，研究一个国家或地区社会结构的演进过程。经济发展理论可从广义和狭义两个角度来理解，广义的经济发展理论以全球视角阐明各国、各地区社会经济发展的历史与现状，探讨社会变迁的一般规律；狭义的经济发展理论则重点关注相对贫困的发展中国家的政治、经济、社会、文化的发展问题。要充分理解经济增长与经济发展理论的差异，把握两者理论框架的核心思想，就必须追根溯源，从经济增长理论与经济发展理论的历史演进脉络中寻找答案。

（1）经济增长理论的演进历程

自文明开端以来，经济活动就伴生于人类的发展，学术界普遍认为经济增长与经济发展思想萌芽于重商主义和重农主义。重商主义的经济理论多出自英法商人之手。重商主义经济学家试图确定能够推动国家权力与财富增加的最佳政策，强调国际贸易是一种增加一国财富与权力的手段。因此，重商主义经济学家集中研究国家之间的贸易平衡问题，他们提倡通过鼓励生产、增加出口以及抑制国内消费来增加国家财富。重商主义的发展经历了早期重商主义和晚期重商主义两个阶段。15～16世纪中叶，以威廉·斯塔福（W. Stafford）为代表的早期重商主义兴起。早期重商主义以货币差额论为中心（即重金主义），强调少买，主张采取行政手段，禁止商品输入和货币输出，以贮藏尽量多的货币。16世纪下半叶到17世纪晚期，重商主义出现，其中心是贸易差额论，强调多卖，代表人物为托马斯·孟（Thomas Mun）。他认为对外贸易必须使商品的输出总值大于输入总值，以增加货币流入量。重农主义起源于法国，以弗朗斯瓦·魁奈（Francois Quesnay）为主要代表人物，重点强调经济发展的自然法则和经济体的相关性。自然法则认为，社会存在一种比人类所设计的任何秩序都优越的自然秩序，经济体在很大程度上是可以自我规制的，政府应该实行不干预的自由放任政策。对比重商主义和重农主义思想，一个显著的区别就是重商主义认为净产品的源泉是交换，尤其是国际贸易所形成的交换；重农主义则认为净产品的源泉是农业，主张自由放任能够引起农业生产的增加，最终引致经济增长。重商主义和重农主义这两种经济学思想，一定程度上都反映了对经济体制内各种相互影响因素的认可。

1776 年，亚当·斯密（Adam Smith）的著作《国民财富的性质和原因的研究》（以下简称《国富论》）问世，该书被看作是古典经济增长理论的起点，经济学至此才逐渐向成熟的社会科学迈进。斯密对经济发展的认识继承了重农主义的思想，以魁奈为代表的重农主义认为经济增长的主要障碍来自重商主义者对国内和国外贸易的规制，他们主张净产品的源泉是农业，自由放任的经济环境将引起农业生产的增加，最终引发更大的经济增长。这些思想和研究成果为斯密全面描述市场经济运作奠定了基础，他主张经济活动的水平与经济增长率依赖于诸多实际因素，包括劳动的数量、自然资源、资本品、制度结构等，在《国富论》中更是提出“分工促进经济增长”的理论。继亚当·斯密之后，大卫·李嘉图（David Ricardo）、约翰·斯图亚特·穆勒（John Stuart Mill）先后在继承亚当·斯密的经济分析框架的基础上对经济增长展开了创新性的研究。1817 年，大卫·李嘉图完成了《政治经济学及赋税原理》，该书是对斯密的自由主义经济理论的继承和发展，提出了比较优势理论，认为促进经济增长的最好办法是限制政府活动范围、减轻税收负担。1848 年，约翰·斯图亚特·穆勒的《政治经济学原理及其在社会哲学上的若干应用》一书出版，该书总结了从亚当·斯密起到 19 世纪中叶西方经济的发展过程，奠定了政治经济学的完整体系。以上几种古典经济思想从不同角度分析了影响经济增长的因素。

古典经济学研究的深入，引领经济增长理论发展进入第一个高潮。本质上，古典经济学派以宏观经济学为导向，研究相对价格的形成与市场，致力于发掘决定经济增长率的因素。古典经济学关于经济增长的研究在经济学者的批判继承下逐渐形成两个分支：一个是以马克思为代表的马克思主义经济学；另一个是以凯恩斯为代表的新古典经济学（西方经济学）。

马克思主义经济理论来源于古典经济学，并做了大胆创新。该理论自问世以来，对资本主义生产方式及与其相适应的生产关系做了深入分析和批判，并构建了马克思主义经济理论大厦。经 40 余年的创作，宏伟巨著《资本论》问世，其内含的经济增长与发展思想成为人类经济社会发展指导思想的理论基础。马克思主义经济理论从商品开始，从商品的使用价值和价值二重性的统一入手，阐述了创造商品劳动的二重性，并分析了生产劳动与非生产劳动、有效劳动与无效劳动、必要劳动和不必要劳动、简单劳动和复杂劳动、物化劳动和活劳动，提出了劳动价值论和基于劳动价值论的商品价值规律、货币流通规律。《资本论》是马克思主义经济理论巨著，论述了货币资本化过程，分析了资本有机构成暨基于一定科学技术的物化劳动资本与活劳动资本、社会分工协作与社会生产和再生产、生产资料生产和生活资料生产以及商品资本等职能资本的比例关系，对资本循环与周转，银行信贷形成的虚拟资本，资本市场形成的股份资本、职能资本运动规律和借以实现的经济形式等做了系统论述。收入分配是马克思主义经济理论的重要内容之一。他在《资本论》第一卷中就论述了工资问题，在第三卷中系统分析了资本在部门间的流动形成社会平均利润，社会商品生产要求等量资本获得等量利润，借贷资本利息、土地资本地租和股份资本股息等商品经济范畴。经济全球化、世界经济一体化是马克思的预言，马克思认为，在商品经济社会，商品是无国界的，各国将根据各国的资源、生产和再生产条件生产各自的商品，世界贸易将成为商品流通、商品交换的形式，经济全球化、世界经济一体化将成为未来社会的特征。

古典经济学之后的新古典经济学范式，将研究重点转向了“静态的市场均衡”，即供求相等的市场均衡。尽管新古典经济学也考察市场与价格机制的形成，但是新古典经济学家最初是从比较静态框架中来研究市场的。其间，边际主义、全面理性假设、边际生产力理论、瓦尔拉斯一般均衡理论、马歇尔供求分析以及自由放任的经济主张不断发展，这些经济学理论更加注重从经济均衡的角度来分析经济内在规律，集中研究既定时间的资源配置问题，直至以凯恩斯《就业、利息与货币通论》为代表的现代经济理论的提出，经济学研究的关注点才逐渐转向了随时间变化的资源配置问题。在凯恩斯经济思想的基础上，凯恩斯经济学家通过把凯恩斯的国民收入决定理论长期化、动态化，提出了解释经济增长问题的各种增长模型，逐渐形成了现代经济增长与经济发展理论。与此同时，那些明确声称自己不屑于新古典经济学派的经济学家创造了独树一帜的经济增长理论，例如，熊彼特在《经济发展理论》中关于“创新”理论的研究、阿伦·杨格在《递增的报酬和经济进步》中的“斯密定理”分析。熊彼特第一次用创新理论来解释和阐述资本主义的产生和发展，认为经济发展的基本因素是企业家的技术革新，从而进一步把握社会主义制度的本质。阿伦·杨格的“斯密定理”提出了市场规模限制劳动分工的假说，随着市场范围的扩大，当产品或者服务的需求规模增长到一定程度时，才能出现专业化的生产者，分工和专业化的程度才能不断提高，唯有通过分工才能促进经济增长。

经济增长理论进入成熟阶段后，以哈罗德－多马模型（Harrod-Domar Model）为起点，现代经济增长理论逐渐建立。哈罗德－多马模型是将凯恩斯的思想动态化的典型例子，在凯恩斯的短期分析中整合了经济增长的长期因素，同时强调资本积累在经济增长中的重要性，该模型研究动态问题的方法源于1928年拉姆齐（Frank P. Ramsey）发表的《储蓄的数学原理》一文。在哈罗德－多马的研究基础上，现代经济增长理论发展又经历了两个蓬勃发展时期：一是20世纪50年代中期，索洛和斯旺建立的索洛经济增长模型（Solow Growth Model）（又称作新古典经济增长模型或外生经济增长模型）引发了一场关于经济增长的研究浪潮；二是20世纪80年代，针对新古典经济增长模型中理论、实证上的缺陷而建立起来的以罗默和卢卡斯为代表的内生增长理论兴起。

纵观现代经济增长理论的发展，其最核心的特点不是体现在研究结果上，而是体现在研究方法和研究结论的动态性上。在古典增长理论阶段，研究经济增长问题并没有固定的研究方法，现代经济增长理论则是不断采用标准化、主流化的方法得出经济增长问题的系统结论。不同的研究方法反映在研究结论上，表现为古典增长理论研究的结论丰富多彩，但是现代经济增长理论的结论显示了良好的可比性、扩展性，它对经济增长源泉的不同解释都可以放到生产函数中加以比较。

（2）经济发展理论的演进历程

经济发展理论主要研究一个国家经济与社会结构现代化演进过程。发展经济学形成于20世纪40～50年代，是西方国家形成的一门综合性经济学分支学科，主要研究经济发展规律、经济发展与社会发展相互关系规律、以经济发展为基础的社会发展规律。经济发展理论是建立在经济增长理论基础之上的，其思想渊源可以说与经济增长思想一脉相承，最早可追溯至重商主义和重农主义，再到后来亚当·斯密的《国富论》、大卫·李嘉图的《政治经济学及其赋税原理》、马尔萨斯的《人口原理》和《政治经济学原理》、卡尔·马克思的《资本论》等著作所体现的经济增长思想，对当代经济发展理论影响深远。

经济学界公认的发展经济学创始人是张培刚，他发表的著作《农业与工业化》，提出了已被广大发展中国家认可的系统的农业国工业化理论，主张通过发展农业实现工业化。梳理经济发展理论的发展脉络，可细分为结构主义学派经济发展理论、新古典主义学派经济发展理论、新马克思主义学派经济发展理论、现代新经济发展理论。结构主义学派是研究发展中国家经济问题的先驱，该学派强调原始资本积累、工业化、计划对经济发展的促进作用。结构主义经济学家从发展中国家的实际出发，对发展问题进行研究，代表性学说有普列维什的中心－外围理论、刘易斯的二元经济理论、纳克斯的“贫困的恶性循环论”、罗森斯坦·罗丹的大推动理论、罗斯托的起飞理论、沃尔特·加伦森的滴漏理论及平衡增长论与不平衡增长论。按照结构主义学派经济发展理论，发展中国家在实行计划与政府干预政策过程中未最终实现预期目标，这一结果迫使发展经济学研究者不断完善发展经济理论，在此基础上形成了新古典主义发展理论。新古典主义学派经济发展理论强调外向发展和对外贸易，关注经济的私有化发展，重视农业发展和人力资本投资。代表性理论有收入再分配论、市场机制论、自由贸易论、农业发展论和人力资本理论，代表性人物有西蒙·史密斯·库兹涅茨（Simon S. Kuznets）、加里·贝克尔（Gary S. Becker）、西奥多·舒尔茨（T. Schultze）等。新马克思主义学派彻底批判了新古典主义的观点，在充分吸收马克思主义经济思想的基础上，抨击了发达国家对发展中国家的剥削行为，将不发达国家不发展的根源归结为帝国主义和殖民主义，只有挣脱帝国主义、殖民主义的统治，才能实现真正意义上的发展，这也是新马克思主义学派与西方正统经济发展理论的根本区别。新马克思主义学派的主要学说有不平等交换论、依附性理论、阶级斗争国际化论、世界资本主义体系理论、社会主义革命论。20 世纪 80 年代后期，现代经济发展进入新时期，经济发展理论推陈出新，主要包括新经济增长理论、寻租理论、新制度主义、可持续发展理论等，这些理论显著有别于此前的经济发展理论，发展经济学呈现了明显的融合趋势，与社会学、法学、伦理学等融合，主要代表人物有塔洛克、凡勃伦等。

（二）经济高速增长与高质量发展

1. 经济高速增长与高质量发展的内涵

经济高速增长与高质量发展有明显差异，要认识这种差异，首先要认识经济活动的本质。经济具有历史性，总是反映一定历史形势下的生产方式。由于经济的历史性，经济的本质在不同历史时期的实现要求和形式有所差别。经济的本质分为基本质和非基本质。基本质是事物区别于其他事物的决定性要素，由构成事物的要素及其相互之间的联系方式决定，这些要素根据事物整体的要求而存在并互相联系。非基本质是基本质存在及运动的条件，不但能够促进基本质的实现，而且会使事物朝着偏离乃至背离基本质的方向变化。经济基本质的历史形态和内容取决于物质生产力的性质和发展水平，生产关系直接决定社会经济的性质和面貌，经济的基本质通过生产关系而实现和展开。在展开的过程中，社会生产关系会产生许多具体的质并表现出相应的属性，这些具体的质既有基本质的具体化，也有非基本质的具体化。质的具体化表现为生产关系适应和实现人们生存与发展的需要，即让人们实现美好生活。因此，关于经济高质量发展，我们可以认为它是一国或者地区能够按照所处历史时期的生产力水平，为全体劳动人民乃至全社会提供生存和发展所需要的物质资料，让劳动人民过上美好生活的经济发展方式。

2. 经济高速增长与高质量发展的辩证关系

经济发展有其自身客观规律，人类经济发展历史表明，任何经济体的发展必将经历数量扩张到质量提升。中国经济由高速增长阶段转向高质量发展阶段，并不意味着放弃经济增长，而是要积极探索质与量相统一的发展路径，这是顺应经济发展规律的重要体现，其中亦蕴含着质量互变的唯物辩证法逻辑以及质与量并重的古典经济学逻辑。

从质量互变的唯物辩证法视角来看，从数量型的经济增长到质量型发展的历史性变迁，是马克思主义唯物辩证法质量互变规律和矛盾对立统一规律在我国特定发展阶段的动态反映。马克思认为，量变和质变是事物发展的两种基本形态，在事物内部矛盾的作用下，事物的发展总是从量变开始，量变达到一定程度后将引发质变。由此可见，任何事物的发展在最开始的初级阶段都需要重视“量”的积累，当量积累到一定程度后，在关键时间节点上要关注“质”的飞跃，从而将事物的发展推向一个新阶段。具体到我国经济发展当中，新中国成立初期，我国处于社会主义初级阶段，社会的主要矛盾是人民对于建立先进工业国的要求同落后的农业国的现实之间的矛盾，是人民对于经济文化迅速发展的需要同当前经济文化不能满足人民需要状况之间的矛盾。社会的主要矛盾可在一定程度上转化为发展动力，推动社会进步。改革开放后，全国上下以经济建设为中心，大力发展经济。通过发展生产力完成经济“量”的积累，进入新时代，社会的主要矛盾由“人民日益增长的物质文化需要同落后的社会生产之间的矛盾”转化为“人民日益增长的美好生活需要和不平衡不充分的发展之间的矛盾”。社会主要矛盾的变化反映了我国人民关于经济“量”的增长需求已基本得到满足，未来将更加关注经济“质”的提升。

唯物辩证法注重从历史发展的维度来分析“量”与“质”的历史演变。从经济学理论研究的方法论角度亦能看出经济发展“量”与“质”的对立统一。数量分析注重实证主义方法论，而质量分析遵循的则是以价值判断为基础的规范主义方法论。从当今西方经济学说的理论来看，目前主流的新古典经济学理论一直探讨的正是数量问题。从马歇尔的局部均衡理论到瓦尔拉斯的一般均衡理论，“均衡”都是指商品市场或要素市场数量的均衡。即便是关于经济增长的分析往往只是聚焦在量的增长上，无论是索洛的外生增长理论还是罗默的内生增长理论，“增长”都是数量意义上的增长。这些经济学分析都在使用宽泛的数量指标来描述经济增长过程，尽管能够解释经济增长在数量上发生的奇迹，却因忽略了盲目追求数量增长而引起的生态破坏、经济结构失衡等负外部性而饱受诟病。因此，“量”与“质”并重的古典经济分析重新回到学者视野中，李嘉图的劳动价值论、马克思的商品二重性及社会再生产理论等兼顾“质”与“量”的统一。

总体来看，经济发展初期，经济基础薄弱，数量的增长能够解决发展过程中的突出矛盾，此时经济增长理论为经济的发展提供支撑，当经济体量增长到一定程度后，社会主要矛盾发生变化，此时经济发展将更加注重发展的质量，聚焦经济数量的传统经济增长理论无法充分揭示经济发展的本质，重新从理论层面来审视经济发展的框架尤为必要。

（三）高质量发展的内涵及其特点

1. 高质量发展的内涵

目前，社会各界尽管对高质量发展进行了广泛而深入的研究，但仍未给出一个普遍接受的统一表述。当前，现有的研究主要从中国特色社会主义社会矛盾转变、宏中微观经济、经济发展投入产出这三个角度来界定高质量发展的内涵与外延。课题组在充分汲取现阶段专家学者研究成果的基础上，通过对现有文章关于高质量发展述评的提炼总结，最终给出了我们自己的思考。

从中国特色社会主义矛盾转变角度来看，不同历史时期，经济发展的质态在不断发生变化，中国进入发展新阶段后，经济发展质量的重要性凸显。党的十九大提出，中国特色社会主义进入新时代，社会主要矛盾已转化为人民日益增长的美好生活需要和不平衡不充分的发展之间的矛盾。现阶段，经济发展的基本质表现在人民对美好生活的需要上，因此，经济高质量发展的核心要义要立足新时代生产力发展水平，满足人民日益增长的美好生活需要。经济发展质量强调的是系统之间的协调发展，主要是指经济发展过程中经济、社会与自然三个系统之间相互协调而形成的质态，所涉及的内容包括人与人、人与自然、人与社会、国民经济管理及政治生活等社会生活全过程的发展，最终能够推动人和社会的全面发展，体现在人民获得感、安全感、幸福感、价值感等诸多方面。此外，创新、协调、绿色、开放、共享五大发展理念是经济高质量发展的本质体现。在高质量发展模式下，商品和服务质量普遍持续提升，投入产出效率和经济效益不断提高，创新是第一动力，协调是内生特点，绿色是普遍形态，开放是必由之路，共享是根本目的。这种体现五大发展理念的高质量发展是以质量和效益为价值取向的发展，它要求经济发展以质量为核心，坚持质量第一、效率优先的原则，确定发展思路、制定经济政策、实施经济调控都要更好地服务于质量和效益。发展的过程不仅要重视量的增长，更要重视优化结构，不能仅关注经济增长，更要重视保护环境、提升社会文明。另外，社会发展的突出问题也随着社会矛盾的转变而不断变化，高质量发展要坚持问题导向，着力解决城乡区域发展不平衡和收入分配差距大、经济风险积累过度、环境污染、创新能力欠缺等问题，以实现共同富裕、防范化解风险、人与自然和谐相处、创新驱动等高质量发展状态。

从宏中微观经济学角度来看，在微观层面上，经济发展质量可理解为产品质量，产品及其经济活动的使用价值同时合意于人的物质需要和社会需要，微观层面的高质量发展指高质量的产品和服务能够更好满足人民日益增长的美好生活需要，产品和服务质量高是经济发展质量高的核心，高质量生产要素的投入则是提高产品和服务质量的基础。从中观层面可理解为经济结构质量，即实现产业和区域经济结构平衡，体现为区域经济协同发展，经济具有整体性、开放性和包容性。从宏观层面可理解为国民经济整体的质量和效益，体现为经济中不同产业结构的高端化、资源利用率提升、技术的升级和更新、资源的合理配置以及劳动力结构的优化升级。

从经济发展的投入产出角度来看，高质量发展意味着经济体中存在高质量供给和需求、经济资源实现高质量配置、经济体有高质量的投入产出效率、高质量的收入分配和经济循环。高质量的供给体现在为满足需求端消费升级趋势，持续提升供给端的产业素质、企业积极性、产品与服务的质量和水平。高质量需求，要以消费升级拉动供给体系升级。高质量的配置要根除资源在不同部门之间配置的障碍，提高资源配置效率。高质量的投入产出，要用有限的资源创造无限的财富，投入少、产出多、效率高，包括资本、劳动、能源、环境以及处理生产要素的效率。高质量的收入分配强调快形成更为合理的初次分配和更为公平的再分配。高质量的经济循环，要着力缓解经济运行当中的失衡问题，确保经济平稳、健康、可持续运行。

综上所述，我们认为，从经济学意义上讲，高质量发展是指行为主体为应对生存和发展环境的变化而采取的手段，以适应生产关系发展要求的发展方式和发展质量状态。从以习近平同志为核心的党中央提出“高质量发展”的背景意义上讲，高质量发展，以习近平新时代中国特色社会主义思想为指导，充分体现新发展理念要求，把创新作为第一动力，协调成为内生特点，绿色成为普遍形态，开放成为必由之路，共享作为本质要求，能够适应、引领新常态，更好地满足人民日益增长的美好生活需要的经济发展方式和发展质量状态。

2. 高质量发展的特点

（1）质与量的统一性

强调高质量发展，不代表不要速度、放弃增长，而是要坚持质与量的统一。高质量发展以总量为基准，但又不仅关注经济总量，还包含对经济的效率、结构、稳定性和持续性等角度的多维衡量，是“量”与“质”相协调下的演进发展，强调的是经济、社会和生态效益的结合，体现人与经济社会相协调的包容性增长与发展。因此，在高质量发展的实现过程中，需要正确处理数量增长和质量发展的关系，在由高速增长向高质量发展的转型中找到并践行质与量相统一的路径。

（2）相对性

高质量发展是相对于低质量发展的概念，作为本研究对象的高质量发展是相对于高速增长的发展方式和发展状态而言的。长期以来，经济发展方式主要依赖高投入、高消耗来实现高产出，忽视了质量和效益、供给与需求的匹配程度、发展的可持续性。高质量发展是通过与过去的增长方式相比较来体现的，其内涵更丰富、活力更强、效率更高，能够产生更大的福利效应，是更高水平、层次、形态的发展，是全面协调可持续的发展。

（3）动态性

高质量发展是在新的时代条件下针对我国经济社会发展基本矛盾的变化，特别是人民对美好生活的需要而提出的，并且在新时代的不同阶段也将具有不同的内涵和状态。高质量发展的目标思路和政策举措也不是一成不变的，需要根据实践的深入、认识的升华而不断丰富、不断完善。适应新时代满足人民日益增长的美好生活需要，满足人民群众不断升级的需求，不断拓展的消费领域和消费方式，改善、丰富人民生活条件，引领供给体系优化升级并催生新的需求，如此循环往复、相互促进，推动社会生产力和人民生活水平的提高。

（4）系统性

高质量发展，本质上是一个综合性、系统性、整体性的概念，不单纯追求经济总量、经济增速，而是更加注重经济、社会、环境的均衡，实现更高质量、更高效率、更加公平、更可持续的发展。因此，高质量发展具有系统性，需要处理好主体、客体、环境之间的关系，需要从产业体系、市场体系、收入分配体系、绿色发展体系和全面开放体系等方面系统推进，从而解决我国经济体系内在的不平衡不充分问题。

三　煤炭产业经济高质量发展及其客观性

（一）煤炭产业经济高质量发展的内涵

煤炭产业经济高质量发展，是经济高质量发展一般与煤炭产业特殊的统一；是煤炭产业在以习近平同志为核心的党中央提出的“五大新发展理念”的指导下，顺应我国经济从粗放型高速增长转向集约型高质量发展所做出的能动反映；是煤炭产业进入新的发展阶段后，为适应新时代、新业态的需要而做出的战略性选择；是通过不断深入的全面改革创新、驱动产业制度、产业结构、工艺技术、产品和服务、投入产出、安全生产、环境保护、社会责任履行等方面质量不断提高的发展方式和所呈现的发展业态。

（二）煤炭产业经济高质量发展的表现形式

1. 产业制度现代化

产业是企业的集合，企业是产业的细胞，多个煤炭企业细胞构成了煤炭产业的整体，煤炭产业的微观基础是煤炭企业。煤炭产业的高质量发展要依靠煤炭企业的高质量发展。煤炭产业制度现代化，是指按现代产业经济运行要求所建立的产权制度、企业制度和管理制度。产权制度是市场经济存在和发展的基础，是完善基本经济制度的内在要求，其基本特征是归属清晰、权责明确、保护严格、流转顺畅。企业制度是适应现代社会化大生产和市场经济体制要求的产物。现代企业制度的基本特征为“产权清晰、权责明确、政企分开、管理科学”。管理制度以理念现代、手段先进、调控精准，效果显著为主要特点。现代产业制度是保障企业运行的条件，煤炭产业高质量发展首先要实现产业制度现代化。

2. 产业结构合理化

煤炭产业经多年发展，客观上已经形成了煤炭开采、洗选、物流仓储、煤制油气、煤化工、医疗康养、机械制造、林草种植、技能培训等多业并举的格局。这里的产业结构，包括主业和副业，产业布局，再生产（生产、流通、消费、分配）各环节和资本有机构成。形成合理的产业结构将有助于提高资源配置效率，从而间接提高煤炭产业的发展质量。

3. 工艺技术先进

科学技术是第一生产力，现代煤炭产业工艺技术的进步突飞猛进，煤炭产业经济高质量发展必然表现在工艺技术的进步上。这里的先进性表现在煤矿勘探、矿井掘进、原煤开采、洗选、储运销售全产业链上采用当代先进技术。煤炭产业高质量发展需要用科学技术来促进和推动，科学技术的不断提升也是煤炭产业高质量发展的具体体现。

4. 产品性价比高

随着产业发展多业并举格局的形成，煤炭产业向社会提供的产品数量和种类越来越多。煤炭及其相关产品的性价比可作为煤炭产业高质量发展的判断标准之一，“性”指产品的使用价值，“价”指产品的价格，产品质量相对业内同类产品的使用价值性价比高，即优质优价或物美价廉。

5. 服务水平一流

现代煤炭产业已不仅局限于煤炭的开采，而是逐渐延伸，向服务业渗透。产业服务包括自我服务和向社会提供的服务、生产性服务和生活性服务。服务水平的高和低反映了服务主体发展质量的高和低。

6. 投入产出率高

投出产出效率指项目运行寿命期内产出的工业增加值总和与全部投资之比，是衡量发展质量高低最直观的指标。产业运行表现为各类生产要素的投入，经过社会生产和再生产，形成满足人们生产和生活需要的产品和服务，即产出。用较小的投入获得较大的产出即为效率高，表现为使用价值数量多、性能准，价值和利润的最大化，这一形式特征是经济发展质量的集中表现。

7. 安全有保障

受制于较高的矿难率和矿工患职业病的高风险，长期以来，煤炭产业被视为“高危产业”。作为一个高质量发展的产业不应是“高危产业”，而应是一个安全有保障的产业。安全生产是煤炭生产的第一要务，不安全绝不能生产，生产必须安全。

党的十九大报告强调：“要树立安全发展理念，弘扬生命至上、安全第一的思想，健全公共安全体系，完善安全生产责任制，坚决遏制重特大安全事故，提升防灾减灾救灾能力。”《中共中央　国务院关于推进安全生产领域改革发展的意见》在“指导思想”中也特别强调，要“坚持安全发展，坚守发展决不能以牺牲安全为代价这条不可逾越的红线”。煤炭产业作为我国安全生产重点防范领域，将安全生产作为政策红线必然是高质量发展的基本要求，也只有切实采取科学有效的安全生产措施，才能保障产业高质量发展的安全基础。

8. 环境污染少

煤炭生产是人与自然的直接结合，不扰动地球则无法生产，扰动地球必然会对生态环境造成污染。煤炭产业高质量发展只能做到环境污染少，而不是无污染。这里的“少”是相对的，是一定时空条件下的量的比例。

我国早在20世纪90年代初就将生态环境保护明确为基本国策之一，要求“保护和改善生产环境与生态环境”。党的十八大报告再次强调推进生态文明建设的重要性，坚决贯彻落实节约资源和保护环境的基本国策，从源头上扭转生态环境恶化的趋势。无论从政策要求和人们对美好生活的向往，还是从有限的环境承载力与煤炭产业自身可持续发展要求看，环境污染少必须成为煤炭产业高质量发展课题中的应有之义。

9. 资源使用节约

煤炭生产是对自然资源的耗费，煤炭在被人类发现和利用的过程中逐渐推动着煤炭产业的形成和发展。煤炭作为不可再生资源，若没有煤炭资源则没有煤炭产业，产业高质量发展更无从谈起。资源是产业形成并发展的基石，节约资源是我国的基本国策，高质量发展的产业应该而且必须做到节约资源。对于煤炭产业来说，资源回采率、综合利用率等都可作为评判资源节约程度的标准。

10. 社会责任感强

履行社会责任是产业组织应尽的义务和社会使命，包括上缴国家税费、发放职工薪酬福利、为扩大再生产提供积累、资助社会公益事业发展，这些都是煤炭产业高质量发展的表现形式和必然要求。

政府把资源配置给煤炭企业，通过各种服务创造所需要的条件，生产者有义务通过上缴税费形成政府收入，以保障国家机器的安全运行。人类社会要生存和发展，必须不间断地扩大再生产，而积累是扩大再生产的唯一源泉，为了维系社会生产和再生产，满足人类社会生存和发展需要，自我积累成为生产者的重要社会责任。社会生产和再生产过程的推动力根源于劳动者智力和体力的付出，这一动力的形成，即劳动力生产和再生产需要通过薪酬福利的形式加以保障。现代社会经济发展规模在不断扩大，投资成为一种普遍的社会现象，在这一常态下，通过红利发放，向借贷资本所有者合法支付利息，以保障投资人的合法权益成为用资人的责任。此外，煤炭产业高质量发展还应该承担起环境、伦理、慈善等方面的社会责任。

（三）中国煤炭产业从高速增长转向高质量发展的客观性

1. 大势所趋、形势使然

自党中央提出我国经济由高速增长阶段转向高质量发展阶段以来，高质量发展已成为当代神州大地最强的动员令。目前，全社会已经动员起来，人们为这场深刻的变革在思、在想、在干、在探索。煤炭产业作为国民经济的基础能源产业和重要工业原料、工业产品供应商，在这一产业革命大潮中，要牢记习近平总书记关于能源发展的“四个革命、一个合作”[①] 的指示，顺势而为、砥砺前行，争做高质量发展的第一梯队，为我国经济高质量发展做出新贡献。

2. 煤炭产业发展要求变革

（1）我国煤炭产业发展过程的简要回顾

中国是世界上发现和利用煤炭最早的国家之一，大约在新石器时代初识煤炭，随着中华五千年文明的传承蜿蜒前行，并延续至今。早在 1878 年，我国第一座煤矿——基隆煤矿建成，自此开始了煤炭的规模化开采。第一次世界大战期间，由于帝国主义忙于混战，中国民族资本近代煤矿发展达到新高度。1949 年，中华人民共和国成立，中国煤炭产业开始有了长足发展。从新中国成立到 1978 年改革开放，在近 30 年的历史长河中，中国煤炭产业在经历了“一化三改”后，成为国民经济的基础产业。甚至在“大跃进”

---

① 2014 年 6 月，中央召开财经领导小组第六次会议，研究国家能源安全战略。习近平总书记提出“四个革命、一个合作”能源战略重要论述。第一，推动能源消费革命，抑制不合理能源消费；第二，推动能源供给革命，建立多元供应体系；第三，推动能源技术革命，带动产业升级；第四，推动能源体制革命，打通能源发展快车道；第五，全方位加强国际合作，实现开放条件下能源安全。

和“文革”的动荡年代，依然呈现良好发展态势，原煤产量从解放初期的3243万吨到改革开放的6.18亿吨，基本上满足了国民经济发展对煤炭的需求。

改革开放40多年，我国煤炭产业整体面貌再创新高：全国煤炭产量由1978年的6.18亿吨增加到2018年的35.5亿吨，供给保障能力实现跨越式提升；大型煤炭企业的采煤机械化程度由1978年的32.5%增加到2018年的97.9%，煤炭科技创新发展取得丰硕成果；煤炭产业、产品结构优化，部分大型煤炭企业非煤产业比重超过60%，产品结构由原煤、混煤转变为洗选煤，由燃料转变为燃料和原料并重，资源综合利用率大幅提升；煤炭经济市场化程度不断提高，交易网络已经形成，交易规则日臻完善，价格双轨已经终结；百万吨死亡率由1978年的9.713降至2018年的0.093；煤炭清洁高效利用迈出实质性步伐，生态文明建设进展良好。

（2）高速增长的中国煤炭产业要求变革

在我国宏观经济正处于增长速度换挡期、结构调整阵痛期和前期刺激政策消化期“三期叠加”的宏观大背景下，煤炭产业也面临“四期叠加”的新业态。

一是需求增速放缓期。随着我国经济结构调整、能源生产和消费革命的持续推进，今后一个时期，全国煤炭消费增速将告别“十年黄金期”，增速大幅放缓。如图2所示，进入21世纪，煤炭消费总量整体呈上升趋势，但消费增速在下降。中国煤炭工业协会发布的《2018煤炭行业发展年度报告》中称，预计2019年煤炭消费增速将放缓至1.5%，总体形势将不会有大的改变。

二是产能过剩化解期。“十一五”以来，在高速增长惯性发展思维的影响下，全国煤炭投资量剧增。如图3所示，2002年以来，全国原煤开采累计新增生产能力呈逐年上升趋势，且上升幅度明显。同时，煤炭市场供大于求与产能建设超前现象并存，导致煤炭库存大幅增加，产业陷入四年“隆冬期”。2016年2月，国务院出台的《关于煤炭行业化解过剩产能实现脱困发展的意见》明确了煤炭产业去产能目标，即从2016年开始，用三到五年

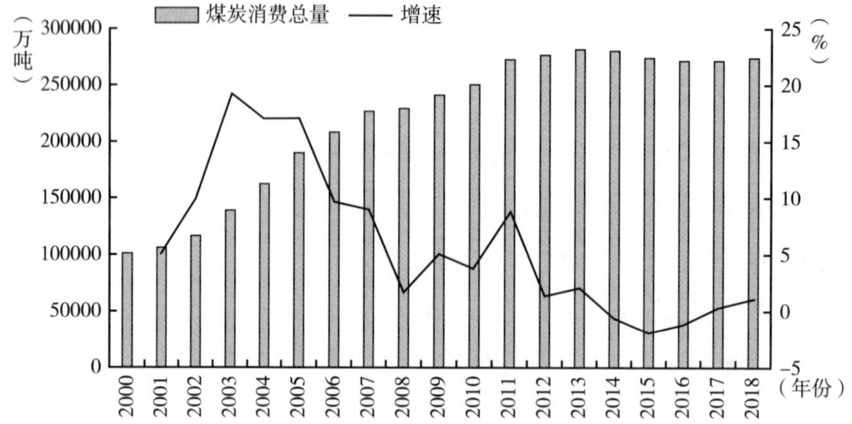

图 2　21 世纪煤炭消费总量及增速

资料来源：国家统计局年度数据。

的时间，退出产能 5 亿吨左右、减量重组 5 亿吨左右。自该文件出台以来，去产能工作成效显著，截至 2018 年底，累积化解过剩煤炭产能近 7 亿吨，基本实现三年“大头落地”的目标。但当前产能过剩的矛盾并未根除，结构性去产能任务依然严峻，已化解产能中的职工安置等问题进展缓慢。

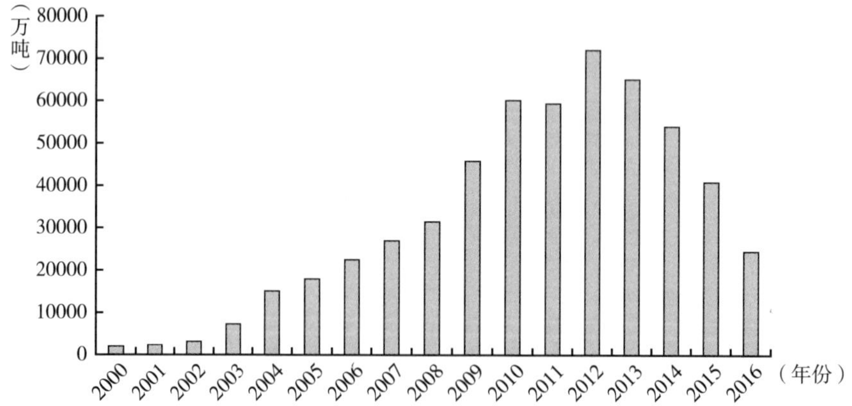

图 3　原煤开采累计新增生产能力

资料来源：2000～2007 年：前瞻数据库年度数据；2008～2016 年：国家统计局年度数据。

三是生态环保强化期。我国早在20世纪90年代初就将生态环境保护明确为基本国策之一，要求“保护和改善生产环境与生态环境”。进入21世纪，经济发展的环保压力日益加大。煤炭生产与消费一直都是环保问题的源头，环保约束趋紧，要求煤炭产业必须转变发展方式，实现环境友好型发展，还人类一片绿水青山。

四是改革开放攻坚期。煤炭产业的改革开放曾经相对滞后，是最后一个取消价格双轨制的产业。时至今日，煤炭市场价格形成还在采用“4+1”（即神华、中煤、同煤、伊泰4家企业和1家煤炭工业协会）模式，政府干预和垄断性产业集团控制市场价格的局面仍没有打破，体现市场公平的平均利润在煤炭产业仍未形成，与煤电产业存在明显的跷跷板现象。由于其产业基础性地位的重要性突出，高度集权计划经济形成的“一大二公”的特征较为明显，产权多元化、投资主体多元化进程缓慢。甚至在改革开放40多年后的今天，一些大的国有煤炭企业集团混合所有制改革仍举步维艰，企业办社会仍有存续，“三供一业”剥离工作仍在艰难进行中，特别是供给侧结构性改革，“三去一降一补”五大任务虽然取得明显成绩，但除去库存任务在煤炭产业显得不那么难外，其他任务继续深入比较艰难：在去产能过程中，已去掉产能中的职工安置问题处理进程缓慢，剩下的过剩产能大多为结构性产能过剩，难以入手；资本市场不给力，加之煤炭企业自我积累十分有限，债转股落地难，企业杠杆率居高不下；企业内部成本下降空间十分有限，对外部成本缺少话语权；待补的短板多，而这些短板的形成又均非一日之过。

“四期叠加”已经成为煤炭产业的一种新常态和新业态，经过新一轮行业洗牌，煤炭价格大起大落的时代已经过去，不会再有过去几年那样的低迷，也不会再有“黄金十年”的火爆。在新的历史时期，我们要适应新常态、新业态，煤炭产业未来发展要体现五大新发展理念。走更高质量、更好效益、更可持续发展之路，是新时期煤炭产业发展的根本出路。

3. 实践经验教训的总结

（1）煤炭产业“黄金十年”和“寒冬四年”的教训

2002~2011年，在宏观经济高速增长的发展环境下，煤炭需求大幅增加，带来产量、价格、利润的飞速增长。煤炭产量从 2002 年的 13.8 亿吨增长到 2011 年的 35.2 亿吨，年均增长两亿多吨；秦皇岛 5500 大卡动力煤价格从 2002 年的每吨 275 元增长到 2011 年的每吨 853 元，每吨增长了 578 元；煤炭全行业利润从 2002 年的 23 亿元增长到 2011 年的 3246 亿元。在这种大好形势下，大量社会资金投向煤炭，许多煤矿无序投资、“跑马圈地”、盲目扩张，致使煤炭固定资产投资从 2002 年的 110 亿元增长到 2011 年的 4700 亿元；“十一五”规划期间，全国煤炭固定资产投资 1.25 万亿元，超过前十个“五年计划”投资总额。然而，在享受高速增长红利的同时，诸多问题浮出水面。自 2012 年以来，煤炭经济形势发生逆转呈“飞流直下三千尺”之势，转而进入“隆冬季”。“十二五”以来，中国煤炭市场供求关系发生变化，短缺演绎成过剩，卖方市场演变成买方市场，煤价大幅下跌，产业陷入困境。

2012 年 5 月至 2016 年 4 月，是中国煤炭产业继世纪之交亚洲金融危机后，遭遇的最为艰难的时期，突出表现为“四大”：

第一，过剩产能绝对量“大”。全国各类煤矿产能总规模 60 多亿吨，加上进口的两亿吨煤，相较 37 亿～39 亿吨的国内煤炭市场空间，过剩产能高达 20 亿吨。

第二，进口煤冲击“大”，煤炭市场被国际化。2009 年，我国进口煤首次多于出口煤，由净出口国转为净进口国，而且进口煤量增长迅猛。2012 年之后，煤炭进口量始终保持在 2 亿吨以上。

第三，煤价下滑幅度“大”。数据表明，在此期间，全国综合煤价由 800 元/吨下降到 330 元/吨，其中山西综合煤价由 656.1 元/吨下降到 224.32 元/吨。

第四，产业亏损面积“大”。全产业超过 90% 的企业亏损，就连神华集团 2015 年煤炭板块也亏损 20 亿元。

这一时期的严重困难，给煤炭企业造成了诸多伤害，主要表现为以下几点。

安全之伤：企业亏损严重，煤矿安全生产风险倍增。最为突出的是，安全投入不足，设备带病运转，安全设施缺失，装备更新停滞，开采工艺退步；采掘接续打乱，“寅吃卯粮”、“挑肥拣瘦”，急功近利、饮鸩止渴，以量补亏、以量保本、以量增利的问题突出；假整改、假密闭、假数据、假图纸、假报告，超层越界、超能力、超强度、超定员、证照超期的“五假五超”严重违法违规行为屡禁不止；企业领导为了保生存、保吃饭，忙于跑市场、跑银行，分散了抓安全的精力，企业安全管理特别是安全质量标准化管理严重滑坡；等等。

人心之伤：企业风光不再，生存发展举步维艰，职工收入大幅降低，工资拖欠严重，最长的拖欠一年以上，人心不稳，情绪低落，全产业笼罩在一片悲观绝望的氛围之中。大批的专业技术人员和高级技工跳槽，人才流失严重。

负债之伤：“寒冬四年”吃光了企业多年来积累的资本，加之企业几年前盲目扩张造成债台高筑，几乎把企业逼至绝境。沉重的债务负担，压得企业生存发展难以为继。此外，国有煤炭企业还普遍背负着企业办社会的沉重包袱，承担着大量的办社会职能。

（2）供给侧结构性改革使煤炭产业走出困境

2016 年以来，随着国家启动供给侧结构性改革，积极推进去产能，大力优化产业结构，在国家有关部门、主要产煤省区政府和煤炭企业的不懈努力下，煤炭产业供给侧结构性改革成效显著，取得的阶段性成果为煤炭产业可持续发展提供了条件，奠定了煤炭产业高质量发展的基础。

一是煤炭产能过剩矛盾得到较大缓解。在中央和地方政府相关部门的政策引导与有力推动下，2016 年以来，我国煤炭产业去产能取得了阶段性进展和实质性成效。2016 年，全年退出煤炭产能接近 3 亿吨，超额完成了年度去产能目标任务；煤价回升，规模以上煤炭企业全年实现利润超过 1000 亿元，企业经济效益好转，发展能力增强；产业结构有所优化，竞争秩序有所改善。2017 年全年退出产能 1.47 亿吨，其中动力煤退出 1.11 亿吨，占退出产能的 75%；炼焦煤 0.36 亿吨，占退出产能的 25%。截至 2018 年底，累积化解过剩煤炭产能近 7 亿吨，基本实现了 8 亿吨煤炭去产能目标三年“大头落地”。

二是煤炭产业结构优化升级。2016 年共关闭煤矿 1900 多处，全国煤矿数量减少至 9000 处左右，平均单井规模提高至 50 万吨/年以上。到 2016 年底，全国建成年产 120 万吨及以上大型现代化煤矿产量占全国的 75% 以上，其中建成年产千万吨级的特大型现代化煤矿 59 处，总产能达 8 亿吨以上。

三是煤炭企业经营状况明显好转。随着供给侧结构性改革的逐步推进，煤炭供需严重失衡的局面得到扭转，煤价出现较快反弹，市场预期有所改善，煤炭企业经营状况明显好转，企业盈利能力有所提升。2016 年规模以上煤炭开采和洗选业实现利润 1091 亿元，同比增长 223.6%。2017 年实现利润 2959 亿元，同比增速高达 171.27%。2018 年实现利润 2888.2 亿元。随着效益的好转，煤炭企业现金流紧张、安全投入欠账、工资欠发等问题得到一定的缓解。

四是降成本取得一定成效。自党中央、国务院为有效缓解实体经济企业困难，助推企业转型升级，做出开展降成本的重要决策部署以来，煤炭产业管理有关部门、煤炭生产区地方政府，各煤炭企业积极响应，狠抓落实，取得了一定成效。如图 4 所示，自 2016 年 7 月份以来，煤炭产业主营业务成本率有所下降，从 2016 年 6 月的 84.65%，下降到 2018 年末的 69.38%。人工成本、用能成本、用地成本、物流成本、销售费用、管理费用和制度性交易成本的占比均呈下降趋势。

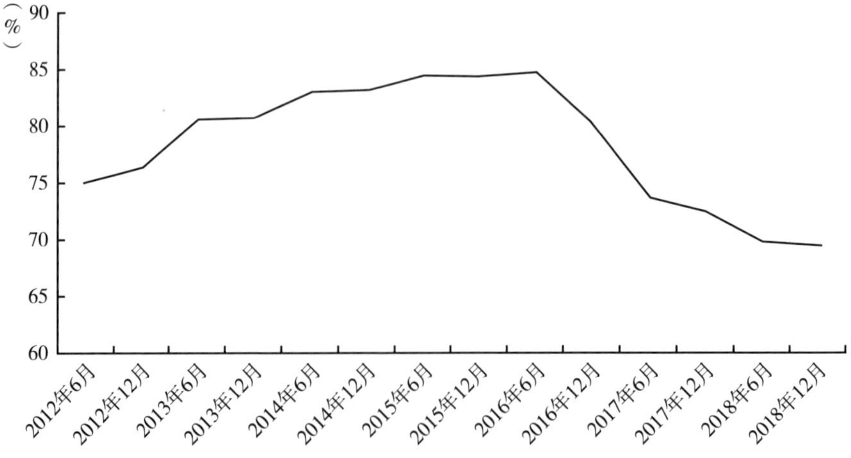

图 4　煤炭开采和洗选业主营业务成本率

注：主营业务成本率 = 煤炭开采和洗选业主营业务成本累计值（亿元）/煤炭开采和洗选业主营业务收入累计值（亿元）

资料来源：国家统计局月度数据。

四　煤炭产业高质量发展的测度、影响因素与指标体系

（一）煤炭产业高质量发展具有可测度性

2018年中央经济工作会议认为，中国特色社会主义进入了新时代，我国经济发展也进入了新时代，基本特征是我国经济已由高速增长阶段转向高质量发展阶段。推动高质量发展是当前和今后一个时期确定发展思路、制定经济政策、实施宏观调控的根本要求，必须加快形成推动高质量发展的指标体系、政策体系、标准体系、统计体系、绩效评价、政绩考核，创建和完善制度环境，推动我国经济在实现高质量发展上不断取得新进展。国家能源局也要求科学的设置包括煤炭产业在内的高质量发展的能源指标体系，以引领、评判高质量发展实践。

煤炭产业经济由高速增长转向高质量发展，从哲学意义上讲，是质量互变规律的具体表现。这里的“质”，是高质量发展的煤炭产业有别于传统发展的本质所在。由于主客观条件的不同，发展煤炭产业的主体差异是显而易见的。例如，同为煤炭产业微观基础的煤炭企业，由于其所配置的煤炭资源的种类、质量、开采条件不同，其投入产出效果会有所不同；再如同类主体采用的工艺技术、管理方式不同，所呈现的发展质量状态也有所不同。在煤炭产业的长期发展实践中，我们已经积累了足够的客观数据和技术手段，能够对不同主体进行多维度、多视角的计量，现有的指标体系为煤炭产业高质量发展的测度提供了客观的现实基础。这里的“量”，是两个不同发展阶段，可以用数量来表示的区别。客观存在的一切事物，都是质与量的统一，我们在分析高质量发展的特点时已做过论述。作为本研究报告对象的煤炭产业高质量发展，也可以运用适宜的数理计量方法取得的一系列指标加以测度。

财政部曾经制定过一套包括销售利润率、总资产报酬率、资本收益

率、资本保值增值率、资产负债率、流动比率、应收账款周转率、存货周转率、社会贡献率、社会积累率的企业经济效益评价指标体系。中国煤炭经济研究院在《中国煤炭工业发展报告（2010）》中基于煤炭企业综合竞争力影响因素分析，选取资源保障、科技水平、安全生产、人力资源、规模效益、资本运作、社会责任、环境保护 8 个方面的 18 个二级指标和 41 个三级指标，建立了基于转变发展方式理念的煤炭企业综合竞争力指标体系。

截至目前，煤炭产业高质量发展测度指标体系还未正式建立。虽然国家统计局、工信部等部门构建了测度指标体系，但大都偏重于宏观方面而非中观产业方面，从统计学角度出发，反映的本质是量上“干的多少”，而非从高质量发展的经济学角度出发，反映的本质是质上的“干的多好”。在这些测度指标体系的发展导向下，我国煤炭企业仍然追求高速增长，强调量的扩张。例如，有煤矿企业的负债严重超过资产，企业给员工发放的奖金竟采取打欠条的方式。因此，我们有必要构建中国煤炭产业高质量发展测度指标体系，为煤炭产业高质量发展导向，助推煤炭经济转型，促进我国煤炭产业的高质量发展。

（二）构建煤炭产业高质量发展测度指标体系的指导思想和原则

在构建指标体系的过程中，要广泛借鉴包括我国及许多发达国家学者在内的研究和评价国家现代化进程中创设的一系列指标体系、方法、原则和最新研究成果。

美国学者大卫·莫里斯在研究建立测度指标体系时曾提出 6 项基本原则：（1）不应该假设只适用于一种发展模式；（2）应该避免只反映特定社会的价值标准；（3）应该循的是成果而非投入；（4）应该能反映社会成果的分配；（5）应该便于编制和理解；（6）应该可以用于国际上的比较。[①] 莫里斯的 6 项基本原则可以简单用一个不应该、五个应该来加以概括：指标体

① M. D. Morris, *Measuring the Conditions of the World's Poor*, New York: Pergarnon, 1979.

系要适用于同一时空条件下的所有发展主体，而且要选择社会通用的价值标准，不要带社会偏见；要重投入产出的成果，而且要反映这些成果最终用途；测度指标体系的设计，在内要易理解，编制时要好操作，而且在国际范围内可比较。

倪方树等人提出建立指标体系要坚持系统性与简洁性相结合原则、可获得性与前瞻性相结合原则、主观性与客观性相结合原则。① 张士强、崔健提出建立指标体系要坚持有效性原则、系统性原则、可比性原则、全面性和重要性原则相结合。② 赵国浩等人提出建立指标体系要坚持层次性原则、完备与简明性原则、相关与动态性原则、定性指标与定量指标相结合原则。③ 王林珠提出建立指标体系要坚持全面性与科学性原则、静态指标与动态指标相结合的原则、系统性和层次性原则、定性指标与定量指标相结合原则、循环经济原则。④

综合以上专家学者的研究和思考，以马克思主义和经过客观实践验证的西方经济理论科学成分为指导思想的理论基础，以习近平“五大发展理念”为指导思想，我们提出煤炭产业高质量发展指标体系的原则如下所述。

（1）客观性原则：指标能够真实反映煤炭产业高质量发展的本质，使发展的质量通过加工处理后得出的量化指标客观地反映这一本质；

（2）系统性原则：指标构成符合系统理论要求，宏观、中观、微观，乃至同一层面的指标之间，相关指标要相互制约、互为验证；

（3）全面性原则：指标能够全面反映各要素相互作用和共同促进发展质量状况；

（4）可行性原则：指标所需数据可获取、可计量、可比较，内涵规范，计量方法可行，计量口径、范围能满足要求；

---

① 倪方树、王家庭、曹清峰、毛文峰：《国家级新区评价指标体系构建及对河北雄安新区发展的启示——基于五大发展理念的视角》，《城市》2017 年第 6 期。

② 张士强、崔健：《煤炭企业转型升级效果评价指标体系设计》，《经济研究导刊》2016 年第 14 期。

③ 赵国浩、阎世春等：《煤炭工业可持续发展研究》，经济管理出版社，2008。

④ 王林珠：《煤炭企业循环经济发展力评价研究》，博士学位论文，中国地质大学，2013。

（5）动态性原则：指标要随着生产力的发展、生产关系的改善及由此而决定的生产方式的转变而改变；

（6）导向性原则：指标通过发展趋势性变化，揭示潜能和未来趋势，能够为行为主体指明努力方向。

（三）构建煤炭产业高质量发展指标体系应考虑的条件

条件指制约客观事物发展变化的诸因素，通常可分为：主要条件、次要条件，内部条件、外部条件，前提条件、基本条件，充分条件、必要条件，等等。在系统论中，条件是主体作用于客体所必需的基本要求。煤炭产业高质量发展作为系统，要求具备相应条件，其具体条件内容则由煤炭产业自身特点所决定。基于能源资源开发利用的属性，煤炭产业具有这样一些特点，即资源赋存是其先决条件，劳动产品的使用价值先天决定，生产成本受制于赋存条件，开采的前期投入大，规模效应明显，产业关联性强，具有明显的生命周期，整个生命周期成本先降后升，安全生产、环境保护约束大，产业政策性强等。基于此，在建立煤炭产业高质量发展测度指标体系时，应着重考虑如下条件。

1. 资源保障

煤炭资源是由古代植物在漫长的历史岁月中经过复杂地质成矿作用形成的一种可供社会利用的能源资源，在其被人类发现和利用的过程中逐渐促成了煤炭产业的形成和不断发展，因而没有煤炭资源则没有煤炭产业，产业高质量发展更无从谈起。极其漫长的形成过程，又决定了煤炭资源是不可能“取之不尽用之不竭”的，而是只会随着开采时间的推移日益减少，这便凸显了资源保障对于煤炭产业及其高质量发展的重要性。资源保障之所以是煤炭产业高质量发展的首要条件，不仅由于煤炭资源是煤炭产业发展的基本条件，更由于它是有限的、不可再生的。

资源保障又有绝对和相对之分。资源的绝对保障，是指拥有丰富的具备开采价值的煤炭资源。这里的“丰富”，即煤炭资源在数量上能够满足产业持续发展之要求；开采价值，则主要体现于煤炭资源的种类、质量、规模、赋存条件等。由于构造煤物质、集聚地和古气候条件、成矿时期的不同，客观上形成了煤炭资源在品种、煤质、储量规模、地质条件和灾害条件等方面的明显不同。煤炭资源的这种差异性，对煤炭产业发展质量的高低影响甚大。从品种看，无烟煤、焦煤作为稀缺资源，较动力煤资源具有更高的经济价值，动力煤中的烟煤资源又优于褐煤资源。较优资源保障程度高，产业发展的质量自然就能得到提升。从煤质看，发热量高、灰分低、水分低、挥发分低的煤炭资源往往具有更高的经济价值，从而也是创造产业效益的重要组成部分。从储量规模看，储量大有利于大型煤矿建设和矿区可持续发展。从地质条件和灾害条件看，它们直接决定了煤炭开发的难易程度，进而形成了产业投入产出的差别化，是构成影响产业发展质量的重要因素。总之，煤炭资源的绝对保障，不仅基于数量，还受种类、质量、规模、赋存条件等约束。

资源的相对保障，是指在煤炭资源数量或总量既定的前提下，通过资源开发和使用上的节约，来相对地提高资源保障度。节约资源是基本国策的重要内容，具有特别重要的意义。从资源开发角度看，减少“采肥弃瘦”、提高资源回采率是节约煤炭资源的重要保证。过去一个时期，受技术水平限制和经济利益驱使，我国煤炭产业滥采乱挖、资源浪费问题较为突出，给煤炭产业资源保障带来了巨大的压力。随着技术和制度的进步，煤炭资源浪费问题已大为减少。未来一个时期，薄煤层开采将越来越成为进一步提高资源回采率、节约煤炭资源的重要方面。从资源使用角度看，通过技术创新、节能技术的推广应用，降低发电煤耗、单位 GDP 能耗，在煤炭消费的各个环节提高使用效率，对节约煤炭资源来说意义重大。除技术因素外，节约理念的普及也是间接提高资源保障度的重要内容。

2. 生态环境保护

煤炭开采扰动地球，引发生态环境问题是难以避免的，比如地表塌陷、沉陷区盐渍化、水土流失等；易导致水资源破坏，比如地下水资源被破坏、矿井水废弃排放和污染等；易产生瓦斯、矸石山自燃等废气排放。煤炭洗选加工过程中，易产生对土壤、植被、水系的污染。若考虑煤炭利用环节，燃煤产生的煤烟污染物对环境的负面影响很大，其中不规范的散煤燃烧、不达标的锅炉燃煤更是当前社会普遍关注的“雾霾”问题的重要源头之一。

生态环境是人类生存发展的必要条件之一，其承载力是有限的。人类社会工业化进程不断加快的过程中，能源生产和消费所带来的生态环境问题，对人类生存和发展已经构成了严重的威胁，并已引起全世界的共同关注。在这一背景下，发展低碳经济、绿色经济作为应对生态环境问题、全球气候变化的战略选择，得到全球范围内的广泛认可。从“巴厘岛路线图”到“巴黎协定”，国际社会一直在为保护生态环境、实现人与自然和谐发展积极努力。

保护生态环境作为我国基本国策的重要内容，是煤炭产业发展的强约束条件。我国早在20世纪90年代初就将生态环境保护明确为基本国策之一，要求“保护和改善生产环境与生态环境”。党的十八大报告再次强调推进生态文明建设的重要性，要求坚持节约资源和保护环境的基本国策，从源头上扭转生态环境恶化趋势，为人民创造良好生产生活环境，为全球生态安全做出贡献。无论是从政策要求和人们对美好生活的向往，还是从有限的环境承载力与煤炭产业自身可持续发展要求看，生态环境保护已越来越成为煤炭产业发展的重要影响因素。

生态环境保护的强约束也有绝对约束和相对约束之分。绝对约束，是指生态环境本身对煤炭开发活动的容纳力有限，它要求煤炭产业高质量发展必须充分考虑生态环境承载力，承载力差将不足以支撑煤炭产业的可持续和高质量发展，一般而言，这种绝对约束是不以人的意志为转移的。相对约束，是指煤炭产业通过技术进步、合理投入、科学管理实现生态环境的少破坏、不破坏甚至改造优化，从而改变生态环境约束水平，它主要是由煤炭产业环保技术水平和理念贯彻程度所决定的。随着充填开采的不断探索、循环经济的构建、洗选加工水平的提高、燃煤发电“近零排放”的推广、煤炭深加工技术的提升，我国煤炭产业在绿色开发与利用领域越来越成熟，生态环境保护方面的保障力度也越来越大。因此，生态环境保护作为促进煤炭产业高质量发展的重要条件，不仅体现于生态环境本身，更重要的还体现在需要煤炭产业积极做出努力上。

3. 安全生产

长期以来，煤炭产业被视为“高危产业”。尤其是地下采煤，在开采和掘进工作过程中，如果安全设备不配套、管理不到位，很容易发生冒顶、瓦斯爆炸、煤尘燃烧、透水等事故，进而造成人员伤亡；若保护措施不到位，还容易患尘肺病等职业病。瓦斯、水、火、地压（冲击地压、顶板管理）、地温等构成了煤矿主要的灾害因素，它们以煤与瓦斯突出矿井、高瓦斯矿井、水文地质类型复杂或极复杂矿井、冲击地压矿井、采深超千米矿井等多种煤矿形式表现出煤炭产业的“高危”性，又在技术装备、安全管理的作用下，将这一“高危”性凸显出来。

安全生产是煤炭产业发展的政策红线。党的十九大报告强调，要树立安全发展理念，弘扬生命至上、安全第一的思想，健全公共安全体系，完善安全生产责任制，坚决遏制重特大安全事故，提升防灾减灾救灾能力。《中共中央　国务院关于推进安全生产领域改革发展的意见》在“指导思想”中也特别强调，要“坚持安全发展，坚守发展决不能以牺牲安全为代价这条不可逾越的红线”。煤炭产业作为我国安全生产重点防范领域，将安全生产作为政策红线必然是高质量发展的基本要求，也只有切实采取科学有效的安全生产措施，才能保障产业高质量发展的安全基础。

安全生产是煤炭生产的第一要务，不安全绝不能生产。历史经验告诉我们，煤炭产业没有做好安全保障，是要付出惨重代价的。“十五”规划期间，在经济快速增长带来的能源缺口刺激下，煤炭产业产生大量的超能力生产、违规开发现象，在本身技术装备并不先进的情况下，对安全管理又没有足够重视，造成了煤矿安全事故的频发，百万吨死亡率一度处于5左右的水平，年均矿难死亡人数超过6100人。即使在安全生产技术取得大幅进步的今天，煤矿安全事故仍然时有发生，比如2018年10月的山东龙郓煤业冲击地压事故、2019年1月的陕西百吉矿业冒顶事故，均造成矿工死亡，损失惨重。可见，在缺少安全保障的情况下，是坚决不能随意开展煤炭生产的，否则将付出血的代价。

安全生产与否，取决于安全生产保障措施是否到位。相对于客观存在的各类煤矿灾害因素，煤矿实现安全生产，并非采取避让策略，而是在于更多地发挥主观能动性，去积极应对和化解。我国煤矿开采条件在世界主要产煤国中最复杂，井工开采占90%以上，每年煤矿平均增加20米以上开采深度，大中型煤矿平均采深在500米左右，最深的矿井已经超过1500米，煤矿潜在灾害程度越来越不容忽视，这是客观存在的事实。煤炭安全生产要走得更稳、更远，唯有从技术、装备上加强攻关与应用，在制度、管理上加强规范与创新，按高标准、严要求开展煤矿各环节工作，进一步强化安全生产保障措施。

4. 科学技术进步

科学技术是科学和技术的统称，前者重在解决理论问题，后者重在解决实际问题。从内涵看，科学是人类所积累的有关自然、社会、思维的知识体系，是一门研究自然现象及其规律的科学；技术则指根据自然科学原理，形成的围绕实践目的的各种工具、设备、工艺和技术体系。根据研究对象不同，科学技术包括生物科技、物理科技、化学科技、材料科技、信息科技、人工智能科技等，还可分为农业科技、能源科技、环境科技等行业类科学技术。

科学技术是知识形态的潜在的社会第一生产力。生产力有很多构成要素，既包括劳动力、生产资料与生产对象等基本要素，也包括科学技术、管理等其他要素。其中科学技术作为活跃因素，可以渗透到其他要素当中，使它们的功能作用得到充分发挥，进而对生产力提升起到积极的推动作用。具体而言，科学技术可使人力资源素质得到提高、劳动工具性能得到提升、劳动产品更具竞争力、管理更具效率，因而是名副其实的第一生产力。

煤炭产业高质量发展需要用科学技术来促进和推动。改革开放以来，我国煤炭产业在科技进步的推动下，生产力水平的快速提高是有目共睹的。20世纪末，我国就已基本实现普通中厚煤层系列综采装备国产化，而且先后研发了高位、中位、低位放顶煤液压支架及综放开采成套设备。进入21世纪，我国持续开展高端综采装备技术攻关，研发了世界最大采高的超大采高综采和大采高综放成套设备、世界最小采高的薄煤层自动化综采装备及适应最大倾角 55°的综采成套装备、智能化综采成套技术装备，并在智能化无人开采技术领域有所发展和创新。伴随科技进步的，是我国煤炭产业生产建设格局的重大变化、安全水平和供给能力的极大提升。

5. 人力资源供给

人力资源是指能够推动经济和社会发展的具有体力和智力劳动能力的总和，是存在于人的自然生命机体中的一种资源。人力资源具有十分丰富的外延：从从事领域看，可分为学术研究型、工程应用型等；从工作岗位看，可分为技术技能型、经营管理型等；从劳动关系看，可分为在编类、聘用类等；还可根据年龄、学历、专业等进行更多类别的划分。人力资源的这些类型往往是交叉存在的，而且人的能动性赋予了人力资源“可转换性”“多重性”等特征，即通过学习、经验积累、工作性质转变，可以同时成为两种或多种类型的人力资源，也可以从一种人力资源转变为另一种人力资源，最典型的就是技术技能型同时又是经营管理型或向经营管理型转变。

人力资源是诸多资源中唯一具有主观能动作用的资源，是生产要素中唯一活的主动性要素。不仅其本身是价值创造的主体，而且是诸多要素的控制主体，因而也是科学技术创新、发明转化应用的主观性条件。人力资源不仅维持着生产力的发展，更通过创新活动以及对创新的转化，推动着生产力的不断进步。人力资源的素质条件或质量优劣，是其他资源和要素能否充分发挥作用的关键，在现代社会具有决定性的作用。具体来看，人力资源优势的发挥，对于物质资源利用率、生产技术水平、管理水平、发展战略、资本运作、企业文化等因素都有重要的乃至是决定性的作用。

煤炭产业高质量发展离不开总量及其结构合理、“三性”得到有效焕发的人力资源的保障。我国煤炭产业长期以来都具有劳动密集型的特征，即使在机械化水平已有大幅提高的当前阶段，煤矿职工队伍仍高达 400 万人。煤炭产业作为用工种类多、业务涉及面广的资源开发型产业，在人力资源数量或总量上有着基本的要求。当然，同样重要的是人力资源的结构。从年龄看，老中青人力资源比例要协调，才能防止人力资源断层并保证其接续顺畅。从岗位性质看，一线工人、研发人才、管理人才等各层面人力资源，既不能有所缺项，也不能比例失调，否则都将严重制约产业的健康发展。“三性”是指人力资源的积极性、主动性和创造性。“三性”的发挥是产业不断取得进步、提升发展水平的源泉，它们能够在技术工艺改进、规章制度落实、工作效率提高、生产成本节约、安全生产保障、产品服务质量提升等方面发挥至关重要的作用。当然，“三性”的发挥除了来自自觉性，还需要有良好的制度安排。

6. 主体及其制度现代化

主体是就系统论而言的，它是系统中最具主动性的因素，对系统的功能、效率和演进具有决定性作用。煤炭产业高质量发展的主体，是依现代法人制度建立或改造的煤炭企业及其群体。单个煤炭企业的发展水平往往是整个煤炭产业发展的缩影，作为具有自主行为特征的生产经营主体，它们的行为总和又表现了整个煤炭产业的发展水平。煤炭企业依据不同标准可分为很多种类，比如依规模可分为大型煤企、中型煤企、小型煤企，依产权属性可分为国有煤企、民营煤企、私营民企和各种类型的股份制煤企或混合所有制煤企等，依业务模式可分为单一型煤企、煤电一体化煤企、多元化煤企等。

煤炭企业本身主要是作为产业高质量发展的主体而存在的，其对产业高质量发展的条件性更多地体现于企业制度。企业制度是以产权制度为基础的企业组织形式和管理制度的总称。企业制度主要有三个组成部分：一是产权制度，它是以产权为依托对企业财产关系进行组合或调节的制度安排，企业借此界定各产权主体及其权能；二是组织制度，它是规定企业内部分工协调和权责分配关系等组织形式的一种制度安排，企业借此明确治理结构、领导架构等；三是管理制度，它是由一整套企业管理活动的方式、标准、原则等组成的制度安排，企业借此明确劳动人事制度、财务会计制度等。

在市场经济条件下，企业制度逐渐演变成为适应社会化大生产和现代市场经济体制要求的以公司法人制度为基础、以股份制为基本形式的现代企业制度。煤炭产业高质量发展作为现代发展要求，需要建立健全现代制度包括以下三方面。（1）现代产权制度。围绕“产权界定清晰、主体明确、保护严格、流转顺畅”核心要义，通过混合所有制改革等方式，打破产权的

“所有制、地区和产业界限”，激发产权主体“积极性、主动性、创造性”，构建资源、资金、技术、管理等多要素融合的产权体系。（2）现代组织制度。重点改革国有煤炭企业，“去行政化”，要明确主体责任、建立出资人资本责任制，突出和保障出资人的合法权益，理顺董事会、经理层和职能部门权责关系，建立健全现代法人治理结构。（3）现代管理制度。要规范企业决策、运行流程，保障各项业务合法合规，完善监督与激励机制，加强信息化管理、精细化管理，提高企业和煤矿管理效率与水平。

7. 资本构成

资本构成是指以增值为目的投入到社会生产和再生产过程中的物化劳动和活劳动的比例关系。考察资本构成可以从资本的物质形态和价值形态两个方面进行。对物质形态的考察，可以通过对生产资料的数量同使用它的所需要的劳动力的数量比例加以分析来进行。对价值形态的考察，可以通过对投在物化劳动方面的价值和活劳动方面的价值之间的比例关系加以分析来进行。无论是物质形态的考察还是价值形态的考察，总是在一定的科学技术条件下进行的。我们把这种由资本、技术构成所决定，并反映这一构成变化的资本价值构成称为资本的有机构成。合理的资本有机构成有助于发展质量的提高。

考察资本构成还可以从自有资本和融入资本比例方面进行。即通常所说的资产负债率、杠杆率。随着生产规模的扩大，完全靠自有资本很难满足扩大再生产的要求，融入资本则成为常态。通过融入资本，可以实现资金运转顺畅、适度扩张、规模效益。但在不同阶段对资产负债率的适应度是不同的，需要考虑产业生命周期发展的客观规律。处于孕育阶段时，规模小、盈利能力弱，负债率应控制在较低水平；进入高速发展阶段时，规模快速扩大、盈利能力显著增强，负债率可有所提高；发展到成熟阶段时，规模、盈利趋于稳定，负债率应保持在适度区间；进入衰退阶段时，则要求通过各种方式降低负债率。融入资本由于融入方式的不同，所承担的成本也有所区别。其中，直接融资（如股票）作为无息资本，除融入费用、时间成本外可以认为是没有成本的。间接融资因类型不同而成本不同，主要有银行信贷、金融债券、信托融资等。在我国，银行信贷是财务杠杆的主要形式，成本相对较低；在银行信贷不足时，有条件的可通过金融市场发行债券，成本相对较高；在信贷、债券均受限时，还会通过成本更高的信托来进行融资。资本构成中，负债率和成本的高低，对经营水平、扩张能力、应对风险能力等都有着非常重要的影响，进而成为高质量发展的重要方面。

从产业发展和社会再生产角度看，资本则是由货币资本（G）、生产资本（P）、商品资本（W）三种职能资本构成的。再生产过程中，生产者首先要用货币资本（G）购买作为生产要素的商品（W）；然后，按照科学的资本有机构成进入生产过程（…P…），生产出含有新增价值的产品（W′）；产品（W′）进入流通领域，通过交换实现其原预付资本价值（G）和新增价值（g），G′= G + g。原预付资本价值（G）再次用作购买作为生产要素的商品（W），新增价值（g）或全部用作收入分配，或一部分用作收入分配，另一部分用作积累或扩大再生产，用公式表示是：G – W … P … W' – G′。产业资本按比例存在货币资本、生产资本、商品资本三种职能形式，并要求它们不断接替顺畅转换形态，即三种职能资本在空间上并存、时间上继起。

8. 市场竞争态势

市场经济条件下，煤炭产业发展与市场息息相关。尽管我国煤炭产业市场化改革起步较晚，但在经济社会市场化改革不断推进的过程中，尤其随着20世纪90年代市场经济体制改革方向的确立，煤炭经济体制也顺着改革大潮逐步向市场化演变，煤炭价格作为煤炭市场最重要的组成部分和市场信号，相继告别单轨制（计划价格）、双轨制（计划和市场价格并存），于2013年开始全面进入市场化阶段。

市场经济的最鲜明的特征就是优胜劣汰。在一定时空条件下，市场主体在市场竞争中是否处于优势地位，与发展质量高度相关。市场优势主要体现于在面对上下游和竞争者时有更多的主动权。一是市场主动性。拥有市场主动性，就可以在与上游对话时形成买方市场、在与下游对话时形成卖方市场，在上下游均掌握较好的议价能力。二是市场占有率提高。尤其是下游客户的稳定性将越来越明显。三是经营能力的不断提升。借助市场优势带来的良好的议价能力，不仅可以有效降低生产成本，还可以在销售产品过程中获取更高的溢价，在账款回收、资金流动方面也会有更高的效率，并在总体上表现为更好的经营能力和水平。

市场优势的获得，受多方面因素的影响。从生产环节看，成本高低是主要因素。对煤炭产业来说，煤炭资源优劣、地质条件好坏、煤矿规模大小、机械化水平高低等，都将表现为生产成本的高低。从产品角度看，产品质量是主要因素。煤炭品种、品质、加工程度等，都会对煤炭产品质量形成影响。从销售角度看，距离市场远近和履约情况是主要因素。对煤炭而言，生产成本再低、产品质量再高，若离市场太远，也会失去竞争力；履约情况的好坏，则决定了下游客户的长期稳定性情况。从服务角度看，优秀的售后服务是建立良好供需关系、实现长久共赢的重要方面。总之，煤炭产业高质量发展不能忽视市场竞争优势的获取，并且需要在多个方面共同努力才能长期稳定地占据市场竞争优势。

9. 基础设施状况

煤炭产业是集勘探开发、矿区建设、运输通道等为一体的复杂的大宗能源商品供应产业，高度依赖基础设施。特别是对于有着产需逆向分布特征的我国煤炭产业来说，尤其需要发达的铁路、公路、水路等运输系统来满足产品的运输需求。此处所指的基础设施，也主要是针对煤炭产品输送和贸易的运输通道、交易手段、仓储设施等。

煤炭产业对基础设施的依赖程度，从煤炭铁路运输上可见一斑，目前我国铁路运煤量占全部煤炭产量的67%、占全部铁路货运量的59%。也因此，交通运输瓶颈往往会成为煤炭产业发展的重要制约。2012 年开始兴建的北煤南运大通道（浩吉铁路），主要也是为了解决内蒙古鄂尔多斯地区煤炭外运和华中地区巨大煤炭缺口的问题。现阶段东北、西南等地区局部性、阶段性的煤炭供应紧张，很大程度上也有煤炭运输能力不足的原因。最典型的是新疆地区，尽管有着极为丰富的占全国煤炭预测储量 40% 的资源储备，但由于离主要消费地的运输距离太远且缺少完善的运输设施，现阶段很难实现大规模开发。即使区域内南疆地区的缺煤问题，也由于交通运输瓶颈，难以通过北疆煤炭调运的方式解决。

转型中的煤炭产业发展，也无不受制于基础设施的不完善。其中煤制油气产业的发展最为明显。作为大型能源化工项目，煤制油气项目一般都布局于偏远地区，非常需要完备的铁路、公路等运输系统来满足大型设备的运输需求，需要必要的管道运输系统为煤制油气产品创造良好的输送条件。缺少必要的交通运输、油气输送管线和配送网络，将很难实现煤制油气产业的规模化发展。目前，我国交通运输体系的不断完善，能够对西部地区煤制油气产业发展过程中的大型设备运输形成有效支撑；但油气输送管网因建设运营主体的限制，煤制油气产品很难顺利进入；配送网络则受油气销售市场相对垄断格局的制约。

10. 政府规制

在市场经济条件下，煤炭产业的发展应以发挥市场机制为主。但市场并不是万能的，会有市场失灵问题发生，在这种情况下，就需要政府加强规制。

市场失灵主要发生在垄断、信息不对称的情况下的外部性和公共产品等方面。垄断条件下市场机制失去发挥作用的基础；信息不对称条件下，会出现道德风险和逆向选择；外部性会使收益外溢或成本转嫁，产生效益成本的错配；公共产品，市场无法单独提供。这些情况都需要政府进行干预、校正或直接参与。我国煤炭产业最主要的市场失灵，表现为过度竞争情况下产生的集体非理性决策。近些年有非常典型的例子，“十二五”规划期间我国煤炭市场逆转直下，煤炭企业间出现无序竞争和过度竞争，引发形形色色的“价格战”，从薄利多销、低价保市场一直演化至低于成本销售煤炭，市场失灵特征明显；2016 年下半年煤价的非理性暴涨，同样也是市场失灵的表现。这些市场失灵现象总体看是有害的，其不仅会致使市场信号失真，变相产生保护落后的效果，还会造成收入分配不公、煤炭生产无序，增加煤矿生产安全隐患，影响产业长远发展根基。

市场失灵情况下加强政府规制，与市场经济的运行机制并不矛盾，而且是确保实现高质量发展的重要保障条件。一般而言，在价值规律、竞争机制等作用下，市场经济具有自我修复能力。但在很多时候，特别是对于建设、生产、投资回收周期都很长的煤炭产业来说，市场机制从失灵到功能的正常发挥，需要较长的时间，由其自我修复会付出巨大的代价。政府规制的作用，就在于努力用最小的代价，使市场尽快恢复正常态势。市场经济条件下的政府规制，其本质是为解决市场机制内在的问题而干预市场主体活动的行为，并不违背市场经济规律，而且在一定程度上会弥补市场功能的缺陷。过去的一些经验教训也充分说明了这一点，比如，产业管理不规范造成违法违规建设、超能力生产盛行并在一定程度上带来了产能过剩的后果，而去产能、限产量政策的出台则及时地挽救了处于危机之中的煤炭产业，使其较快地恢复了生机。这正反两方面的例子对政府规制的重要性进行了很好的印证。总之，煤炭产业高质量发展，不仅需要体系完备、信号准确、活而有序的市场这只看不见的手发挥好机制作用，而且需要在市场失灵时，政府通过宏观调控措施这只看得见的手加以校正。

（四）煤炭产业高质量发展测度指标体系的构建

煤炭产业高质量发展是通过一系列指标得以综合反映的。基于上一节对主要影响因素的分析，我们构建了中国煤炭产业高质量发展测度指标体系，其由一级指标和二级指标组成。具体如表 1 所示。

表 1　中国煤炭产业高质量发展测度指标体系框架

序号	一级指标	二级指标
1	资源利用	资源与产品相关度
		回采率
		回收率
		综合利用率
		剩余可采率
2	生态环境保护	“三废”处理
		土地复垦率
		植被绿化率
		地下水利用率

续表

序号	一级指标	二级指标
3	安全生产	百万吨死亡率
		安全事故频率
		安全生产投入
		职业病发病率和治愈比例
4	科学技术	采煤工艺
		高产高效矿井数量
		原煤入选率
		储备工艺和设备
		科研投入
		科研成果
5	人力资源	员工总数及其结构
		受教育程度
		继续教育状况
6	主体现代化	现代产权制度
		现代企业制度
		现代管理制度
7	资本构成	资本有机构成
		自有资本与融入资本比例
		融入资本构成
		职能资本构成
8	投入产出	产量与产能吻合度
		主营业务收入
		全员劳动生产率
		效率
		效益
9	市场态势	市场集中度
		供求比例
		成本与价格
		长协数量
		货币流通速度
10	基础设施	运输能力
		一体化水平
		技术服务水平
		物流成本
		物流效率

续表

序号	一级指标	二级指标
11	政策水平	党组织与经济管理关系
		政策更替与准确性
		法律保障
12	开放程度	国际合作
		对外投融资
		进出口
		技术和人才引进输出
13	社会责任	上缴国家税费
		自我积累率
		员工薪酬福利比率
		投资回报率
		公益性资助率

资料来源：课题组构建。

1. 资源利用

资源利用是煤炭产业在煤炭开发利用过程中，开采、加工和利用煤矿资源总体程度的总称，是衡量煤炭产业高质量发展的重要一级指标。

资源与产品相关度是指煤种、煤质与产品的匹配程度。

回采率是指煤矿所开采出来的原煤量与它可采储量的百分比。

回收率是指煤矿中所含被回收有用成分的质量与煤矿中有用成分质量的百分比。

综合利用率是指煤矿开采过程中综合开发和合理利用的共生、伴生矿量与总矿产量的百分比。

剩余可采率是指截至某年末剩余可采储量与当年煤炭产量的百分比。

2. 生态环境保护

生态环境保护是指煤炭产业在煤炭开发利用过程中对水资源、土地资源、生物资源以及气候资源的保护，是煤炭产业高质量发展的重要条件。

“三废”处理是指废水、废气（含粉尘）、固体废弃物处理：废水主要是指煤矿矿井水，也包含选煤厂的煤泥水等；废气主要是指煤层气（俗称瓦斯），也包含煤矿从开采、存储、运输等过程产生的粉尘；固体废弃物主要是指煤矸石。

土地复垦率是指矿区已恢复的土地面积与被破坏土地面积的百分比。植被绿化率是指矿区内植被绿化面积与矿区总面积的百分比。

地下水利用率是指矿区地下水用水量与地下水资源总量的百分比。

3. 安全生产

安全生产是指煤炭产业从资本上加大投入，从技术、装备上加强攻关与应用，在制度、管理上加强规范与创新，按高标准、严要求开展煤矿设计、建设、生产、检修等各环节工作，切实强化安全生产保障措施，使煤炭安全生产走得更稳、更远。

百万吨死亡率是指每生产一百万吨煤炭死亡的人数的百分比，是考核煤矿安全的主要指标。

安全事故频率是指在一定时期内，每生产一百万吨煤炭发生的安全事故次数的百分比。

安全生产投入是指企业安全投入费用与资本总投入的百分比。

职业病发病率是指煤炭作业职工中，发现患有某种职业病（以尘肺病为主）的病例数与职工总数的百分比。

职业病治愈比例是指治愈患有某种职业病（以尘肺病为主）的病例数与患有职业病职工总数的百分比。

4. 科学技术

如本报告所述，科学技术是科学和技术的统称，前者重在解决理论问题，后者重在解决实际问题。从内涵看，科学是人类所积累的有关自然、社会、思维的知识体系，是一门研究自然现象及其规律的科学；技术则指根据自然科学原理，形成的围绕实践目的的各种工具、设备、工艺和技术体系。

采煤工艺是指根据不同的煤炭自然条件和采煤机械，采用的不同工序方法，在时间和空间上有规律地加以安排和配合的一种工艺，我国最常用的采煤工艺包括机械化、炮采和水力等。采煤机械化程度，即在开采过程中用机械来代替人工劳动完成生产作业的程度。智能化程度的内涵为，煤炭开采在网络、大数据、物联网、人工智能、区块链等现代技术的支持下，所具有的能动地满足各种需求的程度。

高产高效矿井数量是指煤炭产业通过采用新材料、装备、技术和工艺，依靠科技进步，高度合理集中生产的矿井数量。

原煤入选率是指选煤厂年度入选原煤量与矿山年度原煤产量的百分比。

储备工艺和设备可用进筒仓或全封闭的贮煤场、设置挡风抑尘措施、采取化学抑尘剂措施、安装洒水喷淋装置等。

科研投入可用研发费用占比来反映。研发费用占比，是指煤炭产业科研投入的经费与投资总量的百分比，反映企业对技术开发的重视程度及技术开发的能力。

科研成果可用专利数量、重大发明数量、科技成果转化率、技术转让收入率来综合反映。

5. 人力资源

人力资源指的是能够推动经济和社会发展的具有体力和智力劳动能力的总和，是存在于人的自然生命机体中的一种资源。

员工总数是指煤炭从业人员的总的数量。

员工结构主要包括以下几个方面：年龄上，老中青人力资源比例；岗位性质上，一线工人、研发人才、管理人才等各层面人力资源比例；院士数量和工程师及以上职称人数比例。

受教育程度反映煤炭产业人力资源的最基本情况，可用煤炭从业人员的平均受教育年限和学历水平来衡量。

继续教育状况则为学校教育毕业之后，所有从业人员继续受教育培训的状况。

6. 主体现代化

煤炭产业高质量发展作为现代发展要求，需要建立健全现代制度，包括建立健全现代产权制度、现代组织制度、现代管理制度。

现代产权制度包括所有权、占有权、使用权和支配权制度，紧紧围绕“产权界定清晰、主体明确、保护严格、流转顺畅”的核心要义，通过混合所有制改革等方式，打破产权的“所有制、地区和产业界限”，破除制约产权主体“积极性、主动性、创造性”焕发的体制障碍。现代产权制度可通过产权多元化、产权比率、产权流转来反映。产权多元化是指通过混合所有制改革方式，由多个投资者共同出资而形成的产权组合。产权比率即在煤炭产业中，国有资本、民营资本、外商资本等各占的比例。产权流转指的是将产权作为商品在市场上进行流通、转让、交易。

现代企业制度是指建立健全现代法人治理结构，明确主体责任，建立出资人资本责任制，突出和保障出资人的合法权益，理顺董事会、经理层和职能部门权责关系的制度。另外，还有新老三会问题、党的组织建设问题等。现代企业制度可通过企业类型来反映，煤炭企业的类型有国有煤企、民营煤企、私营煤企和各种类型的股份制煤企或混合所有制煤企等。

现代管理制度是指规范企业决策、运行流程，保障各项业务合法合规，完善监督与激励机制，加强信息化管理、精细化管理，提高企业和煤矿管理效率与水平的制度。精细化管理是现代管理制度中的一个重要方面。精细化管理的内涵为煤炭产业分工的精细化以及服务质量的精细化，对战略和目标进行分解、细化和落实，让战略规划贯彻到每个环节，提升执行力，将管理责任具体化、明确化，涉及煤炭产业从生产到消费过程的每一个环节。

7. 资本构成

如本报告所述，资本构成是指以增值为目的投入社会生产和再生产过程中的物化劳动和活劳动的比例关系。

资本有机构成具体表现为基于一定技术基础的不变资本与可变资本的百分比。

自有资本和融入资本比例即通常所说的杠杆率或资产负债率，即企业负债总额与资产总额的百分比。

融入资本构成，包括发行股票、债券、银行信贷、金融债券、信托融资等。

产业资本必须按比例存在货币资本、生产资本、商品资本三种职能形式，并要求它们不断接替顺畅转换形态，即三种职能资本在空间上并存、时间上继起。

8. 投入产出

投入产出其内涵为煤炭产业的产出如煤炭产量、销售收入等与之相应的劳动力投入、资本投入、科技投入以及资源消耗、能源消耗等的比例关系。煤炭产业高质量发展必须是低投入高产出的发展。

产能是煤炭产业的生产能力，产量是产能的释放量，煤炭产量与产能吻合度越高，发展质量水平越高。

主营业务收入为煤炭产业从事煤炭产业生产经营活动所取得的营业收入。

全员劳动生产率是指根据煤炭的价值量指标计算的平均每一个煤炭从业人员在单位时间内的煤炭生产量，是煤炭产业的煤炭增加值与同一时期全部从业人员的平均人数的百分比。

效率主要通过煤炭人均日产量来衡量，一般来说，煤炭人均日产量越高，效率越高。

效益主要通过利润和利润率来衡量。利润即主营业务收入减去成本（产出量减去投入量），利润率即利润与主营业务成本的百分比（产出量减去投入量的差与投入量的百分比），一般来说，利润和利润率越高，效益越高。

9. 市场态势

如本报告所述，在市场经济条件下，煤炭产业发展与市场息息相关。市场经济的最鲜明的特征就是优胜劣汰。在一定时空条件下，市场主体在市场竞争中是否处于优势地位，与发展质量的好坏相关。市场态势包括市场集中度、供求比例、成本与价格、长协数量、货币流通速度等。

市场集中度是指市场上的少数煤炭企业的生产量、销售量、资产总额等方面对煤炭产业的支配程度，它一般是用这几家煤炭企业的某一指标（大多数情况下用销售指标）占煤炭产业总量的百分比来表示。产业集中率的内涵为煤炭产业市场中排名前 n 家的企业总共所占的市场份额，主要通过 CR4 和 CR8 来衡量。CR4 是指 4 个最大的煤炭企业所占该相关市场份额，

CR8 是指 8 个最大的煤炭企业所占该相关市场份额。CR4 和 CR8 越大，市场集中度越高。

供求比例是指煤炭供给量与需求量的百分比，煤炭产业高质量发展要求煤炭供求平衡，形成均态市场。

成本与价格包含煤炭价格的稳定、高低以及成本和利润的关系等。

长协数量是指与煤炭企业签订了长期协议的固定客户的数量。

货币流通是指煤炭流通所引起的货币运动形式，表现为在煤炭流通过程中，货币作为流通手段和支付手段所形成的连续不断的运动，煤炭转换为货币所需要的时间。货币流通主要通过煤炭货款回收率、第三方结算、结算效率等来衡量。

10. 基础设施

本报告对我国煤炭产业基础设施状况进行了详细说明，这里的基础设施主要是从煤炭产业物流角度考虑。

运输能力主要通过煤炭产业每年煤炭运输总量、年均增长来表示。煤炭产业通过自建铁路、公路等通道实现的运煤量也是衡量其运输能力的一个重要方面。

一体化水平的内涵为煤炭产业使用一体化的物流管理平台，将各个部门的数据连通，使信息流动，实现信息数据共享的程度。为实现高质量发展，煤炭产业必须应用先进煤炭物流技术装备和信息技术、贯彻以客户服务为中心的煤炭物流服务理念、采用科学先进的物流方式等，提高技术服务水平。

物流成本是指煤炭产业通过自建或依托其他物流通道、煤炭物流园、煤炭交易中心、储备基地等，打破通道垄断，降低物流成本，可用年物流成本与总投入的百分比来衡量。

物流效率是指煤炭产业兼顾自身和社会资源优势，整合产业和社会资源，应用先进信息技术等提高的在一个单位时间内完成的煤炭运输量。

11. 政策水平

如本报告所述，煤炭产业高质量发展，不仅需要体系完备、信号准确、活而有序的市场这只看不见的手发挥好机制作用，而且需要在市场失灵时，政府通过宏观调控措施这只看得见的手加以校正，校正水平即为政策水平。

党组织与经济管理关系，其内涵为煤炭产业发展在坚持党的领导下，党干预经济管理的程度，可通过专门煤炭产业政策研究组织和研究人员数量衡量。

政策更替与准确性主要是指煤炭产业政策更替是否及时，煤炭产业政策是否合适准确，可通过每年国家出台的煤炭产业政策数量和效果来衡量。

法律保障指的是与煤炭产业相关法律，可通过煤炭产业相关法律数量和执行情况来衡量。

12. 开放程度

开放是高质量发展“五大发展理念”之一，对外开放也是我国的一项基本国策。因此，为实现煤炭产业高质量发展，煤炭企业必须加大开放程度。

国际合作是指煤炭产业走出去，与外国产业进行经济、技术等方面的合作。实现合作共赢，可通过每年经济、技术合作而获得的收入与营业收入的百分比来衡量。

对外投融资可以用煤炭产业每年对外投资总量与总投资量、对外融资总量与总融资量的百分比来衡量。

进出口可通过煤炭产业每年出口煤炭总量与总产量的百分比来衡量。

技术和人才引进输出指的是为煤炭产业引进先进的技术和人才，取得技术突破后，进行技术和人才输出，可通过煤炭产业每年先进技术和人才引进输出量与先进技术和人才总量的百分比来衡量。

13. 社会责任

为了实现煤炭产业高质量发展，不仅要追求利润最大化，而且要履行其社会责任，实现共享。

上缴国家税费是指煤炭产业以纳税和上缴合理合规费用形式履行社会责任的行为，选用人均纳税费即纳税费总额与员工总数的百分比来衡量。

自我积累即煤炭产业纳税费后的留利，可用纳税费后的留利与总资产的百分比来衡量。

员工薪酬福利可用煤炭产业全员平均工资来衡量。

投资回报率是指分配给投资人的红利，即年利润或年均利润与投资额的百分比。

公益性资助包括扶贫救助、公益性捐赠等，可通过公益性资助总量与利润的百分比来衡量。

本报告没有给出指标的权重，主管部门可结合煤炭产业开展据实研究后再给予规定。

五　中国煤炭产业高质量发展基本条件分析

前文已对煤炭产业高质量发展的影响因素与测度问题进行了理论分析，本部分内容秉承理论联系实际的思路，结合我国煤炭产业发展现状，从煤炭资源、生态环境、安全生产、科学技术、人才供给、主体制度现代化、资本构成、市场状态、基础设施、政府规制十个方面详细分析了影响煤炭产业发展质量的因素。基于事物的两面性，分析从有利因素和不利因素两方面入手。在此基础上，针对各因素分析发现的问题和面对的挑战，提出思路和对策，为下一章“中国煤炭产业高质量发展的思路”和政策建议提供素材和依据。

（一）有利因素

1. 煤炭资源

总量相对丰富。据《BP 世界能源统计年鉴》统计，截至 2017 年底，我国煤炭资源查明储量为 1388 亿吨，世界排名第 4，仅次于美国的 2509 亿吨、俄罗斯的 1603 亿吨和澳大利亚的 1448 亿吨，占世界煤炭资源查明储量的 13.4%；据自然资源部《中国矿产资源报告 2018》统计，我国煤炭资源探明（可采）储量达到 1.67 万亿吨。

品种较为齐全。从煤炭资源品种赋存看，气煤、肥煤、焦煤、瘦煤、贫煤、无烟煤、弱粘结煤、不粘结煤、长焰煤、褐煤、天然焦等在我国均有分布。其中，无烟煤主要分布在华北、西南等地区；焦煤主要分布在华北、华东地区；褐煤大部分分布在内蒙古东部和云南等地。

2. 生态环境

绿色开发技术进步明显，模式不断创新。以充填和保水开采为主的绿色开采技术不断推广，矿井水利用率、煤矸石综合利用率明显提高，2017 年分别达到 72%、67%，建成了同煤塔山、神华宁东等一批循环经济产业园区；全面推进燃煤电厂超低排放技术改造，改造后的主要排放指标均达标；土地复垦和生态修复示范成果显著，神华宁东实施“三期三圈”生态系统构建模式以后，植被覆盖率从 10% 提升至 60% 以上，矿区生态治理面积达到 256 平方千米，实现从“破坏生态”到“改善生态”的转变。绿色开发技术的进步和推广，间接提高了煤炭产业的生态环境保障度。

生态环保法治化程度明显提高。2014 年，煤炭资源税由“从量计征”改为“从价计征”，并在后续的“清费正税”改革中陆续完成煤炭资源类的“费转税”。环保税于 2018 年 1 月 1 日起正式开征，煤炭产业生态环保领域税费并存、费多于税的局面逐渐改善，与排污费“随机性、不稳定性”的特点相比，环保税更为规范、稳定，也更具有强制性，对煤炭产业的资源节约、环境保护具有明显的推进效应。环保督察制度的实施，则更进一步推动了煤炭产业生态环保工作的常规化与常态化。

3. 安全生产

安全生产技术水平持续提升，防灾、治灾、减灾能力显著加强。改革开放以来，我国煤矿综合机械化水平快速提升，近年来，自动化、信息化、智能化建设不断推进，落后工艺逐步淘汰，煤矿安全取得明显进展。1978～2018 年，全国煤炭产量增长 5 倍，百万吨死亡率由 9.713 降至 0.093，下降 99%，煤矿事故死亡人数由最多的 7000 人左右降至 333 人，下降 95% 左右。总体来看，煤矿安全已达到世界产煤中等发达国家水平，业内先进企业安全水平和技术水平世界领先。在灾害防治方面，以“先抽后采、监测监控、以风定产”作为瓦斯治理方针，积极建设“通风可靠、抽采达标、监控有效、管理到位”的瓦斯治理工作体系，大力推进煤矿瓦斯抽采利用，对瓦斯这一煤矿安全的“第一杀手”形成了有效遏制；狠抓水害、冲击地压等重大灾害防治，防灾、治灾、减灾成效显著，全国煤矿水害、火灾、冲击地压等事故与死亡人数大幅下降。

煤矿安全生产基础更为坚实，法律法规体系得到不断健全。除技术水平提高外，我国煤炭产业结构也不断优化。2018 年底，全国煤矿数量大幅度减少到大约 5800 处，平均产能提高到大约 92 万吨/年，120 万吨/年及以上的大型煤矿产量所占比重超过 80%，大型现代化煤矿已经成为煤炭生产主体。产业结构的优化，为安全生产奠定了更为稳固的基础。并且，基层班组安全管理体系建设、煤矿职工素质能力建设均取得积极成效，为煤矿安全生产增添了“软实力”。煤矿安全生产法治建设得到党中央、国务院高度重视，改革开放以来已形成由 15 部法律法规、50 多部部门规章、1500 多项国家和行业标准组成的煤矿安全法律法规标准体系。同时，煤矿安全监察监管体制不断完善，属地监管监察、企业主体责任落实得到进一步强化，严格规范公正文明执法得到进一步深化。

4. 科学技术

煤炭生产装备工艺与智能化开发水平显著提升。改革开放以来，我国煤炭产业在科技进步推动下，生产装备工艺与智能化开发水平不断提升。机械化开采技术工艺的研发推广、综采成套设备的逐步国产化，使我国大型煤矿采煤机械化程度达到 96% 以上。高端综采装备技术的持续攻关，使我国成功实现世界最大采高的综采和大采高综放成套设备、世界最小采高的薄煤层自动化综采装备的应用。2019 年，在“一带一路”国际合作高峰论坛上，以大倾角、薄煤层开采为特色的川煤集团完成了总金额近 3000 万美元的机械产品贸易合同签约，将具有完全自主知识产权的高端采煤装备推向了国际市场。在智能化开发方面，建成了一批千万吨级矿井群，以大柳塔、红柳林煤矿为代表；建成了一批数字矿山和智能化开采工作面，以锦界、黄陵二号井为代表；也在智能化无人开采领域展开了积极探索。

煤炭深加工与清洁转化技术已处于较领先水平。在煤制油领域，通过原神华集团、兖矿集团、内蒙古伊泰集团、潞安集团、陕煤化集团等企业大胆的“走出去”和“引进来”，煤制油产业国际化水平日益提高，拥有了全球单套装置最大的工艺装备，直接和间接液化、甲醇制汽油（MTG）、煤焦油加氢制燃料等技术不断开花结果，产业雏形基本形成，并初步具备了由示范阶段向商业化阶段转变的基础。另外，煤制气、煤制醇、烯烃、芳烃等技术也达到了较高水平。

煤炭清洁利用与低碳技术快速发展。在燃煤污染物控制方面，烟气脱硫脱硝装置和低 NO_x 燃烧系统已得到普及，某些关键技术已达到国际先进水平。在低碳技术方面，目前我国共有大型的 CCS 项目 12 个，约占世界总数的 22%。10 万 t/aCO_2 捕集、5 万 t/a 驱油与 10 万 t/a 封存技术示范取得了较好的效果。化学利用技术如 35MW 富氧燃烧中试试验、化学链燃烧、微藻固碳等也取得了突破。

5. 人才供给

从业人员规模大。截至 2018 年底，煤炭产业从业人员总数为 320.9 万人，较 2011 年底高峰时期的 531.14 万人精简了 210.24 万人，从业人数虽有所下降，但依然远超于国外煤炭产业从业人数（澳大利亚统计局数据表明，2014 年，澳大利亚煤炭产业从业人员数量为 5.49 万人，采矿业从业人员数量为 19.37 万人），在体量上占据绝对优势。

从业人员整体素质有所提高。新中国成立之初，我国文盲或半文盲的煤矿工人超过 90%。改革开放后，我国重点扶持煤炭院校和涉煤专业，重视煤炭职业教育，加强煤炭技能培训，培养了一大批煤炭产业人才，新时期煤炭工业的优秀代表中有越来越多的“大学生采煤队”。另外，我国加强煤炭科研领军人才建设，一大批以两院院士为代表的高水平科技工作者涌现出来。目前，我国煤炭从业人员素质显著提升，煤炭产业人才队伍培育体系建立并逐步完善。

煤炭工人在长期实践中形成的煤炭精神激励着产业的不断进步。一代又一代煤矿工人艰苦奋斗，为国家经济发展贡献光和热。从挥动铁镐创造出新中国第一个掘进纪录的马六孩、连万禄，到地球转一圈他转一圈半的侯占友；从石圪节精神到全国煤炭工业十面红旗，老一代矿山劳动模范夯实了煤炭精神和文化的基石。周恩来总理曾高度评价“煤矿职工为国家出了力，救了急，立了功”，党中央、国务院领导多次接见煤炭工业劳动模范代表。新时代，从蓝领工程师、首席技师到大学生采煤队；从人民功臣甘厚华到爱岗敬业、开拓创新的定海神针白国周，再到博士生导师邓存宝科技兴矿，硕果累累；新时代的矿山劳动模范书写着煤炭工业改革开放的新篇章，他们的行为感动了中国，《矿工万岁》的歌声响彻祖国大地。

6. 主体制度现代化

经过新中国70年的发展和40余年的改革开放，煤炭产业现代产权制度、组织制度、管理制度基本建立。自党的十六届三中全会明确提出建立“归属清晰、责权明确、保护严格、流转顺畅”的现代产权制度以来，混合所有制改革不断加快速度，多要素融合的产权体系框架已经构建；以现代产权制度为基础的现代企业制度不断完善，很多行政化机关改为公司制，通过兼并重组建成大一些的集团，产业集中度在不断提高。“十一五”期间，一批区域性大型煤炭企业集团陆续建成，煤电、煤化等上下游产业一体化发展格局逐步形成。

7. 资本构成

资本存量大。新中国成立以来，煤炭产业逐渐发展壮大，资本规模也呈逐年增长态势。新中国成立后，我国实行计划经济体制，煤炭作为一级统配物资，由国家统购统销；改革开放后，我国经济建设速度加快，煤炭产业制定了“以一番保全国两番，由年产6亿吨增加到12亿吨”的战略发展目标，“大、中、小煤矿一起搞，国家、集体、个人一起上”，资本总量迅速提升；党的十四大确立了社会主义市场经济体制的改革目标后，我国经济快速增长，工业化和城市化进程不断加快，煤炭需求持续增加，资本规模达到4172亿元；如图5所示，“十年黄金期”煤炭产业资本增长速度达到峰值，增长率为36.3%，2012年资本总量增长至44197亿元；2012年之后煤炭产业开始了深度调整，资本总量增长速度开始逐渐趋缓，截至2018年底，煤炭产业资本总量为55089亿元。

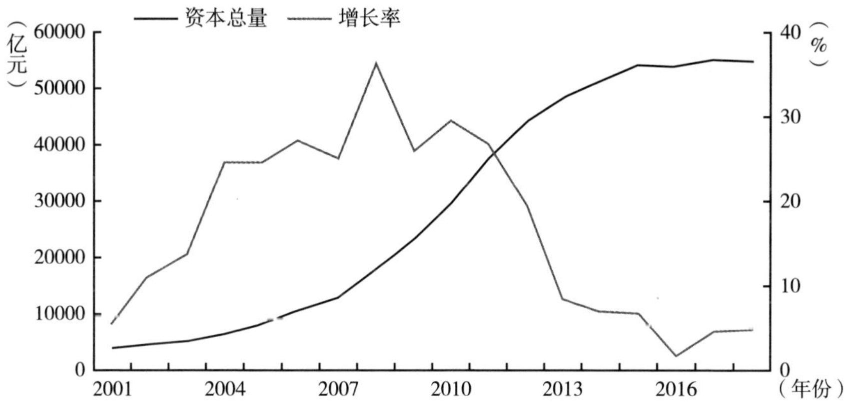

图 5　2001～2018 年煤炭产业资本总量变化情况

资料来源：国家统计局年度数据。

资本多元化程度较高。从表 2 可以看出，目前煤炭企业均实行多元化发展，涉及电力、物流、新能源、装备制造、金融、房产、医疗、钢铁、化工等众多产业。

表 2　2018 中国煤炭企业前 10 强主要产品或服务范围

排名	企业名称	主要产品或服务
1	国家能源投资有限责任公司	煤炭、电力、交通运输、煤化工、科技环保、金融
2	山东能源集团有限公司	煤炭、房屋租赁、新能源、医疗、养老、金融、地产
3	陕西煤业化工集团有限责任公司	煤炭、钢铁、煤化工、电力、装备制造、水泥、物流
4	冀中能源集团有限责任公司	煤炭、电力、化工、装备制造、医疗、物流
5	兖矿集团有限公司	煤炭、煤化工、装备制造、金融、物流贸易
6	山西晋城无烟煤矿业集团有限责任公司	煤炭、合成氨、氮肥、尿素、煤层气
7	阳泉煤业（集团）有限责任公司	煤炭、煤化工、煤电铝、物联网、智慧服务业、金融
8	山西潞安矿业（集团）有限责任公司	煤炭、焦炭、煤化工、光伏电池组件、电力
9	河南能源化工集团有限公司	煤炭、甲醇、氧化铝
10	大同煤矿集团有限责任公司	煤炭、电力、煤化工

资料来源：中国煤炭工业协会：《2018 中国煤炭企业 50 强和煤炭产量 50 强》。

8. 市场状态

供给秩序和供需关系明显好转。由煤炭及下游产业供需主体特征所决定，煤炭供需关系更多是由煤炭供给格局所决定的。过去很长一段时间，我国煤炭产业“多小散滥”特征明显，煤炭企业和煤矿数量众多，产业集中度偏低，呈现典型的“过度竞争”型供给格局，并屡屡在煤炭供应紧张和过剩阶段出现违规生产、恶性竞争等不利现象，难以形成相对平衡的供需关系。2016 年实施供给侧结构性改革以来，煤炭企业和煤矿数量大幅减少，产业供给格局大为改善。截至 2018 年底，全国煤矿数量已减少至 5800 处左右，平均产能提高至 92 万吨/年左右，120 万吨/年及以上大型煤矿产量比重提高到 80% 以上，前 8 家大型煤企产量占比达到 40.5%。良好的供给秩序，使得供需关系长期保持总体平衡状态，2017 年末、2018 年末、2019 年 6 月末全社会煤炭库存分别为 1.88 亿吨、1.95 亿吨、1.86 亿吨，大大低于“十二五”时期煤炭供给严重过剩阶段 3 亿吨以上的库存水平，供需关系明显好转。

市场信号和市场体系日趋完善。价格是市场最灵敏的信号，煤炭市场庞大、体系复杂、产品种类和规格繁多、区域特点显著，很难形成统一的参照系，于是在价格放开的背景下具有代表性的各种价格指数应运而生。截至 2019 年，我国已有 20 余家机构公开编制发布煤炭价格指数，机构包括煤炭交易中心、中转中心、行业协会、咨询公司等。这些煤炭价格指数，从煤种看，有动力煤、炼焦煤、化工用煤等的价格指数；从区域属性看，有主产地、中转地、消费地以及全国的价格指数；从价格阶段看，有坑口、车板、港口等的价格指数；当然还有现货、长协以及周期长短之分。其中，最具影响的当属具有风向标意义的环渤海动力煤价格指数、中国煤炭价格指数等，它们对引导煤炭市场行为具有积极作用。除此之外，全国性和区域性煤炭交易中心和平台的相继建立，不断为煤炭市场起到价格发现和中介的作用，其中中国（太原）煤炭交易自 2012 年开市以来累计成交量已超百亿吨，2018 年煤炭现货交易总量达到 23 亿吨，市场覆盖能力逐渐增强。2013 年 3 月，焦煤期货在大连商品交易所上市交易；同年 9 月，动力煤期货在郑州商品交易所上市交易，这对规范我国煤炭交易体系起到进一步的促进作用。

交易模式和交易手段日益现代化。2012 年国务院宣布取消电煤价格双轨制后，我国煤炭价格市场化改革有了质的突破，各类煤炭价格均实现市场化定价，交易模式也有了很大改进。特别是 2016 年实施煤炭产业供给侧结构性改革以来，“基础价 + 浮动价”定价模式得到广泛应用，它不仅反映了“价值决定价格”“成本价格决定商品最低价格”等马克思商品价值理论的核心思想，更是化解煤炭价格长期大幅波动矛盾的一剂良方，加之“中长期”合同及其履约制度的大力推广和不断完善，我国煤炭中长期合同的比重已大幅提升至 70% 左右，为煤炭稳定奠定了更为坚实的基础。此外，随着互联网、信息技术的不断发展并向煤炭交易环节的不断渗透，通过电子交易平台进行挂牌协商、即期竞价、现场协商等手段实现煤炭交易越来越成为现实，并为减少煤炭交易中间环节、降低交易成本、满足各种煤炭交易需求提供了可能。

9. 基础设施

煤炭运输以铁路为主、公路为辅，配以港口中转，调运量明显增加。“十一五”以来，煤炭调运量增加尤为迅速。2012 年，全国煤炭产量 36. 5 亿吨，比 2005 年增长 55%；铁路调运量 22. 6 亿吨，比 2005 年增长 75%；沿海主要港口发运量 6. 2 亿吨，比 2005 年增长 73%；省际调运量 19 亿吨，比 2005 年增长 65%。2018 年，铁路调运量达到 23. 8 亿吨，较 1980 年全国铁路煤炭运量 4. 15 亿吨增加了近 5 倍。1979 年，全国主要港口煤炭及制品吞吐量 5212 亿吨，2017 年为 15. 164 万亿吨，增加了 28 倍。目前，我国建成了南京、武汉、秦皇岛等一批沿海、沿江煤炭中转港口，煤炭中转能力大大提升。国家铁路煤炭运输和全国主要港口煤炭及制品吞吐量变化情况如图 6 和图 7 所示。此外，目前国内已经形成发达的高速公路网。公路主要承担产煤地及周边省份煤炭的短途运输，或铁路、港口煤炭的集疏运输。在煤炭省内运输中，公路直达占比 70% 左右。公路运煤的运距多在 1000 千米以内，尽管煤炭公路运输成本最高，但对于铁路覆盖不到的区域或省内短途运输，公路通道发挥了重要作用。

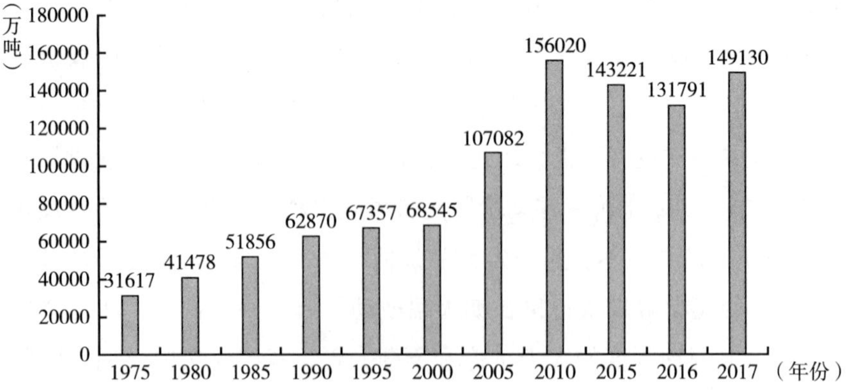

图 6　国家铁路煤炭运输变化情况

资料来源：中国煤炭工业协会：《2018 煤炭行业发展年度报告》。

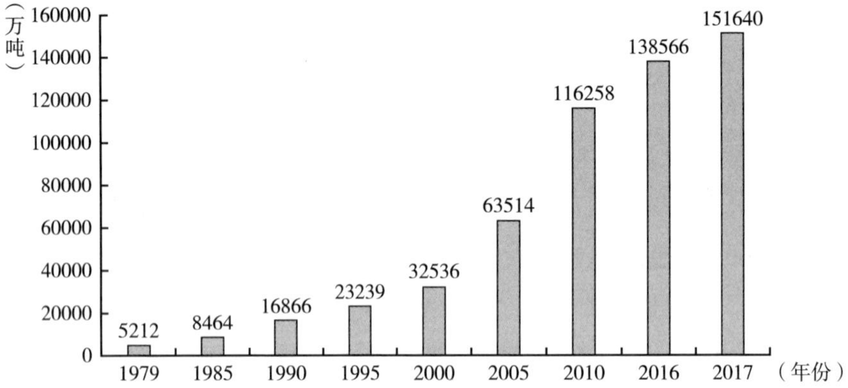

图 7　全国主要港口煤炭及制品吞吐量变化情况

资料来源：中国煤炭工业协会：《2018 煤炭行业发展年度报告》。

煤制气配套管网建设进入大规模开展期，运输成本将明显降低。国内天然气供应商包括中石油、中石化都开始加大对管道建设的投资力度。中石油规划建设 14 条煤制气接入支线，总长度 430 千米。中石化在新疆主要规划了新浙粤管道项目和新鲁管道项目，管道计划长度分别为 7373 千米和 4463 千米，其中新浙粤管道项目已获得国家批准，可开展前期工作。另外，一些煤制气制造商也开始自建管道，例如大唐集团在内蒙古的克什克腾项目上投资100亿元自建输气管网。2018年，中海油蒙西煤制气管道项目获国家发改委核准。陕煤化神渭输煤管道建成在即，全长727千米，是世界最长的一条长距离输煤管道。陕煤化神渭输煤管道把煤炭变为煤浆，通过管道运输，建成后将极大缓解铁路、公路煤炭运力不足的问题，节约运输成本，解决陕西省北煤南运的困局。

仓储设施日益完善，交易手段与时俱进。全国性和区域性的煤炭交易平台和交易中心正在建设和完善，储备中心建设也在逐步推进，国家煤炭应急储备能力达到670万吨，11个大型煤炭储配基地和30个年流通规模2000万吨级物流园区正在重点建设。另外，煤炭基础设施技术不断进步，运行效率大大提高，例如，铁路电气化改造、封闭式集中仓储、数字化配煤等先进技术得到应用；煤炭基础设施服务实现由单一煤炭购销向流通增值服务转变，多模式、多层次的现代化服务水平不断提高；信息化水平不断提高，交易模式不断创新，一批依托现代信息技术的煤炭电子交易平台逐步成立，实现煤炭信息共享、快速响应等，为我国煤炭产业高质量发展创造了良好的条件。

国家和企业对煤炭基础设施的投资力度不断加大，以铁路和铁海联运为主的西煤东调、北煤南运通道不断完善。

煤炭发电转化率大大提高。我国已经成功实现了特高压输电工程建设，建设大量坑口电站，就地发电，变运送煤炭为输出电力，大大降低了煤炭的运力和运费，达到高效率、低污染、低成本的目的。

10. 政府规制

产业管理机构设置和管理职能逐渐规范。新中国成立以来，我国煤炭产业国家层面的管理机构相继经历了燃料工业部（1949年）、煤炭工业部（1955年）、燃料化学工业部（1970年）、煤炭工业部（1975年）、能源部（1988年）、煤炭工业部（1993年）、国家煤炭工业局（隶属国家经贸委，1998年）、国家煤矿安全监察局与国家煤炭工业局“一个机构、两块牌子”（2000年）、国家安全生产监督管理局与国家煤矿安全监察局“一个机构、两块牌子”（2001年国家煤炭工业局撤销后，职能并入国家经贸委）、国家发改委能源局（2003年）、国家能源局（2008年，同年成立由国务院总理任主任的国家能源委员会）、重新组建国家能源局（2013 年）等管理主体的变迁。从产业管理职能看，改革开放前伴随能源部门的多次分合，始终保持高度集中的特征；改革开放后，伴随政企分开的市场化改革浪潮和不同领域的利益博弈，逐渐由集中转向分散。经过 60 余年的体制变迁和职能分解，我国目前形成的煤炭产业管理体制是，在国家能源委拟定国家能源发展战略、审议能源重大问题、统筹协调能源重大事项的基础上，国家能源局作为煤炭产业主要管理部门，负责拟定并实施煤炭产业发展战略、规划，组织制定煤炭产业政策及相关标准，审批、核准、审核煤炭固定资产投资项目等。总体而言，在持续推进的政府管理职能改革、“放管服”改革推动下，煤炭产业管理机构设置逐渐稳定，管理职能日益清晰并处于不断规范的过程中。

产业管理制度和政策法规体系日益健全。在产业管理体制改革的推动下，煤炭产业管理制度日趋完善，矿业权、产能、生产加工、安全、环保、产品等各领域管理制度，伴随新形势与时俱进。比如，在实施多年“招拍挂”有偿使用的煤炭资源管理实践后，国家进一步推进以“竞争性出让”为主要特征的矿业权制度改革，继煤炭资源使用由“无偿”向“有偿”转型后，进一步推动了煤炭资源转让由“协议为主、市场为辅”向“市场为主”的转型；实施了煤矿产能登记公告制度；建立了煤炭最低库存和最高库存制度、国家煤炭储备制度；修订了煤矿基本安全管理制度；等等。相应地，在煤炭产业政策法规方面，形成以《煤炭法》为引领、《煤炭产业政策》为主导、各项产业管理制度相配套的较完整的体系。而且伴随产业管理体制、企业经营机制、内外部环境的变化，煤炭资源勘查开发、生产供应、加工转化、运输仓储、商品煤质量管理、生态环保等各环节，不断有新的政策形成支撑，煤炭产业政策法规体系建设一直在推进。

产业服务功能和政府规制手段不断进步。煤炭产业管理部门通过职能转变、简政放权、增强服务意识，不断向服务型管理机构转变。以全国和地方煤炭工业协会、各类智库型研究机构为代表的服务主体，在承担中介服务职能、协助政策宣传和产业管理、提供政策建议、参与政策制定等过程中，不断丰富煤炭产业的服务体系，直接或间接地为产业发展提供支撑和服务。在面对市场失灵情况时，政府规制的手段也变得越来越丰富、越来越灵活。在煤炭产能管理方面，在产能过剩背景下推行了减量化产能置换措施；在防治雾霾、严控污染、规范煤炭进口贸易等方面，严格实施《商品煤质量管理办法》；在稳定煤炭价格方面，在“4 +1”煤炭价格“决定”机制基础上，推广“基准价 + 浮动价”定价机制，创新中长协合同及其履约机制；在推进新兴产业发展方面，改变单一的财政补贴模式，通过税收、金融等手段加以支持；等等。

（二）面临的困难和挑战

1. 煤炭资源

逆向分布特征明显，开发西移趋势加速。我国煤炭资源地理分布不均匀，呈西多东少、北多南少的格局。在我国东北、华北、华南、西北、滇藏赋煤区，70% 的资源集中于晋陕蒙及西北地区，总体上形成煤炭资源分布与地区经济发展的逆向布局关系，造成煤炭资源区域分布与煤炭消费需求的不匹配。并且，随着东部煤炭资源的日渐枯竭，煤炭资源开发西移的趋势越来越明显，进一步强化了煤炭生产与消费的逆向分布关系。

人均资源较少，储采比较低。从煤炭资源人均占有量方面来看，由于我国人口基数大，经济发展长期处于中高速增长阶段，煤炭资源消耗巨大，目前人均煤炭储量仅为美国的 1/4、俄罗斯的 1/6、澳大利亚的 1/33。从煤炭资源可持续开发角度看，截至 2017 年底，我国煤炭储采比仅为 39，远低于产煤大国美国的 357、俄罗斯的 391、澳大利亚的 301。

结构性短缺，优质无烟煤和炼焦煤储量较少。无烟煤储量在动力煤储量中的占比仅为 2%。中国煤炭地质总局第三次煤田预测结果显示，我国稀缺炼焦用煤约有 1504. 54 亿吨，占全国煤炭资源总量的 7. 7%。炼焦用煤中，气煤占 46%，肥煤、焦煤、瘦煤占比分别为 13%、23%、16%。可以看出，无烟煤以及肥煤、焦煤、瘦煤等炼焦用煤是我国较为稀缺的煤种。

开采条件较差，整体回采率不高。我国煤炭资源赋存条件复杂，可供露天开采的资源少，大部分煤炭资源埋藏深、地质构造多、煤层相对较薄、煤层间距大，而且瓦斯、冲击地压、水害等自然灾害严重。与世界主要产煤国相比，我国煤炭资源开采条件是最复杂、最差的。加之受采煤机械化程度、管理制度等限制，我国煤炭资源回采率一直较低，长期存在资源浪费现象。尽管我国前50强煤炭企业资源回采率达到79%，接近美国、澳大利亚等发达国家先进水平，但全国煤矿平均资源回采率仅30%左右，对我国煤炭资源保障度的提升非常不利。

2. 生态环境

生态环保“欠账”问题仍然较为突出。一是生态环保工作的历史欠账多。我国包括煤炭产业在内的资源开采业，曾一度实行“先开采后治理”的策略方针，长期的生态破坏式开采，积累了大量的环境治理与生态恢复任务，时至今日仍有大量工作需要去做，需要较长一段时间去承担和消化。二是环保工作的经济欠账多。在煤炭企业中，生态环保意识与行动有所脱节，意识上足够重视，但行动上并没有将其摆到应有的高度，存在牺牲生态环境换取短期效益的现象。在业绩考核中，重经济效益，轻环保考核，从而导致在环保投入方面存在较大的不足。

生态环保由“单纯投入型”向“投入产出型”转变难度大。生态环保支出之所以对于煤炭企业来说是一项很大的负担，是因为环境治理和生态恢复工作大多数是一种功在当代、利在长远的活动，从经济角度看，是一项缺少回报或产出的投入。类似准能集团“采、复、牧、园”四位一体协同发展的发展模式，尽管彰显了较强的生态环保效应，但毕竟案例不多，在经济效益方面也没有特别突出的成绩，因而在投入产出方面缺少一定的可持续性，向“投入产出”发展模式转变存在较大难度。

生态环保规制与管理体系尚没有系统化。我国生态环境保护法治化进程不断加快，各项制度改革不断深化，但仍处于相对初级的阶段，在生态环保规制与管理领域，还存在许多不完善的地方。规制方面，在以处罚为主要手段向税收为主要途径转变的过程中，尚存在一定的不适应性，征税基础、征缴工作以及如何更好平衡与环保处罚之间的关系，仍需进一步探索和完善。

产业布局加速西移，环境承载力下降。我国大型煤炭基地以外的煤矿正在逐步关闭退出，东部地区随着采深加大、资源减少，生产规模也在缩减，煤炭产业布局西移不断加快。尽管西部地区煤炭资源丰富，但除西南地区外，均处于干旱半干旱地区，植被稀少，与东中部相比，水资源短缺、生态环境脆弱的特征更为明显。因而在产业布局西移背景下，煤炭产业发展的环境承载力存在下降趋势。

在生态文明理念引领下，煤炭开发约束明显增强。除井工矿受地下水破坏、地标塌陷等困扰外，生态文明建设对露天矿开采的约束越来越明显。我国露天煤矿大多分布在内蒙古以及新疆地区，山西、陕西、宁夏、云南、黑龙江等地也有一些露天矿。其中，内蒙古东部地区、新疆地区露天煤矿承担着当地及周边地区相当重要的能源保障工作，但随着生态环境重视程度的日益提高，特别是内蒙古东部地区草原生态环境脆弱、承载力不强，煤炭生产受到的生态环保约束越来越强，并对能源保障功能的发挥形成了一定的制约。这使“能源保障—生态保护—经济效益”这一“不可能三角”更加难以打破。

3. 安全生产

相当规模的煤矿采深加大，安全生产难度增加。经过长期大规模、高强度的开采，我国一大批煤矿采深不断加大、逐步进入深井开采阶段，随之而来的是愈来愈复杂的地质条件和灾害环境，尤其是冲击地压问题越来越突出，安全生产的难度有增无减。例如，开发历史较长的东部老煤炭矿区，龙煤集团所属煤矿平均采深已经达到800米左右，冲击地压问题越来越不容忽视；鄂尔多斯、榆林等“金三角”地区一些开发较早的煤矿，同样面临采深加大、地质条件趋向复杂、冲击地压问题逐渐暴露的问题。总体而言，煤炭产业安全生产正产生一些结构性的变化，形势依然严峻。

责任不落实、安全欠账问题依然存在，安全管理重视程度亟待加强。安全欠账、安全监管具有两面性，一方面是增强了安全生产的控制程度，另一方面则是让真正的安全生产责任主体忽视了责任的落实。在现有煤矿安全监察制度下，仍然存在煤矿安全责任不落实的现象。受经济效益、安全投入机制等因素影响，部分煤矿安全欠账问题也较为严重。从近些年煤矿安全事故情况看，其发生主因已经由技术装备层面逐步转向安全管理层面，管理上的忽视，越来越成为煤矿安全生产需要重点防范的问题。

供需矛盾对煤矿安全生产的影响仍然突出。主要表现在以下两个方面：一是过去一段时期煤炭供大于求，煤炭产业内部过度竞争，在拼市场、拼价格的作用下，超强度开采和安全投入受效益下降挤压共同导致安全风险加大；二是现阶段局部区域、个别时段的供应偏紧，导致一些采掘失调的煤矿继续高强度组织生产，产生系统性安全风险。这两方面的因素，在未来一段时期仍有反复出现的可能性，并对煤矿安全生产造成不容忽视的影响。

煤矿职业病问题依然十分严重，防治工作不到位。我国煤矿生产环境中存在多种职业病危害，如粉尘、噪声、有毒有害气体、高温热害、不良气候等。其中，粉尘危害最为明显，煤炭产业是以尘肺病为主的职业病危害最为严重的行业。截至 2017 年，我国累计报告职业病病例 95 万余例，主要是矽肺和煤工尘肺 85 万余例，占比高达 89.8%。目前世界上没有能治愈尘肺病的特效药，洗肺也是治标不治本。另外，煤矿企业的职业病防治工作尚显稚嫩：很多企业管理层的重视程度不够，职业病防治管理机构没有建立，专兼职职业病防治工作人员也未配备，导致职业病情况进一步恶化；防治技术较为落后；职业病危害检测数据可信度较低；煤矿工人知识匮乏；等等。

4. 科学技术

理论基础相对薄弱，科技传承尚需加强。尽管我国煤炭产业科技水平已有大幅提高，有些已达到国际先进水平，但仍存在不少理论难题，科技传承也存在一些短板。在清洁低碳、绿色高效能源体系建设要求下，煤炭产业在煤矿瓦斯突出机理、煤层气赋存规律、煤系伴生资源协同开发、矿井带压开采及冲击地压预测防治、安全绿色开发与清洁高效利用、智能化开采、碳排放控制等基础理论研究方面仍存在很多难题需要突破。特别是随着我国浅部煤炭资源的日渐减少，煤炭开发面临越来越多的深部开采问题，并不可避免地需要解决深部冲击地压、煤与瓦斯突出、巷道围岩控制、水害、热害等重大科学和技术难题。由于国外很少开采深部煤层，缺少可借鉴的同类研究成果，因而亟须加强基础理论研究，探索深部采煤技术和灾害防治的科学路径。此外，我国煤炭科技的传承缺少相应的载体。一些新的工艺技术没有及时被系统整理、编入教材，在院校教学与专业培训中得不到有效传播。高校为了追求“高就业率”，煤炭相关专业较少或冷门，相关人才队伍略显单薄。

基础制造和核心技术对国外依赖度强。如今，虽然我国年产1000万吨的综采设备、采煤机、运输机和液压支架达到世界领先水平，但国内尚缺乏大型综合分析软件控制平台，几乎完全依赖国外的软件平台。我国热处理工艺相对落后，基础材料制造与国外尚存差距。国产煤机设备中的耐磨钢板、密封条等基础材料依然依赖进口。基础设备不够完善，在核心技术解决的条件下，由于基础材料质量不足，仍然受制于人，不能形成完整的产业技术链条。

企业认知水平不到位，科研投入过低。中国煤炭工业协会发布的《关于推进煤炭工业“十三五”科技发展的指导意见》要求，到“十三五”末，煤炭产业科技贡献率达到60%，规模以上工业企业研究与试验发展（R&D）经费支出占营业收入比重达到2.5%。而目前，企业自身认知水平不到位，更多追求短期的经济效益，不愿承担科研的时间成本和沉没成本，企业在科研方面的资金、人才和时间投入都略显不足，职称评价体系强调“数量为王”，企业研发人员主要方向是能写论文的研究，缺乏产业核心技术的研究。

科学技术的转化机制有待完善。科学技术只有参与生产力的要素构成、渗透其他要素，才能真正发挥科技进步的力量，实现其第一生产力的价值。煤炭产业科技，需要在“产学研用”一体化创新体系的顺畅运转中，及时转化为现实生产力。一些煤炭企业的知识产权意识淡薄，技术成果不能及时转化，业内没有形成一个完善的转化机制，影响了产业生态健康循环。

5. 人才供给

人力资源结构性失衡、总量过剩现象明显。从总量上看，并不缺少，特别是供给侧结构性改革化解产能过剩，产生的过剩劳动力增多，人力资源总量过剩的问题更为明显，这种过剩是一种结构性的过剩，文化程度较低的采掘一线工人过剩，而专业型高端人才紧缺。具体表现为：本科以上的高学历占比较低；老龄化问题严重，生产岗位中年轻的技术人员比重较少，工程技术人员不能及时顶替上来；工程类高级、中级专业技术职务的人员比重明显偏低。此外，在现有人才的布局方面，基层部门的技术人才占比不断降低，专业技术人员从生产、技术单位直接流向上级的机关管理部门的问题突出。

产业在劳动力市场上缺乏竞争力，后备力量不足。从外部分析，煤矿工作生活环境艰苦、福利待遇较低，缺乏对技术人才的吸引力；作为产能过剩的“重灾区”，很多煤炭企业依然亏损，人才竞争没有优势。近年来，煤炭院校“非煤化”愈发显著。据统计，地矿类专业点从2003年前的54个到如今不足25个，专业压缩，招生数量大幅减少。事实上，传统意义上的煤炭高等教育体系已经被消解。可以预见的是，随着就读煤炭专业的大学生数量的减少，专业学生多从事其他行业，现有的人才陆续“退休”，人才供给难以为继，煤矿企业所需的专业技术人才将出现更大的断层。从内部分析，近年来煤矿企业生产经营困难，员工收入整体下降，拖欠“五险一金”，工资欠发、缓发、迟发成为常态，技术骨干流失加快，加上很多煤矿企业大力实施关闭退出、重组整合等举措保生存，企业本就不丰厚的家底已经见底。前些年困难时候，煤矿企业为了降低人力成本、消化富余人员，一律停止了新员工招聘，即使有些岗位人员退出后也是从内部调剂。长此以往，员工队伍结构和人员僵化，阻断了人才进入煤矿企业的渠道。

6. 主体制度现代化

所有制歧视现象依然存在。多种所有制虽已构建，但非公有制成分仍缺失平等的国民待遇，其中，最为直接也最为明显的是，毕业生就业优先选择机关、国有企业，最后才是民营企业。

区域间、不同产业间的流转不畅，地区分化。马克思说过“商品无国界”，经济发展过程中应当没有国界，但目前煤炭承诺也不仅有国界，还有省界、市界、县界。各煤炭主产省的政府为了各自利益，限制了资本在各个省份之间的流通。此外，“引进来”和“走出去”发展方针落实尚不到位，外资资本投资规模有限。

7. 资本构成

负债规模普遍偏高，结构欠佳，产业风险大。煤炭产业资产规模虽然逐年增长，但负债总额也在逐年增多，且负债增长速度高于资产增长速度，造成资本总供给不足。由于“黄金十年”扩张式的大规模投资造成的投资惯性，企业自身的积累难以满足扩大再生产的需要，只能大量举债，导致企业资产负债率攀升。如图8所示，煤炭产业资产负债率自2016年达到近70%的峰值后，近两年开始回落，2018年煤炭产业资产负债率为65.7%，依然高于工业企业的平均资产负债率59.5%，也高于国资委颁布的《企业绩效评价标准》理想值50%。资产负债结构失衡，极易产生较大的财务风险。其中，融资结构中的银行信贷间接融资为68.1%，债券融资为26.5%，股权融资仅为0.4%，其他融资为5.1%，直接融资尤其是股权融资占比过低。固定资产投资目前为37.5%，高出《国务院关于调整和完善固定资产投资项目资金制度的通知》（国发〔2015〕51号）规定的最低比例7.5个百分点；流动资产占比5.1%，短期负债占比17.7%，流动比率远远小于2∶1。

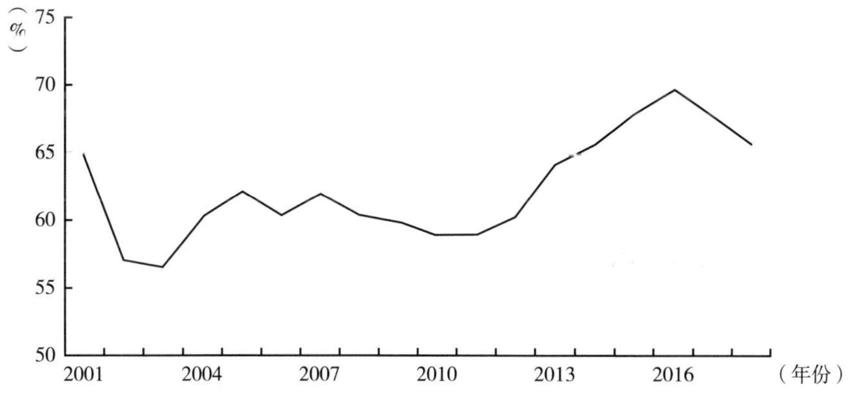

图8　2001～2018年煤炭产业资产负债率变化情况

资料来源：国家统计局年度数据。

成本偏高。煤炭企业融资结构长期以银行信贷融资的间接方式为主，在供给侧结构性改革背景下，被银行等金融机构列为融资限制性行业，各国有大型银行不断压缩贷款规模；企业部分贷款到期还款后无法及时续贷，个别项目存有被抽贷的可能；资管新规出台，打破刚性兑付制度，扩大信用债利差，禁止银信合作等传统非标融资渠道，实体经济融资渠道变窄、融资难度加大、融资成本被推高。目前企业融资成本为6%左右，财务费用支出较大，影响了企业持续增长和发展的内生动力。

资本流转不畅。资本只有不断地、周而复始地循环，才能持续地带来剩余价值，资本是在运动中增值的；现代企业制度与现代产权制度也都强调“流转顺畅”，以达到保值、增值的目的。目前，大的煤炭企业都由国家控股，基本都是第一大股东，因为惧怕国有资产流失，监管审批力度往往更为严格，煤炭企业混合所有制改革、资产证券化等直接融资进展缓慢，资本流动性较差。资本周转时间增加，最后形成的利润可能也不会很高。

8. 市场状态

供给格局仍待改进。截至2018年底，我国排名前4的煤炭企业产量占比为28%，产业集中度仍然较低，年产30万吨以下煤矿产能仍在2.2亿吨/年左右，淘汰落后产能进入深水区，难度加大。未来一段时间，不仅通过淘汰落后的、在煤矿数量上做减法的任务仍然十分艰巨，而且通过兼并重组等方式在煤炭企业数量上进一步做减法也具有很大的空间和必要性。除供给主体本身外，供给主体在区域上与需求方的对接，特别是煤炭运输系统的衔接，还存在一些突出的矛盾。比如，在逐步西移的煤炭供给格局变化趋势下，东北地区近年来自身供给能力下降，冬季用煤高峰期的蒙东煤炭受制于运输瓶颈难以有效对接该地区消费市场，出现区域性、阶段性用煤紧张现象，亟须通过优化区域煤炭供给格局来化解矛盾。

交易体系尚存缺陷。尽管各类交易中心相继成立，焦煤、动力煤期货市场运行多年，但它们对煤炭市场的影响程度都有所欠缺。中国（太原）煤炭交易中心作为唯一的国家级煤炭交易中心，尽管煤炭现货交易规模较大，但在影响和引导全国煤炭价格、促进煤炭价格稳定等方面，效果不及预期。区域性交易市场则存在发展不平衡、市场程度不高的现象，有的并没有起到集中交易、减少中间环节、降低交易成本的作用，一些行政式“撮合”反而增加了交易环节和成本。焦煤、动力煤期货市场，不论从供给方还是需求方看，参与程度都较低，价格发现和套期保值功能大打折扣，反而是投机炒作成分居多，与实际的供需关系脱节，部分时间出现价格干扰、增加风险的现象。

价格机制尚未理顺。尽管“基础价 + 浮动价”定价模式从形式上看，一定程度上反映了马克思商品价值理论的思想，但“基础价”的核定依据并不充分。依据商品价值理论，煤炭“基础价”应由其成本价格所决定。成本价格由煤炭的不变成本 c 和可变成本 v 构成，c 的现实形态包括煤炭资源、土地资源、水资源、井巷、硐室、地面建筑和构筑物、采掘与运输设备以及安全环保装备和投入等，v 的现实形态主要是人工支出。可见，合理的煤炭“基础价”必须建立在煤炭成本核算真实、完整的基础上，并要求随着煤炭商品价值各类构成要素的市场价格变动而调整。当前我国煤炭价格成本构成仍然存在制度性成本不全、政策性成本不实、行政性成本不合理、市场性成本扭曲等问题，特别是安全环保等外部成本得不到充分的体现。因而，还需进一步理顺煤炭价格机制，合理核定煤炭“基础价”，进而实现煤炭价格对价值的真实反映。

9. 基础设施

煤炭总运力不足。许多运煤通道饱和甚至超饱和，铁路运力紧张制约煤炭供应，导致公路煤炭长途运输量持续增加。和美国等发达国家铁路基础设施相比，我国铁路通道运力明显不足，尤其是新开发的煤炭矿区多集中在西部、西北部等较为偏远的地区，运输线路建设和通道改造有待加强，沿边铁路基础设施建设薄弱。铁路运力不足增加了煤炭仓储成本，制约了下游煤炭供应，延长了煤炭的产、供、销周期。另外，管道运力不足，管道和加油站建设滞后，严重制约了煤制油、煤制气的发展。

煤炭运输经营权市场化程度低。长期以来，我国煤炭通道由国家运输部门垄断建设和经营，“官商”气息严重，缺乏市场竞争，难以提升服务水平。由此抬高了煤炭运输成本和价格。据统计，我国铁路煤炭运输量占全国煤炭总运量的70%以上，然而，铁路运输成本占煤炭价格近一半，高额运输成本是国内煤炭价格居高不下的重要原因。另外，国家运输部门也不能根据煤炭产业行情进行有效的价格调整，严重影响了煤炭产业高质量发展。

煤炭供给方和需求方结构性失衡问题突出。从供给方面来看，全国各地煤炭产量差异较大，全国煤炭资源赋存决定了各地的煤炭产量，北方煤炭储量不仅多于南方，而且煤质较好，煤炭主产省主要集中在三西地区，尤其是供给侧结构性改革去产能以来，南方地区一些小煤窑陆续关停。从需求侧分析，经济发展的空间结构决定了煤炭消费空间分布特征，国内煤炭消费总体上呈现“东南凸起、西北低凹”的格局。目前全国只有山西、陕西、内蒙古、贵州四省的煤炭产量超过其省内的煤炭消费量，而其他省份均供不应求从而需要从外部寻找煤炭资源。南方地区14个省份的煤炭资源长期较为缺乏，而且供给侧结构性改革以来，这些地方的煤炭供需缺口在逐步扩大，该地区需要更多地去寻找外部资源，采购方式分为从北方调入或者进口煤炭，这就在一定程度上对煤炭运力提出了更高的要求。产销地距离较远，铁路、公路及水运方面存在多次装卸问题，运输效率低下，运输成本较高。装卸搬运设备标准不统一，无法兼容，周转环节不通畅严重影响了运行效率。铁路运力和水运运力失衡。一方面，煤炭水运潜在运力过剩，铁路、公路运力不足造成了内陆煤炭“上船难”“船等煤”的局面，航运运力过剩与之对比鲜明。另一方面，港口的吞吐能力有限，造成了过剩的运力难以充分发挥，集疏运系统不匹配。另外，节点衔接存在问题。由于经营权垄断，加上“诸侯经济”的存在，一个地方一个令，问题严重，导致煤炭车船不能一次性到站，拉高煤炭价格。

10. 政府规制

产业管理职能分散问题突出、政策法规滞后现象明显。尽管我国煤炭产业管理机构和职能日益规范，但在漫长的产业管理机构身份变迁过程中，煤炭产业管理职能出现了从集中到分散、从单部门到多部门以及国家层面权力向地方下放的演变。目前中国煤炭产业管理呈现“多头分散”的特征，除了国家能源委统筹能源发展战略外，煤炭产业管理职能除国家能源局外，被分散到了国家发展改革委、国土资源部、国资委、财政部、环保部、国家安监总局等多个部门。加上不同部门地方机构和地方政府管理监督机构的多重设置，中国煤炭产业管理显得更为“错综复杂”。最明显的矛盾是，作为煤炭产业主要管理部门的国家能源局却没有资源管理权力，而掌握煤炭资源管理权力的国土资源部门又没有煤炭产业发展的主体责任。“九龙治煤”带来的问题之一便是产业政策法规修订与完善工作难以协调统一，进而表现出滞后性。比如，煤炭法自 1996 年颁布以来已实施二十余年，一些提法已失去基础，与现实严重脱节，但仅开展过 4 次小修小补，全面修订工作迟迟未能展开；《煤炭产业政策》自 2007 年颁布后，曾于 2013 年就修订稿公开征求过意见，但至今没有下文。

产业管理长效机制有待健全、规制俘虏问题依然存在。煤炭产业是事关国计民生的基础能源产业，而且周期性特别明显，在产业管理上必须要有长效性、稳定性和前瞻性，并最终要实现法治化管理。但由于煤炭产业系统庞大、各类关系错综复杂，发展的影响因素众多，总是在不断变化的内外部环境下出现新的矛盾和问题。面对这种情况，产业管埋部门很多时候都以应急的思路方式、临时的办法措施，代替具有长效机制的法律规范。即使 2016 年政策效应明显的“276 个工作日”减量化生产措施，也在较短时间内被证明是造成后来局部阶段性煤炭供应紧张、煤价过快上涨的重要原因，最后只能让路于先进产能释放政策，同时也失去了政策的“稳定性”。过去一段时期煤炭供应紧张或产能严重过剩所体现出来的煤炭产能管理缺少前瞻性的问题，仍在困扰着产业发展大方向的把握和战略规划工作的开展。此外，在煤炭产业管理工作中，以实现公平为目标之一的政府规制，在实践中存在明显的规制俘虏问题。比如，煤炭最高价格的限制或煤炭价格的直接干预，更多地考虑了煤电部门的呼声；煤制油消费税的加征，更多地考虑了石油基炼油企业的利益，忽视了煤基炼油的特殊性；铁路建设基金的屡屡延期，更多地考虑了中铁总公司（原铁道部）的投融资问题，而实际上其功能已经异化了铁路部门的还债基金；等等。

（三）推进煤炭产业高质量发展任重道远

当今世界正面临“百年未有之大变局”，未来经济形势多变，但能源发展格局指向性明显，随着新能源技术进步，风能、核能、太阳能等新能源快速发展，正在迅速挤占煤炭市场，全球气候变化及碳排放约束等也对煤炭未来发展提出了更高要求。

反观煤炭产业自身，中国经济告别高速增长，煤炭消费量在量上接近峰值，但发展质量尚未至“顶峰”，其在能源结构中的比重也长期下降。然而，中国基于资源禀赋特征，煤炭仍将长时间作为主体能源，必须以更高质量的发展方式去迎接挑战。煤炭产业实现高质量发展首先要有煤炭资源做保障，探明煤炭储量，进一步丰富和精确勘探成果，做好全局性、系统性资源开发利用规划是其根本。通过国家、区域、企业三个层面、自上而下的全局性、系统性规划体系来促进煤炭资源的科学配置和合理开发，保障产业的高质量发展。

气候变化的应对、巴黎协定的承诺，都很明确地限定了未来煤电以及整个煤炭的发展空间，煤炭产业不仅要努力提高资源开发和利用效率，还要最大限度地减少产业发展的负外部性，尤其是对生态环境的影响。产业发展绝不能以牺牲环境为代价，要依靠科技进步实现环保模式的创新，这其中需要充分发挥人的主动性，不断培养优秀人才，注入新鲜血液。

产业布局加速西移要求有相配套的基础设施支撑西部地区发展，产业发展进入新阶段，市场化改革进一步深化，对政府在其中的作用、产业发展模式提出更高要求。

煤炭产业发展至今，虽然积累了显著的发展优势，但各大要素的劣势也很明显，在有内外双重压力的情况下，煤炭产业要走好高质量发展之路，任重道远。

六　中国煤炭产业高质量发展的思路

（一）加强学习，提高认识

中国特色社会主义进入新时代，我国经济社会发展也迈进新阶段，经济由高速增长转向高质量发展。高质量发展具有十分丰富的内涵，深刻认识高质量发展既要明晰其理论基础，也要把握其实践发展必然。关于增长与发展的讨论，是经济学古老而又不断创新的研究方向，需要不断加强学习。经济增长和经济发展规律始终贯穿人类漫长的成长历程，经过历代学者的研究，目前已形成相对完善的经济增长和经济发展理论框架。我们也知道，增长和发展的理论是不断创新的理论，唯有不断加强学习才能跟上发展的脚步。加强经济增长和经济发展理论的学习，一方面帮助我们掌握经济理论的发展演进历程，拓宽视野，站在历史发展的角度审视当下我国经济发展阶段和发展模式，从而充分认识我国经济高质量发展的迫切性；另一方面通过对经济理论演进范式的总结和推演使我们能够清晰认识高质量发展的客观必然性，更加坚定地树立高质量发展的信心。改革开放以来中国经济社会发展的客观实践，需要不断加强学习。从最初改革开放总设计师邓小平提出的“发展才是硬道理”到科学发展观，再到习近平“五大发展理念”，这些不断优化的发展思路都是当时社会主要矛盾的客观要求。现阶段我国社会的主要矛盾已经从“人民日益增长的物质文化需要同落后的社会生产之间的矛盾”转变为“人民日益增长的美好生活需要和不平衡不充分的发展之间的矛盾”，社会主要矛盾发生重大历史性变化，是中国进入中国特色社会主义新时代的重要标志，新时代呼唤新思想，习近平新时代中国特色社会主义思想必将对中国经济发展产生全局性影响，这就需要我们加强对习近平新时代中国特色社会主义思想的学习，学懂弄通习近平新的发展理念，要深刻认识高质量发展不仅是物质文化生活的提高，而且要在民主、法治、公平、正义、安全、环境等方面共同提升。只要认识到推动高质量发展契合经济发展客观规律，就不会被短期的困难遮蔽双眼，更不会一遇挫折便想退回原来只注重速度的老路。我国煤炭产业发展正发生深刻变革，深化产业认识需要不断加强学习。经历煤炭产业高速增长的黄金十年，煤炭从业人员人数也大幅增加，但从业人员素质参差不齐。随着供给侧结构性改革的深入，煤炭产业从业人员总量过剩、人力资源结构性失衡等问题凸显出来，尤其是煤炭专业型高端人才、煤炭软科学人才储备难以满足产业转型发展的需要。忽视对煤炭产业软科学人才的培养，导致煤炭产业在国家经济结构转型、国家经济体制改革的背景下无法抢占经济转型升级的先机。因此要适应煤炭产业转型升级的需要，煤炭产业从业人员就必须加强对经济学尤其是经济增长与经济发展问题的研究和学习，从理论层面做好储备，加强对煤炭产业政策和煤炭管理制度的研究学习，把煤炭产业的转型升级和中国经济的转型发展相结合，迎接煤炭产业的高质量发展。

加强对高质量发展的学习，首先要注重对习近平新时代中国特色社会主义思想的消化吸收和再利用。以“不忘初心、牢记使命”主题教育学习为契机，在学懂、弄通、做实上下功夫。学懂是前提，要坚持读原著、学原文、悟原理，全面系统学、及时跟进学、深入思考学、联系实际学；弄通是关键，要在学习的基础上进行深入思考，坚持多思深悟，把思考贯穿学习的全过程，做到知其然、知其所以然，加深对问题的理解认识，增强解决实际问题的能力；做实是根本，要把初心使命转变成党员干部锐意进取、开拓创新的精气神和埋头苦干、真抓实干的实际行动。其次，要注重将对高质量发展的学习研讨纳入高等教育基础课程体系，编制一批既有广度又有深度的教材，引导学者从高质量发展的指标体系、政策体系、标准体系、统计体系、绩效评价体系、政绩考核体系等方面进行学习和研究，不断完善制度环境，推动我国经济在实现高质量发展上不断取得新进展。最后，要注重培养优秀人才，要建立健全适应高质量发展的人才培养体系，一手抓专业技能型人才的培养，永攀科技创新高峰；另一手抓理论研究型人才的培养，探索促进高质量发展的理论体系和制度框架。同时也要注重创新人才培养模式，研究建立官、产、学、研联合培养优秀人才的道路，整合不同社会参与主体的优势，培养出一批干事创业勇担当、助力经济高质量发展的复合型人才。具体到煤炭产业，尤其要加强对煤炭产业软科学人才的培养。目前我国煤炭产业专业技术型人才已经有了较为充足的储备，在引领煤炭开采技术变革、煤炭开采设备升级等方面起到了关键作用，但我们也要认识到煤炭产业软科学人才储备不足，在产业政策、产业制度制定方面的影响力较弱的现状，急需一批优秀的人才为煤炭产业发展建言献策，把煤炭产业声音传递出去。

加强对高质量发展的学习，一是提高了对高质量发展重要性的认识。新中国成立以来的实践证明，发展是解决我国一切问题的基础和关键，社会主义进入新时代，发展的重要性没有变，改变的是发展的内涵和重点，新时代发展的核心要义和主要目标就是高质量发展。高质量发展是现阶段保持我国经济持续健康发展的必然要求，是满足人民日益增长的美好生活需要的客观选择，也是全面建成社会主义现代化强国的题中应有之义。二是提高了对高质量发展客观性的认识。人类社会的发展总是有迹可循的，增长和发展理论研究表明任何经济体的发展都必将经历由数量扩张到质量提升的历史跃迁，从关注经济增长速度到注重经济发展质量是社会发展的客观要求。三是提高了对高质量发展时代性的认识。中国特色社会主义进入新时代，社会主要矛盾发生了深刻变化，习近平大力推动供给侧结构性改革，提出五大发展理念，时代呼唤经济的高质量发展，唯有通过各项举措确保高质量发展，才能够满足人们对美好生活的向往。四是提高了对高质量发展艰巨性的认识。高质量发展是伴随我国经济发展进入新常态所提出的，现阶段我国经济正进入增长速度换挡期、结构调整阵痛期、前期刺激政策消化期“三期叠加”的转型阶段，转型阵痛时有发生，只有充分认识高质量发展这一任务的艰巨性，才能团结全国力量，心往一处聚、力往一处使。五是提高了对高质量发展长期性的认识。我国经济由高速增长阶段转向高质量发展阶段，其中要加深对“阶段”的理解，改革开放以来的高速增长阶段开展了四十年，高质量发展也不可能一蹴而就，需要我们持之以恒加强学习，深刻认识到高质量发展的内涵也在不断动态发展。六是提高了对高质量发展必胜性的认识。对经济发展规律的研究让我们深刻体会到，高质量发展是我国社会经济发展的必然选择，以习近平同志为核心的党中央有能力也有智慧带领中国人民实现高质量发展。

（二）统一思想，砥砺前行

思想是行动的先导，只有思想上形成统一，行动上才能步调一致。特别是在当今世情、国情发生深刻变革的环境里，统一思想认识显得尤为必要。当今世界面临百年未有之大变局，全球化进程、世界经济格局、国际权力格局、全球治理体系和治理规则、人类文明及交往模式均发生了显著性变化。在复杂多变的国际政治经济环境下，习近平总书记做出了“我国发展仍处于并将长期处于重要战略机遇期”的重大判断，未来我国在国际舞台上大有可为。另外，从国内环境来看，中国特色社会主义进入新时代，我国经济已由高速增长阶段转向高质量发展阶段。这些环境的深刻变革对我国发展提出了更高的要求，传统的发展模式必将难以为继，适应新时代经济社会及人民群众需要的高质量发展是历史发展的必然要求。只有统一高质量发展思想认识，凝聚全国上下共识，才能打破传统利益格局和发展惰性的束缚，形成发展合力，汇聚推动高质量发展的磅礴力量。同时，统一思想是贯彻落实党的路线方针政策、完成党的使命任务的重要前提。党的十九大报告对我国发展条件和发展阶段的变化做出了重大判断：我国经济已由高速增长阶段转向高质量发展阶段，正处在转变发展方式、优化经济结构、转换增长动力的攻关期，建设现代化经济体系是跨越关口的迫切要求和我国发展的战略目标。可以说，高质量发展是我们党现阶段带领全国人民重点攻克的难关，党的路线方针政策落地、党的目标达成对全国人民统一思想提出了更高的要求。

解放思想是统一思想的前提，新发展理念的确立总是同旧发展理念的破解相伴随的。唯有思想的大解放、思想的大变革，才能把人们的思想认识从那些过时的观念、做法和体制的束缚中解放出来，从那些不合时宜的思维模式、行为模式、交往方式中解放出来。真理总是越辩越明，唯有解放思想、开展关于发展方向的大讨论，才能真正树立人们对高质量发展的深刻认识和高度共识，帮助人们从守旧守成中解放出来，从政策依赖中解放出来。解放思想是探索规律、追求真理的过程，解放思想必然伴随批判、分析和总结，最终凝聚的共识和智慧将更好地用于指导高质量发展实践。调查研究是统一思想的抓手，没有调查研究，统一思想难以最终落到实处。要把调查研究、了解基层的工作方法落到实处，全面掌握真实的情况，这样最终凝聚起来的共识才能实事求是，避免表面统一、背地排斥的情况发生，确保推动高质量发展的初心一致。唯有通过调查研究，本着实事求是的态度认可高质量发展的历史必然，将高质量发展作为每一个社会主体关于中国发展的信仰，在推动高质量发展的过程中才能做到脚下有力量。

中国经济是一盘棋，实现高质量发展重在统一思想、统筹谋划。推进高质量发展进程要注重以五大发展理念为统领，深入贯彻供给侧结构性改革这一主线，构建高质量的供给体系；同时深入开展广泛的研究，重点处理好供给与需求、投入与产出、政府与市场、公平与效率、业内与业外、国内与国外的关系，从战略层面绘制出高质量发展蓝图。当前中国社会的主要矛盾发生了显著变化，思想上一定要摒弃陈旧的思维模式，牢固树立高质量的发展理念。要深刻认识到新时代的高质量发展不是个别区域的高质量发展，也不是个别产业的高质量发展，而是全面的高质量发展。这就要求在谋划煤炭产业的高质量发展时要兼顾其他相关产业的发展，推进煤炭产业的高质量发展要与中国经济的高质量发展相适应。

推动煤炭产业高质量发展，首先在思想上要与习近平新时代中国特色社会主义思想相统一。坚持以高质量的党建引领高质量的发展，始终同以习近平同志为核心的党中央保持高度一致，把煤炭产业的发展纳入改革开放的总体战略中统筹部署，纳入“五位一体”的总体布局和“四个全面”的战略布局中一体筹划。煤炭产业发展的战略导向要与党中央制定的强国战略、能源战略保持一致，煤炭企业生产经营要与基层党建融合推进，在思想上牢固树立抓党建就是抓发展的工作导向，积极发挥党建“把方向、管大局、做决策、保落实”的先进引领作用，突出党建在学习教育、安全保障、作风建设方面的优势，把党建引领煤炭产业的高质量发展落到实处。既要通过产业内煤炭企业苦练内功，因企制宜做好企业的发展规划，坚持以人为本、安全第一、绿色开发、清洁生产，实现从追求“数量增长”到追求“质量增长”转型，从规模扩张向结构升级转变，通过大力推进煤炭企业体制机制改革助力煤炭企业转型发展；又要协同推进，发挥相关产业的互补作用，发展好煤炭产业的循环产业链，以煤炭产业结构调整为契机，因地制宜向上游、下游产业链延伸，推进产业链条园区化，实现产业园区协同融合发展。

（三）创新驱动，科学推进

创新是经济发展的驱动力。坚持创新引领体现了经济发展理论的核心要义。熊彼特从“创新理论”角度揭示了经济发展的本质特征，认为创新就是建立一种新的生产函数，把一种从来没有的关于生产要素和生产条件的“新组合”引进生产体系中，最终实现生产要素或生产条件的“新组合”。而经济发展的本质即不断地实现这种“新组合”，经济社会发展就是不断创新的结果。马克思在构建剩余价值理论、论述资本剥削劳动的理论逻辑时也阐述了其创新思想，他在分析资本主义生产方式的历史演进过程中，对工艺创新的研究以及构建剩余价值理论体系时关于产品创新的论述，强调了技术变革和创新对生产力发展的促进作用。除了以上对生产主体及其生产方式的研究之外，马克思尤其注重对生产环境的分析，着重从制度创新和制度变革层面探寻推动生产力发展的内在逻辑，强调了制度创新对促进经济发展的重要性。创新发展是贯彻五大发展理念的客观要求。推动中国经济高质量发展，必须坚持贯彻“创新、协调、绿色、开放、共享”五大发展理念。党的十八大以来，以习近平总书记为核心的党中央站在新的历史起点上，创造性地提出了“创新驱动发展战略”，并将该战略作为决胜全面建成小康社会的一项重大举措。明确创新是新发展理念之首，是引领发展的第一动力，把加快建设创新型国家作为贯彻新发展理念、建设现代化经济体系的一项战略任务。创新驱动是实现我国经济高质量发展的有力举措。改革开放 40 多年来，中国经济增长堪称世界奇迹，但必须清醒认识到发展成果背后是较高的发展成本。传统发展模式无法满足人民群众对物质、文化等多方面高质量的需求。我们必须转换发展动力，从主要依靠资源和低成本劳动力等要素投入转向创新驱动，打造新的增长引擎。2016 年，中共中央、国务院印发的《国家创新驱动发展战略纲要》明确我国创新发展战略分三步走实施，第一步是到 2020 年进入创新型国家行列，第二步是到 2030 年跻身创新型国家前列，第三步是到 2050 年建成世界科技创新强国。该纲要指明了我国创新发展的方向，为科学实施创新发展战略找到了节奏。

实现创新驱动是系统性的变革，必须坚持以科学技术创新、人力资源组织创新、体制机制创新为抓手，相互协调，持续发力。通过创新驱动质量、效率、动力变革，着力解决影响高质量发展的突出矛盾，实现煤炭产业的转型升级，继而实现高质量发展。科学技术创新是引领发展的核心，要积极构建科技创新支撑体系，驱动煤炭产业高质量发展。在经济理论研究中，技术进步被视为经济增长的核心要素，现实社会经济的发展也验证了科学技术逐渐成为经济社会发展的决定性力量，构建与煤炭产业相适应的科技创新体系对推动其高质量发展至关重要。基于此，从中观产业发展层面看，煤炭产业要积极构建面向市场、体系完备、官产学研用深度合作的科技创新体系，立足我国煤炭产业科技发展现状，引进先进生产技术推动煤炭产业高质量发展。一是加强科技传承，推动技术再创新。煤炭产业的高速增长使我国煤炭生产加工技术取得了快速的发展，在煤矿建井方面，冻结、钻井、注浆等特凿井技术处于世界领先水平，还掌握了千米深井一次开凿的核心技术；在煤炭开采方面，大采高综采技术得到较大范围的推广，一次采全高采煤技术的应用大大提高了采煤效率，数字化、智能化技术也不断成为煤炭开采的有力手段；在煤炭洗选加工方面，千万吨级选煤、褐煤干燥提质技术在提高煤炭产品质量方面发挥了重要作用，煤炭分质利用提高了煤炭资源的附加值，煤炭液化、气化等技术不断优化煤炭深加工产业的结构。这些积累的先进技术，将成为煤炭产业高质量发展源源不断的动力支撑。二是引进消化吸收，充实核心技术。一方面加强核心技术和基础制造科技攻关，学习国外大型综合分析软件控制平台的研发经验，打造技术核心竞争力；另一方面积极引进先进生产技术，实现煤炭产业生产技术的跨越式发展，推动互联网、大数据、物联网与实体经济深度融合，全面开展信息化技术创新，实现煤炭企业信息系统升级和动态优化，促进煤炭生产由机械化向现代化、智能化生产转变。三是加强煤化工探索，把握现代化发展方向。推动煤制油、煤制烯烃、煤制乙二醇等示范工程建设，形成清洁低碳、安全高效的现代煤炭供应保障体系。构建资源环境和区域经济协调发展的产业格局，提升煤炭工业的能源保障能力和发展质量及效益。四是加强煤炭产业下游产业创新，实现产业链协同发展。以煤炭产业链延伸发展为导向，加强煤炭下游产业新技术、新工艺、新用途研究。创新煤炭上下游科技合作模式，形成创新合力，引领煤炭产业向价值链高端迈进、向技术密集型发展转变，培育新的增长点形成新动能，促进煤炭由传统能源向清洁能源转变。

人力资源组织创新是引领高质量发展的重要抓手。推动高质量发展离不开资金、技术、信息等资源，而要实现这些资源的合理配置，就需要高素质的创新型人才与之匹配。人才是撬动其他资源的关键要素，新理念、新技术、新产品、新业态、新模式等创新不会凭空出现，唯有依赖于创新型人才，方能把创新发展推广落地。煤炭产业一是要能够吸引人才。瞄准产业一流技术人才，瞄准高端科研专家，高标准招人，高起点引智，与高等院校和科研机构合作，培养更多实用型人才。二是要优化产业人才结构。通过大力推进产业人力资源体制改革，形成集战略目标、管控模式及内外部经营环境需求为一体的人力资源管理体系，搭建人才梯队，实现产业人才的可持续性供给。20 世纪下半叶以来，科学技术迅猛发展，特别是以信息技术、人工智能、生命科学等为主导的高新技术日新月异，创新人才作为高新技术的发明者、创造者、传播者和使用者，已经成为当代科技进步和经济社会发展的最重要的资源。在煤炭产业转型升级的今天，急需培养一批具有国际先进水平、产业领军的科技人才队伍，充分发挥创新人力资源的主观能动性，引导其立足本职岗位参与煤炭企业创新管理，为煤炭产业发展出谋划策，进而形成“人人是创新主体，岗岗是创新平台”的创新环境，力争在人才队伍建设上满足煤炭产业高质量发展的要求，以工匠精神推动煤炭转型升级。

煤炭产业体制机制创新是推动其高质量发展的重要保障。在煤炭中观产业层面，资源配置体制要实现资源商品化、资源资本化；资本配置体制要进一步创新，构建资源、资金、技术、管理等多要素产权构成体系；劳动就业体制要注重发挥市场手段的作用，提高劳动力配置的灵活性；市场机制要创造系统完整、交易公平、信号准确、竞争有序的高效竞争机制。同时，在微观煤炭企业层面，一方面要大力推进企业体制机制转换，从转变生产方式、内部管理方式、内部经营方式着手，特别是要大力推行扁平化管理，减层级、减机构、减岗位、减人员，去行政化，形成机构精简、人员精干、管控有力、运行高效的新机制。另一方面要注重将煤炭产业高质量发展与企业体制机制改革相结合。考虑到大型企业集团产品和服务的不断完善和延伸，管理差异越来越大、共性生产服务业务越来越多，管理体制和经营机制变革势在必行，实施专业化、精细化管理，将共性生产服务业务重组为各产业提供优质专业化服务，提高运营效率、降低运营成本。

（四）制定战略，规划先行

抓住高质量发展这一重要战略机遇期需要下大力气制定满足高质量发展的战略规划。当今世界正处于百年未有之大变局，世界发展处在选择的十字路口，是进一步开放还是闭关锁国，是前进还是后退，是斗争还是合作，世界到底往哪个方向转变，决定了世界的未来。“变局中危和机共生共存，克服了危即是机，失去了机即是危”。“我国进入中国特色社会主义新时代，发展仍处于重要战略机遇期，长期向好的基本面没有改变”，这是习近平总书记立足当今世情、国情做出的重大历史性判断。战略机遇期需要制定战略规划，而所谓战略规划，即是制定组织的长期目标并付诸实施。一般来说，战略规划分为三个阶段。第一个阶段是确定目标，即组织在未来的发展过程中，应对各种变化最终所要达到的目标；第二个阶段是制定详细规划，当目标确定后需要明确使用什么手段、什么措施、什么方法来达到这个目标；第三个阶段是战略规划形成文本，以备评估、审批。党的十九大和中央经济工作会议以高质量发展为主线绘制了我国经济发展新时代的美好蓝图，明确了推动高质量发展的奋斗目标。2018 年的政府工作报告则是我国逐步实现高质量发展的第一份“施工图”。下一步，要加快落实高质量发展的各项要求，进一步明确手段、措施和方法，不断深化理论研究，创新工作方法，通过构建科学有效的评价指标体系，探索高质量发展的现实路径。

加大力量投入参与制定“十四五”规划，将高质量发展思想贯穿始终。规划是经济建设的蓝图，现阶段我国经济正处于转型升级的关键时期，距离“十三五”结束还剩约一年时间，我国经济建设即将进入“十四五”发展阶段，当前对于我国经济建设而言，最有意义的是做好“十四五”规划。“十四五”规划是中国特色社会主义进入新时代、开启全面建设社会主义现代化国家新征程的第一个五年规划。面对纷繁复杂的国际形势，“十四五”期间我国经济建设必将面临更多、更新的变量，因此规划中要牢牢把握新时代经济高质量发展的鲜明导向。主要有以下两点：一是要继续深化供给侧结构性改革，供给侧结构性改革是“十三五”规划明确的发展主线，这一任务不可能在五年内能完成，因此“十四五”要继续深入推进，重点在稳定劳动力供求关系、强化全方位科技创新、进一步全面对外开放、优化能源结构并强化节能、深化市场化和法治化改革等方面下功夫，为我国经济结构转型升级和高质量发展提供保障；二是有效促进内外需增长，“十四五”期间要实现经济高质量发展，仅供给侧结构性改革是不够的，也需要从需求侧来提高内外部需求对经济发展的贡献度，要从就业和收入预期稳定、城乡融合发展、城市群和都市圈的区域协调发展、优化宏观审慎的财政货币政策、增加开放格局下的出口等角度出发提高社会总需求。对煤炭产业而言，煤炭产业“十四五”规划要实现国民经济与社会发展“十四五”规划互动循环。做好煤炭产业“十四五”规划，重在统筹谋划煤炭产业未来发展方向，以“创新、协调、绿色、开放、共享”五大发展理念为指导，形成具有鲜明特色的新时代煤炭产业高质量发展之路。另外，也要着力从煤炭供给和需求两方面着手规划煤炭产业发展方向，供给方面突出产业转型升级，体现“安全、综合、集约、高效、绿色、智慧、可持续”的发展要求；需求方面规划要立足“煤炭在中国能源结构中的比例逐步下降但生产及消费总量仍是全球最大”这一客观事实，关注煤炭需求区块化集中、需求总量波动趋小、煤炭需求质量不断提升的特点，推动煤炭清洁化利用和包容性发展。

（五）深化改革，稳中求进

改革是过去实现中国经济高速增长的关键一招。社会主义社会是一个不断发展和完善的社会，随着实践的深入，必然经历一个从初级到高级、从不发达到发达的过程，社会主义社会的生产关系与生产力、经济基础与上层建筑在根本上是适应的，但在一定的历史条件下也会存在不匹配的环节，而这些不适应的地方就需要不断深化改革来解决。改革开放就是要解放和发展社会生产力，建设社会主义现代化国家；就是要推动我国社会主义制度自我完善和发展，赋予社会主义新的生机活力，建设和发展中国特色社会主义；就是要在引领当代中国发展进步中加强和改进党的建设，保持党的先进性，确保党始终走在时代前列。改革开放40年来的实践证明，只有坚持社会主义市场经济体制，不断深化改革开放才能推动中国的发展，实现中国经济的高速增长，在改革的过程中遇到的障碍和难题，也只有通过改革才能从根本上得到解决。深化改革是推进高质量发展的必然选择。新时代中国特色社会主义迈入高质量发展阶段，需要不断推进经济体制改革。高质量发展内涵突出质量第一和效益优先，目的在于实现经济发展的动力变革，这种变革需要始终以经济体制改革为突破口，坚持围绕供给侧结构性改革这一主线，更好运用市场化、法制化的手段，从“巩固、增强、提升、畅通”八字方针着手推进经济高质量发展的落地。继续深化改革是实现煤炭产业高质量发展的客观要求。新中国成立70年，特别是改革开放40年来，我国煤炭工业实现了由小到大、由弱到强的历史大跨越，成为世界第一煤炭大国。无论是改革开放初期“总承包”“转换经营体制机制”改革，还是后来的“深化国有企业改革”“行业诚信体系建设”，乃至目前正在推动的供给侧结构性改革所实施的“产能置换”“最低最高库存”等市场化、法制化改革，都在特定的历史条件下为煤炭产业的改革发展带来了活力。继续深化改革要立足煤炭产业转向高质量发展阶段这一历史趋势，坚持产业供给侧结构性改革，向产业高质量动态平衡转变。

首先，要坚定不移推动市场机制改革。改革的方向要遵循中央顶层设计，围绕“使市场在资源配置中起决定性作用和更好发挥政府作用”，正确处理好市场和政府的关系，对凡是市场能自主调节的就让市场来调节，凡是企业能胜任的政府要提供良好的市场环境。一是要大力推进“放管服”改革，把政府的权力下放，提高行政效率，不断增强经济发展的内生动力。二是要进一步完善市场主体结构，培育包含国有企业、民营企业、外资企业等多种形式的市场主体，为市场主体的发展创造良好的市场环境。民营经济是推动市场经济发展的重要力量，是推动高质量发展的重要主体，通过加强民营企业服务体系建设、坚定不移支持引导非公有制经济发展等举措激活民营经济创新活力。三是鼓励新经济发展，以发展新经济为驱动释放经济活力，拥抱数字经济、网络经济、人工智能经济在内的经济形态，充分利用新经济内涵的新技术、新产业、新业态、新模式优势助力高质量发展。

其次，要大力推动产权制度改革。加强产权制度改革是推动高质量发展的重要手段和工具。提高对财产的其他从属性功能的重视程度，充分利用其适应现代化大生产的新需要，重视财产的其他从属性功能，提高资源配置效率，从而带动经济活力的提高。在市场经济体制下，煤炭作为重要的战略资源，必须进一步完善以矿业权为核心的煤炭资源产权制度体系，在所有权与使用权分离的基础上规范各项权利权能。一方面加强所有权管理，建立多元化的产权主体结构，运用法律和监督等行政和经济手段来处理政府间国有资产产权主体关系，合理界定政府间产权行使边界，强化产权保护；另一方面推进产权转让制度改革，建立以矿产权管理为核心的矿业权交易制度。

最后，进一步深化供给侧结构性改革。在前期“三去一降一补”的基础上，煤炭产业要始终围绕供给侧结构性改革这一主线，以“创新、协调、绿色、开放、共享”五大发展理念为指导推进改革纵深发展。从市场和企业的生产实际出发，培育新产品、输出新供给，持续优化产业组织结构和空间布局，推动煤炭产业逐步向中高端迈进，走优质高效发展之路。尽管自2015 年提出供给侧结构性改革以来，煤炭产业总量去产能效果明显，但煤炭产业还是存在较多落后产能，结构性去产能的任务仍然艰巨。煤炭产能有增有去还需进一步推进，形成“先进产能有序增、落后产能有序去”的格局。全面提升煤炭供给体系质量，从被动总量性去产能转向主动结构性优产能，从退出转向进退并重，优化存量资源配置的同时，又扩大优质增量供给，最终实现供需动态平衡。另外，积极推进煤炭产业兼并重组，大幅提高煤矿规模化、集约化、现代化水平，实现煤炭产业转型升级。通过支持有条件的煤炭企业之间实施兼并重组、支持发展煤电联营、支持煤炭与煤化工企业兼并重组，从而实现煤炭过剩落后产能的退出、推进煤炭生产技术进步和升级、实现煤炭资源的优化配置。

（六）总结交流，相互促进

人类社会实践表明，任何事物的发展都不可能一蹴而就，历史总是在螺旋式上升中推进。“高质量发展”作为2017年中国共产党第十九次全国代表大会首次提出的新发展理念，尚无切实可行的经验来借鉴，无论是宏观层面还是煤炭产业层面，推进高质量发展过程多是在摸着石头过河。因此，认清发展现状、复盘高质量发展历程、总结高质量发展经验、探清产业高质量发展的历史规律显得尤为迫切。对于转向高质量发展阶段所形成的成功经验，我们需要总结并继承下去；对于在探索高质量发展模式过程中所遇到的困难和挫折也是必不可少的宝贵实践，有助于不断完善高质量发展内涵，为新时代中国特色社会主义道路做好铺垫。

煤炭产业的高质量发展是一项系统工程，深刻认识煤炭产业高质量发展阶段，不仅要理解煤炭产业参与主体（政府、产业大军、科研院所）所做的尝试，更要把握煤炭产业环境因素（理论、政策、制度）的变革。在迈向高质量发展阶段，以习近平总书记为核心的党中央立足高远、举旗定向，做出中国特色社会主义进入新时代的历史性判断并提出五大发展理念，为经济高质量发展指明了方向。政府发挥其顶层设计能力，相继出台了一系列的战略规划和政策指引，为高质量发展落地保驾护航。尽管关于高质量发展的指标体系、政策体系、标准体系、统计体系、绩效评价体系、政绩考核体系等尚未真正落地，相信会达到预期目标；未来伴随高质量发展的进一步实践，政府也将进一步吸收实践发展经验、完善高质量发展政策。对于煤炭产业大军而言，可以说它们一直是政策的探路者，自 2017 年提出高质量发展理念以来，一定程度上各行各业均对其内涵进行了探索，煤炭产业优秀头部企业正逐步开展高质量发展实践。这些自下而上的探索和经验总结必将推动产业高质量发展政策不断完善，进而助力我国高质量发展理念的升级。对于科研院所而言，它们既是高质量发展的宣传员也是推动发展模式优化的排头兵，作为产业和政府沟通的桥梁，科研院所能够发挥理论研究和经验总结的优势，创新交流载体，广泛通过论坛、专业研讨会等丰富形式为高质量发展建言献策。只有所有产业主体共同参与、积极作为，不断优化产业发展环境，才能最终实现经济的螺旋式高质量发展。

实证报告

Empirical Reports

B.2

积极践行高质量发展 探索煤炭企业高质量发展的有效途径

国家能源投资集团有限责任公司*

摘　要： 本报告在简要介绍国家能源投资集团有限责任公司（以下简称“国家能源集团”）基本概况基础上，以所属的骨干煤炭生产企业神东煤炭集团公司为案例，就煤炭产业从高速增长转向高质量发展的认识、面临的困难、做法、成效做了具体介绍，并在生态环境相关规定与标准、煤炭资源规划、煤炭人才培养扶持、新技术和新材料应用、煤炭企业可持续发展基金等方面提出相关政策建议。

* 课题组组长：赵永峰，中国神华能源股份有限公司副总经理。副组长：杜善周，神东煤炭集团总经理。主执笔：孙福群，国家能源集团煤炭中心经营处处长。成员：朱拴刚，国家能源集团企业管理部；周海丰，国家能源集团生产管理部；高东风，国家能源集团安监局；刘振东，国家能源集团人力资源部；王峰，国家能源集团财务部。

关键词： 国家能源集团　神东煤炭集团　高质量发展

一　企业基本概况

（一）国家能源集团基本情况

国家能源集团是由中国国电集团公司和神华集团有限责任公司合并重组而成，并于2017年11月28日正式挂牌成立，是迄今为止中央企业规模最大的一次重组，是党的十九大后中央企业中第一家改革重组的样本。集煤炭、火电、新能源、水电、运输、化工、科技环保、金融等8个产业于一体，在全球煤炭生产公司、火力发电公司、风力发电公司和煤制油煤化工公司中居于首位。资产规模达到1.8万亿元以上，职工人数总计为32万人。截至2018年底，煤炭产能达到5.6亿吨，采掘机械化率达100%，煤炭开发技术指标世界第一，综合竞争能力国际领先；电力总装机2.38亿千瓦，包括火力发电总装机1.8亿千瓦，均占全国的15.8%；新能源装机3969万千瓦，形成集风能、太阳能、生物质能、潮汐能、地热能、海洋能于一体的新能源产业体系；风电装机3829万千瓦，位居世界首位；水电装机1867万千瓦。运输方面，自营铁路2155千米、5.2亿吨运输能力，专业煤炭港口（码头）3个及自有船舶62艘、2.64亿吨吞吐能力、336.8万载重吨船舶载重。化工板块方面，建设并成功运营400万吨级煤间接液化、百万吨级煤直接液化、60万吨级煤制烯烃等多个国家级示范工程，是全球首个百万吨级煤直接液化和煤间接液化两种煤制油技术同时掌握的公司；节能环保及高科技产业在业内处于领先地位，拥有4家直属科研机构、3个国家重点实验室、9个国家级研发平台，掌握节能减排、综合污染治理、新能源装备制造等20多项核心技术；产业金融板块拥有财险、寿险、融资租赁、财务公司、保险经纪、资产管理、商业银行等7类牌照。

2018年集团公司营业总收入5423亿元，实现利润735亿元，拥有煤矿

90处，合计产能6.8亿吨，煤炭产量5.1亿吨，完成商品煤产销量6.8亿吨，煤炭板块营业收入2706亿元，实现利润478亿元。

国家能源集团准确把握当前国内外重大形势变化，深入贯彻集团公司发展战略，坚定建设世界顶级企业初心不动摇；助推供给侧结构性改革，适时转变发展观念，扎实推动各产业高质量发展，全力贯彻创新驱动发展战略，积极稳妥“走出去”，推进落实高质量发展；积极承担央企重大责任，不遗余力地打好三大攻坚战；深化改革与重组整合持续推进，国有资本投资公司试点改革步伐加快，重组融合继续深化，形成全方位监管体系，矢志不移走中国特色社会主义治企之路；全面提升存量资产经营管理水平，深入推进一体化协同创效，聚焦重点领域集中管控，全面提升安全生产水平，助推国民经济稳步增长；深入贯彻落实新时代党的建设总要求，坚定助推全面从严治党向纵深发展，继续提升政治建设质量，继续提升党建质量和实效，继续提升干部人才队伍建设质量，继续加强基层党组织“三基”建设，继续深入贯彻党风廉政建设和深入推进反腐败斗争，聚焦思想宣传工作，全心全意依靠职工办企业。

神东煤炭集团是国家能源集团煤炭板块的代表，该集团积极践行高质量发展理念，探索高质量发展途径，取得了良好的成绩，下面以神东煤炭集团为例，就国家能源集团在煤炭产业高质量发展的做法和成效方面展开介绍。

（二）神东煤炭集团基本情况

神东煤炭集团公司（以下简称“神东”）地处蒙、陕、晋三省区能源富集区，主要负责国家能源集团在神府东胜煤田骨干矿井和山西保德煤矿，以及配套项目的生产运营。共有生产矿井16个，其中，内蒙古自治区境内7个，陕西省境内8个，山西省境内1个；神东12矿13井，代管4个矿井。神东所属13个矿井全部入选2018中国煤炭企业科学产能百强矿井排行榜。现有员工31283人，大专以上学历的员工占员工总数的64%。采掘机械化率100%，资源回采率80%以上，原煤生产效率最高124吨/工，企业主要指标世界领先。截至2019年6月，公司累计生产煤炭27.55亿吨，实现利润3059亿元，累计缴纳税费2140亿元。

2018年全公司完成商品煤产销量19575万吨，同比减少40万吨，其中，自有矿井完成15083万吨，同比减少500万吨。结算价格336.83元/吨，完全成本178.47元/吨，利润总额258亿元，税费缴纳185亿元。年末资产总额1059亿元，负债总额177亿元，净资产882亿元。

二 高速增长带来的问题及对高质量发展的认识

（一）高速增长带来的问题

神东坚持“做精四化五型，做优清洁低碳，做强世界领先”的战略核心，在生产实践中实现了由劳动密集型向技术密集型、高危型向本质安全型、环境污染型向清洁环保型的三大转变，解决了高产与安全、采矿与环保两大矛盾，成功走出一条具有神东特色的发展之路，为推动我国大型煤炭基地建设发挥了示范和带动作用。但高速增长也给神东带来了一些困难和问题。

1. 高速增长带来的问题逐渐显现

在煤炭产业的“黄金十年”中，神东坚持快速取胜，抓住增长机遇期，产量、利润和资产裂变式增长。高速增长使其成为产业领军企业。2012年，煤炭产业进入隆冬期，煤炭市场持续下行，投资拉动增长的模式已不适应，同时企业管理战线长、资产规模大、设备闲置率增高、运行效率低等问题开始显现。因此，神东依靠推进煤炭供给侧结构性改革，实现转型发展势在必行。

2. 体制机制存在问题开始凸显

历经30多年的发展建设，神东在体制机制上积累的一些问题逐渐凸显，主要表现在机构设置不尽合理，责权利不对等、不匹配，制度流程复杂，以及有些专业化服务半径长，管理幅度大、成本高，内部市场化效力发挥有限，在一定程度上对企业发展造成影响。同时，神东通过消化吸收和创新成套技术装备体系，带动国内一批煤炭装备制造企业发展，但自身利用创新优势参与发展做得还不够。

3. 资源储备不足制约长远发展

根据神东中长期发展规划以及目前矿区生产规模，后续资源储备不足成为高质量发展的重要限制因素。煤矿开采深度和广度不断扩展，资源条件和地质构造日趋复杂，优质厚煤层不断减少，生产组织难度越来越大，提质增量压力加大。受市场环境变化、相关方利益诉求攀高等影响，资源获取成本增高，推进难度增大。

（二）高质量发展的重要性

目前我国经济正处于高速增长阶段、高质量发展阶段的转折点。作为煤炭生产企业，如何在大型煤炭基地建设中切实贯彻落实习近平新时代中国特色社会主义思想，助推高质量发展，是一个非常重要而紧迫的课题，必须准确、清楚认知高质量发展的重要性。

1. 高质量发展是贯彻落实好国家政策的必然要求

推动高质量发展，是经济健康可持续发展的必然选择，也是遵循经济发展规律的必然要求，更是当下以及很长一段时间部署经济工作的根本准则。作为中央企业，神东有责任、有义务、有能力高标准、高质量地贯彻执行好中央各项决策部署，在实现自身更高质量、更高效益和可持续发展的同时，为煤炭产业高质量发展领好头、起示范作用。

2. 高质量发展是实现煤炭产业安全发展的必然要求

神东坚持创新煤矿安全管理，构建了以风险预控管理体系为手段，以责任落实和安全投入为保障，持续抓好风险防控、隐患排查和党建引领安全生产“三条线”管理的安全生产长效机制，安全管理主要指标名列产业前茅。神东要确保安全形势持续稳定向好，必须全面推进“一优三减、双控四化”，全力加强“管理、装备、素质、系统”建设，持续推动党建、业务、科技、制度、文化，提升安全管理质量水平。

3. 高质量发展是打造环境友好型企业的必然要求

实现高质量发展，煤炭企业就必须坚持开发与治理并重，走绿色、低碳、可持续发展道路。在经济发展过程中加强生态环境保护，积极探索资源型企业绿色发展的新路径，避免重走“开采一座矿区、留下一座废城”的老路。神东必须从自身发展实际出发，积极探索“产业生态化、生态产业化”的技术和模式，以“打造生态矿区、建设绿色矿井、生产清洁煤炭”为目标，努力走出一条主动型能源开发与生态保护协同发展的新路子。

三　高质量发展面临的困难

（一）高质量发展面临安全、高效、智能、绿色等一系列挑战

国家加大能源结构调整和大气环境治理力度，推动能源供给和消费革命，根据《能源发展战略行动计划（2014—2020 年）》，煤炭在我国一次能源消费结构中的比重将逐渐下降，需求增速回落，2020 年我国一次能源消费结构中煤炭比重将下降到 62% 左右，新能源和可再生能源比重提高到 15%，对煤炭的替代作用不断增强，产能建设超前，市场供大于求的问题突出，资源环境约束不断强化，对煤炭安全高效绿色开采与清洁高效低碳利用提出了更高的要求，煤炭产业生产方式将向机械化、智能化、绿色开采方向发展，打造具有全球竞争力的世界一流综合能源集团，神东公司面临安全、高效、智能、绿色等一系列挑战。

（二）节能减排、环境保护力度的加大，对生产方式和经营模式提出更高的要求

目前煤炭供给与需求进入环境制约的不断强化，环境保护和节能减排政策力度日益加强，节能减排和环境保护问题日益凸显。《大气污染防治行动计划》《水污染防治行动计划》《土壤污染防治行动计划》提出了

“大气十条”“水十条”“土十条”等保护措施，国家日益加大治理大气、水、土壤污染力度，对当前煤炭工业生产及利用方式提出了更严格要求，国家确立了“转变发展方式，加快结构调整，构筑稳定、经济、清洁、安全的能源供应体系”的发展目标，煤炭绿色开采与清洁利用的要求将日益提高，对神东转变生产方式和经营模式提出了更高要求，煤炭生产成本有较大幅度提升。

（三）薄煤层压茬问题日益突出，开采接续日益紧迫

神东0.8～1.7m薄及中厚偏薄煤层目前保有可采储量为20.5亿吨，占总可采储量的25.28%。在过去的高速增长期中，为了追求产量最大化，优先开采厚煤层，随着各矿井厚煤层可采储量的缩减和开采深度的增加，厚煤层上覆薄煤层的开采压茬问题日益突出，1.7m以下薄煤层开采越来越紧迫。但是，开采薄煤层必须面对前所未有的难题：一是国内外现有薄煤层开采装备和技术水平不高，开采效率低下，会导致矿井生产效率下降；二是薄厚煤层搭配回采，会出现采出煤炭发热量下降、煤质降低、吨煤成本增加等一系列问题，导致整体效益下降；三是薄煤层开采因工作面空间受限，人员行走和作业极不方便，导致员工腰椎间盘突出等职业病多发。目前，薄煤层开采已影响到神东部分矿井主采煤层的开采接续，若不及时开展相关工作，将导致矿井煤层压茬不能解放及薄煤层资源丢弃的问题。

（四）法治工作体制机制不健全，风险防控能力有待提高

神东总法律顾问制度有待进一步落实，律师制度尚未建立，法治人才及队伍建设有待提升，基层单位法律事务组织还不健全，法律风险防控体系仍需进一步完善，法律管控体系还未有效延伸、覆盖到二级单位，无法满足公司整体经营活动以及基层单位的法律专业化服务需求。部分干部缺乏依法办事、遵守规则、按章操作的法治思维习惯，依法治企的意识和能力、法律风险意识仍需进一步提升，运用法律武器有效维护企业权益、运用法律手段破解发展难题的能力仍有不足。

四　践行高质量发展的主要做法及成效

（一）坚持党建引领

以习近平新时代中国特色社会主义思想和党的十九大精神为指导，神东党委深入落实全国国有企业党的建设工作会议精神和新时代党的建设总要求及新时代党的组织路线，坚持党的领导，加强党的建设，坚持党建服务生产经营不偏离，构建高质量党建引领煤炭企业发展的制度机制，推动公司高质量发展取得明显成效。

1. 着力提升党的政治建设质量

旗帜鲜明讲政治，贯彻落实《中共中央关于加强党的政治建设的意见》，树牢“四个意识”，坚定“四个自信”，坚决做到“两个维护”，务必使党的基本理论、基本路线、基本方略和党中央重大决策部署在公司贯彻落实。

2. 坚持党的领导和企业治理相融合

坚决贯彻落实党和国家关于国有企业改革和发展的重要精神，企业在供给侧结构性改革、深化企业内部改革和治理等重要改革实践中，始终保持方向不偏离，沿着正确方向前进，充分发挥党委的“把方向、管大局、保落实”作用。贯彻落实新发展理念，落实党中央重大决策部署，制定《关于深入开展大学习做实五大引领的实施意见》。实行“双向进入，交叉任职”的领导体制，坚持将党委研究讨论作为讨论决策重大事项的前置程序，党委把关定向作用得到充分发挥。

3. 着力提升基层党的建设质量

居家宣传学习落实习近平新时代中国特色社会主义思想往深里走、实里走、心里走。实行公司党委理论学习中心组学习、党员领导干部党校学习、红色教育基地党性教育三级培训体系，切实提升教育培训质量和实效，使广大党员理想信念更加坚定，党员干部的综合素质和推动企业发展的能力切实提高。

努力提高党组织的战斗力，贯彻落实党的组织路线，落实“四同步、四对接”要求。开展先进基层党支部升级示范，全面实施合格党员考核评价，各级党组织的政治功能得到强化，组织力全面提升。加强作风建设，践行习近平总书记伟大号召，深入开展“社会主义是干出来的”岗位建功行动，广大党员干部、员工立足岗位苦干实干创新干，推动企业在安全、生产、效益、创新等各方面取得新成效。坚持党建服务生产经营不偏离，制定《党建引领安全生产管理办法》，从制度、机制、工作运行上实现党建工作与中心工作的融合，为党建引领一流企业发展提供了制度保障。

（二）坚持安全发展

1. 实现安全风险全过程管理

常态化开展岗位安全风险评估、设备故障安全风险评估，定期开展系统安全风险评估和区域安全风险评估，每班开展班前风险评估，将风险管理与生产实际紧密衔接，通过“点”“线”“面”超前风险管控，构建了横向到边、纵向到底、交织成网、不留死角、动态管控的全面风险管控体系。

2. 建立人员不安全行为“防控”机制

推行以防为主、自主管理与积分管理相补充，防治结合的人员不安全行为“防控”机制。根据生产工艺和组织形式变化、人员增减情况，设备更新、环境变化等因素，持续做好员工的知识技能培训，强化《岗位标准作业流程》《作业规程》《操作规程》的培训，提高人员的安全意识和技能。强化基层单位的自主管理，基层单位发现的不安全行为，按照基层管理办法进行矫正，公司不跨级考核。推行积分管理，员工安全积分情况与年底的评先树优相结合，有助于员工安全意识的提高。防治结合，按月对经常冒险作业、技能不足、不安全行为次数较多、情绪不稳定、家庭不和谐、性格缺陷、身患疾病等人群进行排查，建立人员档案，实行重点管控，分析不安全行为原因，采取针对性措施，进行重点治理。

3. 构建全面安全监察工作格局

坚持以深化安全风险预控管理为主线，以安全责任落实为抓手，以抓基层单位安全管理主体责任落实和监督业务保安责任落实为重点，借鉴审计工作理念，转变安全监管方式，强化监督问责，由以往“保姆式”注重检查现场隐患，转变为查管理与查现场并重、检查为监督服务的管理方式，对照责任清单开展安全审计问责。突出业务部门与具有管理职能单位的监督考核，通过细化完善考核办法及考核标准，督促业务部门加强对基层单位的调研服务，监督业务保安责任落实，解决安全监察效能不突出，缺乏有效统一、高效协作等问题。

4. 健全和压实安全生产主体责任

坚持“党政同责、一岗双责、失职追责”，建立健全“机构职能明确、岗位职责清晰、考核追责并重、责任落实到位”的责任体系。明确各层级、各岗位 1100 多项安全责任和工作标准，确定 1700 多项追责情形，以及配套的追责流程、处罚标准、处理对象，制定下发了《安全生产责任制管理办法》和《责任追究管理办法》，坚持“有制度不执行就是最大隐患”，对各部门、各单位实施全面监督考核，结果与安全风险抵押金、专项奖励、绩效工资、干部综合考评结果挂钩，有效保障了安全管理制度、措施、标准的贯彻执行。

通过多年的探索实践，安全管理水平稳步提升，12 个矿井为一级安全生产标准化煤矿，5 个单位安全生产 10 年以上，公司近年来百万吨死亡率控制在 0. 005 以下。

（三）坚持创新发展

在学习国内外先进技术基础上，结合矿区实际条件不断创新，着力推动煤炭开采关键技术的开发与应用，支撑了现代化矿区安全、高效、绿色、智能发展，奠定了建设世界一流矿井的坚实基础。

1. 厚及特厚煤层一次采全高技术

成功破解了厚及特厚煤层整层安全高效开采技术难题，首创了 4. 5 米、5. 5 米、6. 3 米、7 米、8 米、8. 8 米一次采全高回采技术，提高了资源回收率。8. 8 米超大采高智能化工作面 2018 年投产，创出日产 5. 84 万吨、人均工效 1050 吨/工、月产 146 万吨新纪录。该项技术填补了国内外综采工艺与装备技术的空白。

2. 厚煤层大采高快速沿空留巷技术

研发了挡矸支架和端头铺网支架，优化了柔模混凝土支护工艺和柔模混凝土配合比参数，形成了挡矸支架 + 端头铺网支架 + 高强度柔模混凝土墙 + 单体配 π 型梁滞后临时支护的快速沿空留巷技术，实现了 8 小时施工柔模混凝土墙 15 米的留巷速度，采区回采率提高 6%，解决了厚煤层大采高快速沿空留巷问题。在上湾、榆家梁两煤矿推广应用，累计多回收煤柱资源 80 多万吨。

3. 短壁机械化全部垮落法回采技术

在传统房柱式采煤法的基础上，形成了“连采机、梭车、锚杆机胶带运输、行走支架”新工艺，实现了短壁机械化开采采硐间不留煤柱和顶板全部垮落，消除了房采采空区大面积悬顶的安全隐患，实现边角块段资源的安全高效开采，采区回采率提高到 70% 以上。

4. 构建全方位的综合防尘体系

从采煤全过程的各环节进行粉尘治理，构建了从采、掘、破、装、运、洗选、装车等产尘各环节，从井下到地面，立体式、全方位的综合防尘体系，解决了神东矿区采煤量大、产尘绝对量大、运输路线长、产尘环节多的粉尘治理难题，采煤工作面综合降尘效率达到 90% 以上，掘进工作面、运输系统、洗煤厂等作业场所粉尘浓度降到 $10mg/m^3$ 以下，为员工提供了安全、健康、优质的作业环境。

5. 创新高效通风系统

结合神东各矿开采井田面积大、用风地点多、需风量大、通风巷道长、开采速度快等特点，从风机选型、通风方式选择等方面不断优化矿井通风系统，降低矿井通风阻力，矿井总风量 $9000m^3 \sim 32500m^3/min$，负压 1500Pa 左右，有效风量率达 90% 以上，形成了“大断面、大风量、多通道、低负压”的通风系统，提高了通风系统安全、稳定、可靠性，为矿区安全高效开采提供了充分的通风安全保障。

6. 坚持“以快防火”技术

结合神东矿井高效快速开采特点，形成“快掘、快安、快采、快撤、快闭”的“以快防火”的技术手段，通过缩短掘进到采区封闭的时间，在保证了矿井安全高效生产的同时，减少矿井防灭火成本，每年可节约生产成本约2000万元。

7. 推进国产化高端装备制造

为摆脱进口设备和配件采购价格高、核心技术垄断、配件供应周期长和售后服务滞后等方面约束，2000年开始推进国产化工作。2014年底，停止采购进口装备、配件，全面实现高端装备国产化。截至2019年6月，先后与20多个国内煤机装备制造企业，联合研制液压支架、刮板运输机、采煤机、锚杆机和给料破碎机等采掘设备1026台/套、国产零部件53870种，带动国内煤炭生产企业全面应用国产化装备，加速了国内装备制造行业的高端化和国际化进程。

8. “两化”融合积极推进

探索煤矿区域集中管控新模式，建成亿吨级区域煤矿集中控制系统，对大柳塔等5个矿井实施统一调度、数据集中监测与控制。建设数字矿山锦界示范工程项目，提高了矿井信息互联、数据共享、智能联动和业务管理的协同效益，促进各种资源有效合理配置，解决了矿井的信息孤岛问题，为决策提供了依据和指导。

（四）坚持绿色发展

秉承“产环保煤炭、建生态矿区”的理念，坚持开发与治理并重，不断创新治理技术与模式，累计投入生态环境治理资金37亿元，走出了一条主动型绿色发展之路。

1. 打造生态矿区

摒弃“先采后治”的传统模式，主动应对原生脆弱生态环境，创建了采前防治、采中控制、采后营造和外围防护圈、周边常绿圈、中心美化圈的“三期三圈”生态环境防治技术模式，治理沙漠330平方千米，植被覆盖率由开发初期的3%～11%提高到60%以上，将沙漠变成了绿洲。

2. 建设绿色矿井

坚持“源头减少、过程治理、末端利用”的理念，摒弃“先污染后治理”的传统做法，9 矿 10 井建成国家级绿色矿山。所有矿井均配套建设了环境保护、水土保持设施，重点落实了“三废”的综合治理与利用。

综合防治废气。全过程控制煤尘，包括井下综合降尘、地面封闭防尘、固化封尘方式外运，使“采煤不见煤”。全面治理烟气，包括中心矿区热电集中联供，以及在偏远矿区全部工业锅炉上安装配套烟气治理设施和在线监测设备。“大气十条”的落实，使 41 台工业锅炉得以淘汰、替换，88 台提标改造，均达标后排放。

综合利用废水。三级处理、三类循环、三种利用的废水处理、利用模式得以创新。35 座地下水库在采空区的建立（3200 万吨库容总量，与 2 个杭州西湖的水体量相当）38 座废水处理厂在地面的建立以及三级净化处理 3 座深度水处理厂。三类闭路循环系统在地下水库、选煤车间、锅炉房的建立。实现由生产复用、生活杂用至生态灌溉的三种利用。当前已实现 83%的矿井水利用率。

综合治理废渣。创新井下无岩巷布置技术，从根源减少矸石充填废弃巷道采用。掘进产生的矸石，达到掘矸不升井。采取发电、制砖、填沟造田等方式全面资源化利用地面洗选产生的煤矸石。

3. 生产清洁煤炭

公司矿井全面配套建设选煤厂，煤矸石洗选量为 1600 多万吨/年，商品煤平均发热量超过 5500 千卡，由经过洗选的原煤开发出包括特低灰、神优 2、精块 4 等在内的清洁商品煤种，提供清洁煤炭，生产环节环境污染及污染物随产品外运现象大大减少。节电、节煤、节油、节水等措施的实施，使原煤生产综合能耗低于国家标准，达到 2. 52 千克标准煤/吨。

（五）坚持依法治企

1. 强化企业法治建设领导责任

明确了法治建设第一责任人职责，强化了法治建设领导责任，成立了以董事长为组长、总经理为副组长、副总经理为成员的“法治建设领导小组”，印发了《关于全面推进“法治神东”建设的实施方案》和《神东煤炭集团企业主要负责人履行推进法治建设第一责任人职责实施办法》，充分发挥了主要领导在公司法治建设中把方向、管大局、保落实的重要作用，有力保障了企业整体法治工作的开展。

2. 加强法律审核与企业经营管理深度融合

注重合同条款与实际业务发生的符合度，对合同解除、终止等退出机制的审核及对违约责任的清晰约定，实现了从合同的规范性审核向合同的规范性与实效性相结合转变。将法律审核嵌入业务管理流程，推行痕迹审核，强化了刚性约束和审核人员的责任意识，确保了法律审核与经营管理的深度融合。通过年度案件交底会，查找管理工作中存在的问题和漏洞，制定针对性的防控措施，向管理前端集中交底反馈，提高各级管理人员防范和化解法律风险的能力。2018 年累计提出“三重一大”决策事项各种法律意见 80 余条，系统梳理、修订了 100 余项管理制度，审签合同 1 万余份，有效防控了企业重大风险。

3. 狠抓案件执行，维护企业权益

积极协调执行机构，全力推进胜诉案件的执行进程，将胜诉判决转变为胜诉利益，实现诉讼案件的全生命周期管理。坚持以事实为依据、以法律为准绳，及时向法院提出执行异议和执行异议之诉，依法阻止侵犯企业合法权益的执行活动，用足、用尽法律手段，力争将企业的损失降到最低。2018 年共处置法律纠纷案件 63 起，涉案金额 8759. 8 万元，为公司挽回或减少经济损失 4024. 2 万元。

（六）坚持高效率运营

1. 实施专业化管理

神东剥离综采搬家、生产准备以及洗选装运等业务，建立专业化的服务体系以促进矿井专注煤炭生产。井下生产由煤矿负责，开拓准备、搬家倒面、洗选加工、设备配套和维修、后勤服务等业务由专业化单位负责，合理统筹人才、资源等优势，提高了设备与人员的工作效率。专业化与社会化的结合，将矿井采掘机运通非关键环节以及技术含量不高的非核心业务利用集团内外部资源外包，降低管理成本，提升运营效率。进一步优化专业化管理模式，更好发挥专业化服务的优势，从而实现煤炭生产商向煤炭服务商的转变。

2. 推行煤炭生产精益管理

为持续消除生产过程中的损失浪费，提高企业运营效率，将精益管理理念融入企业经营实践。基于精益管理“持续消灭浪费，不断创造价值”思想，按照“提高生产效率”的目标，业务“刚性”和管理“柔性”的主线，在对现场生产组织、设备运营、成本管控等方面进行全面诊断提升的基础上，确定关键业务指标，制定切实可行的改善措施。通过全面实施精益化管理，以价值创造为导向，从计划管理、生产设计、生产组织等方面入手，不断优化作业流程，持续提高矿井单产单进水平，降低吨煤生产成本，实现企业整体运营效率和效益稳步提升。

3. 建立市场化运行机制

在专业化管理模式的基础上，将价格机制、竞争机制和风险机制引入企业内部管理，建立以矿井为主体的横向市场化体系和企业内部员工与单位、单位与公司之间纵向市场化关系，形成五大类 719 项 59147 个劳动定额和 2200 多项材料消耗定额标准。按照市场规则进行服务、结算、考核和奖罚兑现，提升服务单位的工作质量和效率，深入挖掘潜力，树立“降成本就是增工资，人人都是经营者的理念”，促进公司内部运行机制健康发展的良性循环。

4. 构建“一领三创”绩效考核体系

以“党建、模式、效益、创新和队伍”为统领，创造高质量发展、创造高效率生产、创造高效益运营的组织绩效管理模式。考核方案总体思路是战略引领、完善体系、丰富方法、分类考核。通过建立健全绩效体制机制、结合成本考核、组织绩效评分、否决项评价、专项奖考核，完善绩效考核体系。实施“双轮驱动激励模式”，即兼顾短期和长期激励、物质和精神激励，有效提高了员工的积极性，较好地完成了经营责任考核目标。

5. 加强资产管理

深入研究集团各项资产管理制度及规定，结合自身实际，修订了资产管理制度，优化了流程管理，以资产价值与实物应用相协同的理念，构建了资产横向部门协同、纵向分级管理的全覆盖、系统化的监管体系，完善资产基础数据整合，实现账务、实物信息联动。制定有效措施，甄别长期闲置存货，经清查鉴定，报废挂牌处置存货原值3.25亿元。构建B2B资产共享平台，降低物资闲置率，自平台上线以来，累计节约采购资金2.7亿元，降低了生产成本。

6. 强化税务风险防范

深入研究营改增、减税降费及新个人所得税法等税收新政策，先后制定了《神东增值税税率调整过渡方案》和《神东煤炭集团新个人所得税法实施方案》，明确了过渡期间财务结算、合同签订、发票管理等各环节的操作规则，降低了由于政策变化引起的税务风险。组织对公司所有合同模板涉税条款进行修订，制定了既符合法律法规又适合实际业务的税务规定，从合同源头上管控，降低了企业税务风险。

7. 持续开展对标工作

制定对标管理制度，明确对标主体、对标方法和目标责任，将对标管理工作制度化、常态化、标准化。对外采用“走出去、学回来”方式，先后与中煤集团、陕煤集团、淮南矿业集团等外部10多家单位进行对标，学习借鉴外部单位先进的实践经验。对内实行“树标杆，争先锋”对标活动，强化对标工作质量与成效，不断提升经营管理水平。2018年参与对标的单位共20家，提炼管理亮点共426条，提高了各单位经营管理人员的成本管控意识和水平。

8. 深入开展降本增效工作

健全成本、效益指标与预算、绩效联动机制，优化利润中心和成本中心功能定位，强化劳动力成本考核。实行完成成本与工资挂钩考核，设定目标基准值、奋斗值，激发各单位降本增效的积极性。较好地完成了2018年经营目标考核，完全成本同口径比预算下降了6.15元/吨。

将双增双节管理工作常态化、制度化，不断增强内部管理，激励各单位、各部门“眼睛向内，深入挖潜”，制定了31个方面76条具体措施，积极推进管理、效益“双提升”。通过采取提质增效、特种煤增量、优化生产组织、扩大网上采购范围、推行电商寄售等，增收节支完成16.84亿元（增收2.68亿元、节支14.16亿元）。

提高资金使用效率，降低资金安全风险，成立了内部银行作为内部资金管理的机构，形成了“结算集中、融资集中、账户集中”的管理模式。开展票据质押业务，将接收的大额银行承兑汇票质押给银行，银行将其以神东为出票人拆分成小面额票据，这样既可以使用银行承兑汇票对供应商进行结算，节约资金成本，还能把质押票据到期解付的银行存款转入保证金账户，为企业创造了利息收益。近3年开展汇票业务创利约1341万元。

9. 优化煤炭产品结构

本着为客户提供增值服务的宗旨，通过开展优化产品结构、实施定制化生产，为用户提供个性化服务，积极研究开发新产品等，满足多元市场需求，实现煤炭产品的高质化生产、销售与利用。

持续优化产品结构，提高产品与市场需求匹配度，实现提质增效，实现神优2煤种港口开发，品种煤产销量较年计划增量83万吨，吨煤利润增加124.2元，实现增效1.03亿元。坚持科学精准生产，为客户量身定制生产组织方式，满足不同客户需求，2018年布尔台区域定制生产满足区内和区外用户质量产品，增加高热值商品煤出区销售，实现增效0.27亿元。增强服务意识，实施产品全过程质量跟踪和反馈，为用户提供差异化服务，提升顾客满意度，共计调整各种生产组织方式上千余次。以市场需求为导向，积极开发高附加值新产品，开拓潜在市场，实现市场多元化，组织实施了高炉炼铁经济喷吹神东烟煤综合技术研究、煤泥浮选高质化利用、开发配焦煤新产品等多项科研创新项目。

10. 积极深化国企改革

完善现代企业制度，落实党组织在公司法人治理结构中的法定地位，明确法人单位管控模式，规范法人企业决策程序，完成“压减”法人户数4家。

加强党对国有企业的领导，修订党委工作规则，落实民主集中制，规范党委会的程序，“三重一大”决策的前置程序设为党委会研究，充分凸显了公司党委“把方向、管大局、保落实”的领导作用。

深化三项制度改革，实施公司机关人事改革，共设置5个职级、15个薪酬等级，职级和薪酬等级晋升与年底绩效考核排名情况直接挂钩，真正实现了机关管理人员的能上能下，极大地激发了员工的工作积极性。

积极推进剥离办社会职能工作，完成了12个职工家属区9016户“三供一业”、生活污水厂、换热站等共37项市政设施，1个社区、6所幼儿园和1所二级甲等医院的移交工作，移交资产原值103335万元，每年可给企业减负约23302万元，移交人员157人，内部安置471人。努力在完善现代企业制度、加强党对国有企业领导、深化三项制度改革和剥离国有企业办社会职能工作等方面实现改革突破、取得阶段成果。

（七）坚持人才强企

把人力资源作为企业的第一资源，注重现代人力资源管理体系构建，持续优化人才引进、培养、激励机制，努力锻造行业领军型技术和技能人才。

1. 强化干部队伍建设工作

按照国企领导干部“20字”标准，突出政治标准，本着优化结构、注重培养的原则，公开、公正调整任用干部，推进中层领导人员退二线，干部队伍活力有效释放。建立经营业绩与党建责任制同步考核的干部综合考评机制，促进党建工作与业务工作的深度融合。在公司机关试行“一岗多薪”制，盘活了人力资源，促进干部薪酬能升能降。积极推进专业技术和技能人才队伍建设，深入贯彻落实集团“首席师”制度，实现与公司员工职业发展通道建设的深度融合。

2. 持续优化企业定编定员

以“精干高效”为原则，深入推进定编定员工作。基于企业战略发展目标，兼顾组织结构设计、岗位设计和岗位分析与评价，结合单位特点、生产任务等实际情况，采取劳动效率定员法、设备定员法、比例定员法、数据分析定员法等方法，研究制定定编定员标准。通过不断优化，深入推进定编定员，形成了符合神东自身实际的定员标准体系。在持续优化定编定员的基础上，深化劳动用工“能进能出”，不断优化员工结构。加强人才招聘管理工作，缓解了劳动用工紧缺状况。通过引入人格测评、职业性向分析等现代人才测评工具，加强和改进招聘工作方法，切实人才引进的实效性。

3. 不断拓宽人才培养渠道

积极构建神东特色的课程体系、教材体系，建立公司、矿井、区队、班组四级培训体系，结合各单位实际需求，组织开办特色培训班。突出党员领导干部理想信念教育，以党委理论学习中心组学习为抓手，依托红色大讲堂、红色教育基地、党支部“三会一课”平台，实现全体党员领导干部党性教育和宗旨教育全覆盖。注重干部专业能力和管理能力培训，促进干部知识结构不断改善，综合素养不断提高。积极推进实操培训基地和实操培训室建设工作，为员工提高操作技能提供平台，引导员工弘扬工匠精神、钻研岗位技能。建成实操培训基地 4 个、职工创新工作室 33 个，其中劳模创新工作室 5 个、高技能人才创新工作室 28 个。

（八）坚持共享发展

积极履行央企社会责任，将企业发展红利惠及当地人民群众，为区域经济社会发展做出贡献。

1. 大力实施“惠民工程”

重视矿区饮水安全，提升矿区饮用水水源品质。从陕蒙两地开展水源引入工作，解决矿区饮用水安全和可持续发展水源短缺问题。2018 年完成了陕西区域引入府谷天桥岩溶水供水工程项目前期工作，投资约 2.8 亿元，预计 2019 年底完工。内蒙古区域引入水源工程（煤制油浩勒报吉水源和门克庆水源）正在开展可行性研究工作。

加大基础设施和便民项目的建设，营造良好环境。2018 年实施桥梁、道路和文体设施改造项目，总投资 7926 万元，将大大改善职工出行和文体健身条件。将现代共享及智能元素纳入矿区民生项目规划中，补齐智能小区建设短板。在小区安装 86 组快递柜，实施智能报警柱项目，投放自动售卖机，修建通勤车候车亭，进一步提升员工的幸福指数。

2. 助力扶贫攻坚战

认真落实关于打好扶贫攻坚战的决策部署，创新扶贫举措，通过产业扶贫、民生工程投入、教育帮扶、当地农产品消费扶贫、生态扶贫、党建引领、送医下乡等方式，打出了一系列扶贫的“组合拳”，支援定点扶贫县经济建设，陕西米脂、吴堡两个国家级贫困县即将脱贫摘帽。累计发放各类救助金和助学金、减免各类费用共 3788 万元，帮扶困难职工 15024 人次。

五　对国家及地方政府出台政策的建议

（一）建议生态环境部出台相关规定与标准，明确我国西部生态脆弱区，煤矸石填沟造地与矿井水生态灌溉不属于排放范畴，属于资源化利用的范畴，符合环评零排放要求。将煤矸石填沟造地与矿井水生态灌溉的模式，作为我国西部矿区煤矸石和矿井水零排放与循环利用的有效模式。

（二）加大煤炭资源规划，实现资源有序开发。建议国家加强对新发现整装煤田的规划，原则上一个矿区确立一个开发主体，合理规划、有序开发矿产资源，实现煤业企业可持续发展。

（三）出台煤炭人才培养扶持政策。建议国家每年从煤炭销售中提取一定比例的费用建立人才培养专项基金，用于对煤炭人才的培养和培训。在税收、落户、子女教育、住房等方面给予一定的优惠政策，解决后顾之忧。

（四）制定新技术、新材料应用灵活政策。国家应该制定新技术、新设备煤矿井下应用政策，允许在不影响安全的情况下进行尝试，加快新技术的推广。

（五）设立煤炭企业可持续发展基金。建议国家设立煤炭企业可持续发展基金，主要为煤炭企业实现高质量发展开发新技术、新设备、新工艺、新材料提供资金保障。

B.3

深化改革　锐意创新 由高速增长转向高质量发展

——新时代陕煤集团迈进世界一流企业的探索与思考

陕西煤业化工集团有限责任公司*

摘　要： 为深入学习贯彻习近平新时代中国特色社会主义思想和党的十九大精神，陕煤集团将“培育具有全球竞争力的世界一流企业”作为改革发展的新方向、新目标。本报告根据能源化工行业的发展规律及趋势，结合陕煤集团的发展现状，解析了世界一流企业的内涵与特征，进一步分析了陕煤集团迈向世界一流企业具备的优势与存在的差距，做出了陕煤集团在一定程度上具备了迈进世界一流企业的基础条件的判断，有的放矢地提出了以规模集中型、管理专业型、人力资本型、创新协同型、信息智能型、运营国际型为路径，持续提升企业核心竞争力和抗风险能力，为陕煤集团成为具有世界影响力的清洁能源供应商、新材料与高端制造服务商，加快迈进世界一流企业行列奠定了基础。

关键词： 陕煤集团　世界一流企业　高质量发展

* 课题组组长：杨照乾，陕煤集团党委书记、董事长，高级会计师。严广劳，陕煤集团党委副书记、总经理，正高级工程师。副组长：赵福堂，陕煤集团副总经理、高级会计师。成员：杜平，陕煤集团企业管理部、安全监察部经理，经济师；闵小建，陕煤集团技术研究院院长、正高级工程师；李聪，陕煤集团人力资源部经理，高级经济师；袁景民，陕煤集团财务资产部经理，高级会计师；王俐俐，陕煤集团党委工作部部长，高级政工师，高级经济师；张茹敏，陕煤股份有限公司董事、董事会秘书。主执笔：屈凌，陕煤集团企业管理部主任主管。

一 陕煤集团发展概况

陕煤集团作为陕西省属特大型能源化工企业，按照“以煤为基、能材并进、技融双驱、蜕变转型”的发展战略，已经发展成为陕西省集聚煤炭、化工、电力、钢铁、物流、金融等主业突出、多元支撑的特大型综合能源企业，具备了较强的核心竞争力。通过投资新建、收购兼并、资产划转、内部重组等多种途径拥有控股企业 60 余家、上市公司 3 家。2018 年末，陕煤集团资产总额 5010 亿元，营业收入 2806 亿元，同比增长 7.9%；实现利润 135 亿元，同比增长 23.9%。全年集团生产主要实物产品量煤炭 1.6 亿吨，化工产品 1555 万吨，生产粗钢 1138 万吨，累计发电 455 亿千瓦时。列 2019 世界 500 强榜单第 281 位，中国煤炭企业核心竞争力排名第 2 位，是陕西省唯一进入中国持续发展百佳的企业。

二 对世界一流企业的内涵及特征的研究与认识

在陕煤集团做大做强的发展历程和实践探索中，通过对世界 500 强的前 100 家企业进行分析研究，这些企业所建立起的标准、所经时间检验的公认标杆，均具有核心竞争力与核心知识产权、规模运营绩效强、综合价值回报率高，具备卓越的战略管理能力和领导力、良好的创新及可持续发展能力，拥有协同效应和整体优势，并处于行业领先水平，整体呈现五大特征即一流的经营业绩、一流的管理体系、一流的科技创新、一流的人才建设、一流的品牌形象。

1. 一流的经营业绩

一流的经营业绩是指在世界优秀企业中，表现出较强的综合发展实力，实现自身财务状况健康与经营成果斐然。具体而言，就是在规模、效益及效率等关键指标上保持领先地位。规模、效率及效益不仅是评价世界一流企业经营业绩的基本指标，更是衡量一家企业发展提升是否优秀的关键指标。同时，从国家倡导及国有企业发展阶段上，“规模大”“效率高”“效益好”也恰是对应着“做大”“做强”“做优”三个目标。

2. 一流的管理体系

一流的企业管理体系，是指以先进的企业经营管理理念引领，建立健全科学的体制机制、完善的企业治理结构、高效的管理组织及系统的管控体系，实现决策正确执行有力、组织顺畅运行、信息快速准确传递。同时，具有完善与公司发展水平相适应的体制机制、管控模式、管理制度、资源配置、风险防控体系及可持续发展能力。

3. 一流的科技创新

一流的科技创新，是指拥有保持行业技术领先、引领前沿技术发展与公司发展同步相适应的自主知识产权和核心技术，促进企业技术进步。主要体现在科技创新生态、科技创新动力、科技成果转化与引领、核心科技人才梯队。纵观当今世界一流企业，科技创新已成为企业核心竞争力之一，也只有不断加大科技创新力度、提高科技创新开发利用的水平、延伸产业链、提高附加值、掌握关键核心技术、抢占行业发展制高点，才能迈向世界一流，也才能永葆一流。

4. 一流的人才建设

一流的人才建设，是指建设具有适应现代企业发展和国际化经营管理需要的规模、结构和梯次合理的优秀人才队伍。解放思想、转变观念，建立良好的氛围机制，全面提升人力资本和开发水平，精心培育人力资本竞争优势，将人才战略与人力资本优化配置相融合，使企业内部人才建设均衡发展，拥有事业忠诚、业务精湛、作风过硬的高素质员工队伍，以培养出复合型经营管理团队、高精尖新的专业技术团队、高素质的技能操作队伍，使人力资本的开发与世界一流企业匹配，能够参与和适应国内与国际竞争。同时要坚持以人为本，使员工的个人成长与企业发展同步实现，具有较强的自豪感和荣誉感。

5. 一流的品牌形象

一流的品牌形象，是指具有优秀的品牌文化、良好的社会影响力、高度的社会责任感，具有社会公众、行业、目标受众的知名度和美誉度。优秀的品牌文化蕴含着企业深刻美好的价值理念和对精神境界的塑造，诠释着社会永恒的情感主题，传承、融合、引领着时代发展的潮流，带给客户、公众高层次的体验以及社会的认同，从而潜移默化地形成一种良好的社会影响力，体现了一流知名企业的高度责任感和对社会美好发展的贡献。

三　陕煤集团与世界一流企业的比较优势与差距分析

“十三五”期间，是陕煤集团改革发展、转型升级的关键时期，陕煤集团紧抓能源革命来临、新经济方兴未艾的历史性机遇，按照国家能源战略和推动“一带一路”倡议，充分利用好国内外两个市场、两种资源，以大项目、大园区建设为主体，以科技、金融、物流为三大体系支撑，围绕煤、发展煤、配套煤、延伸煤，实现煤炭高效绿色开采，综合利用、清洁转化，加快实施煤、化、电、钢、路一体化，推动集团公司安全高效、绿色低碳、可持续发展及奉献社会、造福员工，努力打造一个主业突出、新经济特色鲜明的现代能源企业，在一定程度上具备了成为世界一流企业的基础条件。

（一）陕煤集团迈向世界一流企业的基础与比较优势

1. 资源禀赋得天独厚

一是资源品质优。陕煤集团 95% 以上的资源属于侏罗纪煤，具有“四个特低和两个特高”（低灰、低硫、低磷、低硝和高发热值、高含油量）的特点，品质好、有害成分少，是环保的优质煤。二是资源储量大。陕煤集团现有生产及在建矿井的煤炭资源储量 300 亿吨以上，持有矿权或预计可后续开发的资源储量还有 150 亿吨，足以支撑陕煤 3 亿吨煤炭产能与转化的可持续发展和增长。三是开采条件好。在陕北基地 2 亿多吨产能的井田埋藏浅、煤层厚、自然灾害少、开采成本低，是建设智慧化千万吨矿井的天然基地。

2. 区位优势愈加明显

一是扎根大基地。陕煤集团是国家陕北、黄陇、神东三大煤炭基地的主要开发主体，依托这三大煤炭基地，陕煤集团建成了多个千万吨现代化矿井群和煤炭配套转化基地。二是坐拥大通道。陕煤集团正在构建以内接“神南、榆神、彬黄、关中”四矿区，外连“蒙华、包西、太中银、神朔、瓦日、大秦”六干线的铁路集疏运系统，以构建入江通道和长江中游的通江达海、港口铁、公、水多式联运和储配基地的物流大通道，最终实现集团产品的北上南下、东出西进，使陕煤集团成为长江经济带煤炭资源供应商和保障平台。三是面对大市场。陕西拥有承东启西、连接南北这一与其他能源基地无法比拟的区位优势，运距较之其他产煤省份短并就近面对主要消费市场，在陕煤集团构建物流大通道的支撑下具备较强竞争优势。同时陕西作为丝绸之路起点，陕煤集团的基础产业与“一带一路”主要欠发达国家资源禀赋高度匹配，能为其提供相应技术支持与输出服务。

3. 开采技术国际领先

陕煤集团瞄准煤炭安全绿色高效开采重点领域，成功开发了一批重大技术成果，通过智能化矿井建设、保水采煤工艺、瓦斯零排放矿区建设、无人值守技术应用等举措，不断提高生产矿井的智能化装备和矿区循环经济建设水平。陕煤集团主导的少掘巷道、不留煤柱、人工少的“110—N00”工法，已在柠条塔、韩城矿业示范成功，并在逐步推广实施，成果水平为国内首创、国际领先，被称为我国第三次矿业技术变革的探索。当前，陕煤集团有智能化千万吨矿井 7 处，平均单井规模 600 万吨/年。同时，通过淘汰落后产能指标置换，增加先进产能 6000 万吨，优质煤炭产能占比达到 95%，多个智慧化矿山加快建成，煤炭产能距离达到 2 亿吨的战略性目标愈加接近。

4. 能源材料优质供给

陕煤集团持续推进煤炭资源清洁高效转化利用，将煤炭由单一燃料向原料转化。一是清洁能源供给。通过将优质煤炭物理加工成煤粉和水煤浆实现清洁高效利用，大力发展超低排放、高参数、大容量坑口电厂和能源多能互补，利用自主知识产权的“榆林版煤制油”技术提供高端油品，可满足我国的环保要求和能源优质供给。二是弥补我国新材料短板。依托自主知识产权的煤炭分质利用和煤制烯烃 DMTO－Ⅱ等技术，按照新型化、大型化、园区化布局，正在榆林建设投资上千亿转化2000万吨煤炭的化工新材料项目，将自主研发的煤炭技术和国内外高端化工技术集成耦合，煤炭原料与纺织服装、建筑装饰、汽车材料、航天航空材料等高端制造产业衔接，最终实现煤化工和石油化工及新材料的融合发展。

5. 产融结合支持保障

陕煤集团坚持金融发展支持服务实体产业理念，以多层次资本市场拓展金融业务支持企业发展，促进了产业与金融的深度融合。目前，陕煤集团已拥有财务公司、银行、保险、期货、信托、基金、租赁等门类齐全的金融业务。同时，陕煤集团不断推进所属企业实现上市，2014 年陕煤股份在上海证券交易所成功挂牌，完成了陕西省第一个特大型省属企业的主业公司的整体上市。目前，陕煤集团还拥有陕西建设机械股份有限公司、陕西省国际信托股份有限公司两个上市企业，开源证券、胜帮科技、恒神股份三个新三板上市企业，北元化工、开源证券正在申报主板上市，目前还在培育一批具有潜力的企业实现科创板上市。

6. 商业模式创新发展

陕煤集团积极顺应和探索互联网时代的商业新模式。以煤炭等大宗物品交易为主体，以全方位物流运输及仓储服务为支撑，以全国煤炭产业唯一互联网第三方支付为保障，以供应链金融服务为延伸，设立西煤电商平台，形成竞拍、招标的交易模式，集采分销、定价代销的贸易模式，行业资讯、价格指数的信息共享模式，供应链金融服务模式，实现由“传统煤炭生产服务”向“煤炭生产服务＋互联网”平台模式转型升级，打造供应链管理一站式综合服务电子商务平台，聚合煤炭产业链上下游企业、科研院所、金融机构等社会资源，打造大宗商品闭环商业生态圈。

（二）陕煤集团与世界一流企业存在的差距分析

为了更好地分析陕煤集团与世界一流企业的差距，我们从企业所在行业、发展规模、效益质量等方面选取了《财富》世界 500 强 2018 年、2019 年（财务数据为 2017、2018 年末数据）排行榜中，具有代表性的 6 家一流企业，分别是世界 500 强企业第一名沃尔玛公司、世界一流制造商丰田汽车公司、世界一流矿业公司必和必拓矿业公司和嘉能可矿业公司、世界一流科技企业苹果公司及我国正在创建的世界一流企业国家能源投资集团，分别从规模、效率及效益三个维度对陕煤集团与世界一流企业的差距进行分析。

1. 规模差距

衡量企业规模的关键指标通常是指营业收入和资产总量。

（1）营业收入对比（见图 1、图 2）。在 2018 年世界 500 强企业榜单中，2017 年 500 家企业的总营业收入达到近 30 万亿美元。其中，陕煤集团的营业收入达到 38482. 6 百万美元，按收入水平排名，列第 294 位，与澳大利亚必和必拓矿业公司 38285. 0 百万美元基本相当，与国内同行业企业相比具有一定领先优势。但与世界领先的一流企业相比营业收入还是偏少，仅为沃玛尔公司的 8%、丰田公司的 14. 5%、苹果公司的 16. 8%，约等于国家能源投资集团 75522. 4 百万美元收入的 51%。

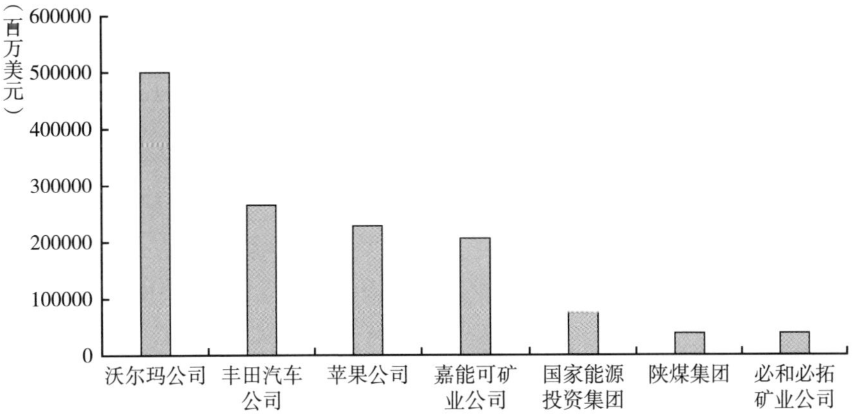

图 1　2017 年营业收入

资料来源：2018 年《财富》世界 500 强排行榜。

在2019年世界500强企业榜单中，2018年500家企业的总营业收入达到近32.7万亿美元。其中，陕煤集团的营业收入达到42418.8百万美元，按收入水平排名，列第281位，相比往年与澳大利亚必和必拓矿业公司45809.0百万美元差距拉大，与国内同行业企业相比具有一定领先优势，与世界领先的一流企业相比营业收入还是偏少，但在往年基础上已略有提升，为沃玛尔公司的9%、丰田公司的16%、苹果公司的16%，约为国家能源投资集团收入81977.7百万美元的52%。

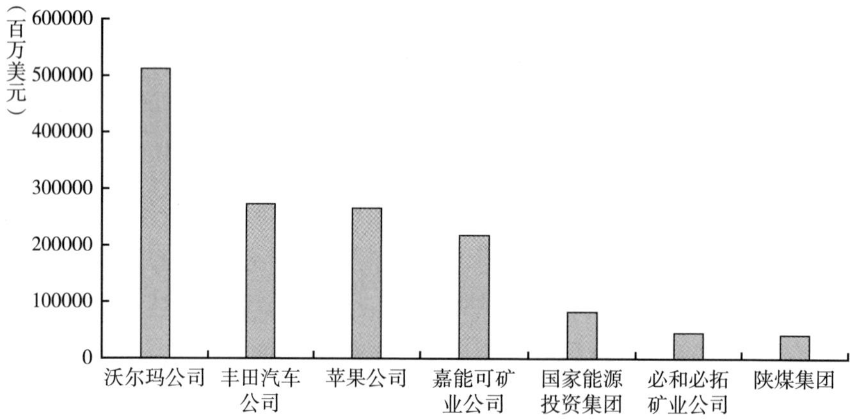

图2　2018年营业收入

资料来源：2019年《财富》世界500强排行榜。

（2）资产规模对比（见图3、图4）。资产总量是决定企业获得收入及利润的关键因素，也是衡量企业规模的重要指标。在2018年500强企业榜单中，陕煤集团2017年的资产总量为71262.3百万美元，资产总量尚小，仅为丰田公司的15%、苹果公司的19%，为国家能源投资集团274440.5百万美元的26%，与营业收入相近的必和必拓矿业公司资产总量117006.0百万美元相比，陕煤集团为其的60%。

在2019年500强企业榜单中，陕煤集团2018年的资产总量为72966.0百万美元，资产总量尚小但相较往年已有较大提高，为丰田公司的16%、苹果公司的20%、国家能源集团的29%，而与营业收入相近的必和必拓矿业公司111993.0百万美元相比，陕煤集团的资产总量是其的65%。

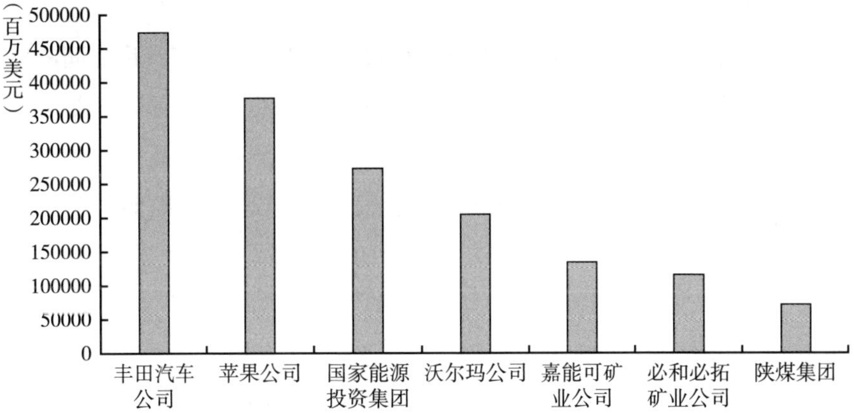

图 3　2017 年公司资产总量

资料来源：2018 年《财富》世界 500 强排行榜。

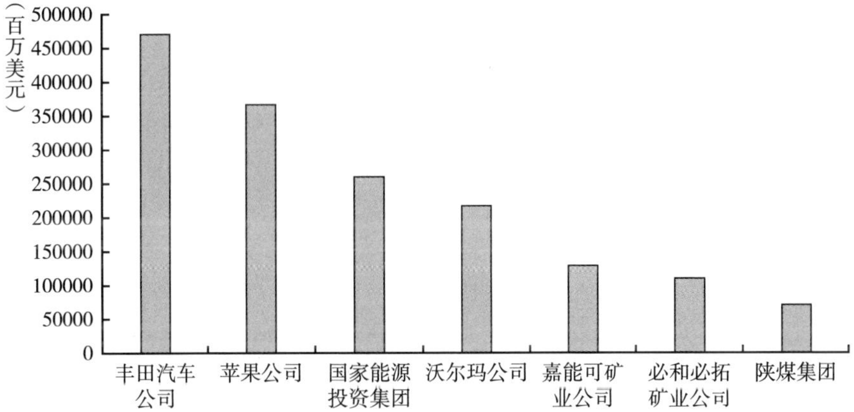

图 4　2018 年公司资产总量

资料来源：2019 年《财富》世界 500 强排行榜。

综上来看，在衡量企业规模的营业收入和资产总量的两项指标中，陕煤集团在世界 500 强企业中排位中游，与国内企业相比已经实现了国内领先水平，与世界一流企业相比还存在一定差距，从 2017 年和 2018 年增长情况来看已经有一定提升，与其他世界一流企业差距也逐渐缩小。

2. 效率差距

企业经营效率水平是指企业经营活动过程中投入资源与产出之间的对比关系，衡量效率水平主要有两项指标：一是科技研发投入水平；二是劳动生产率，即人均利润或人均收入。

（1）科技研发投入水平。欧盟委员会发布的《2018 年欧盟工业研发投资排名》，2017 年到 2018 年韩国三星公司的研发经费为 134.37 亿欧元，占营业额比重为 7.2%，排在榜首；其次是美国谷歌的母公司 Alphabet，研发经费为 133.88 亿欧元；德国大众则以 131.35 亿欧元排名第三；美国微软以 122.79 亿欧元排名第四；中国华为以 113.34 亿欧元排在第五位，占年度总营收的比重为 14.1%，这也是唯一入围榜单前 50 名的中国企业。而陕煤集团 2018 年在科技研发方面的投入为 5.83 亿欧元（折合人民币约 44.9 亿元），占年度总营收的比重为 1.6%，远低于一流企业科研投入水平。科技投入的不足，造成科技创新动力不足，缺少核心技术研发。

（2）人均利润或人均收入对比（见图 5、图 6）。是指企业在一定时期内利润总额或营业收入与企业职工总人数之间的比率。在 2018 年 500 强企业榜单中，陕煤集团的人均营业收入为 32.22 万美元，高于国家能源投资集团人均营业收入 24.11 万美元，但与必和必拓矿业公司人均营业收入 146.43 万美元相比，还存在近 4 倍的差距。人均产生利润方面，陕煤集团仅为 616.33 美元，与世界一流企业如必和必拓矿业公司的 22.54 万美元、嘉能可矿业的 6.99 万美元的差距明显，并且明显低于国家能源投资集团的 7964.00 美元，这也说明了陕煤集团的效率指标明显偏低。

在 2019 年 500 强企业榜单中，陕煤集团的人均营业收入为 35.32 万美元，仍高于国家能源投资集团的 24.21 万美元，但与必和必拓矿业公司的 146.42 万美元相比，还存在 3 倍左右的差距。人均产生利润方面，陕煤集团为 756 美元，与世界一流企业必和必拓矿业公司 13.64 万美元、嘉能可矿业公司 3.99 万美元的差距明显，且明显低于国家能源集团的 1.01 万美元。

综上来看，陕煤集团的经营效率水平虽有所提升但与世界一流企业还存

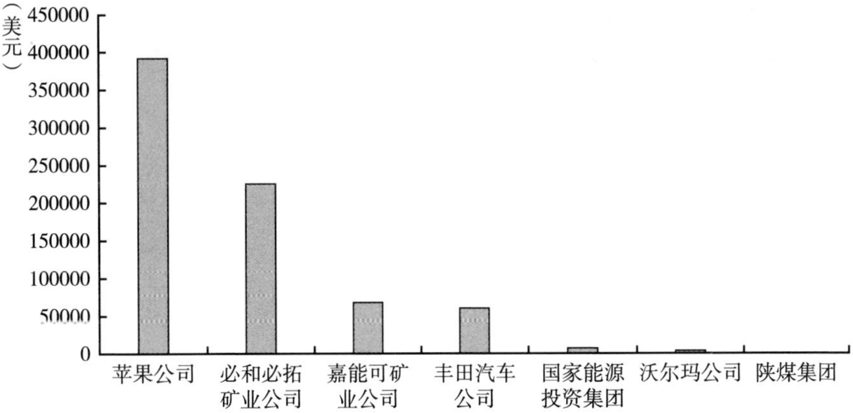

图 5　2017 年公司人均利润

资料来源：2018 年《财富》世界 500 强排行榜。

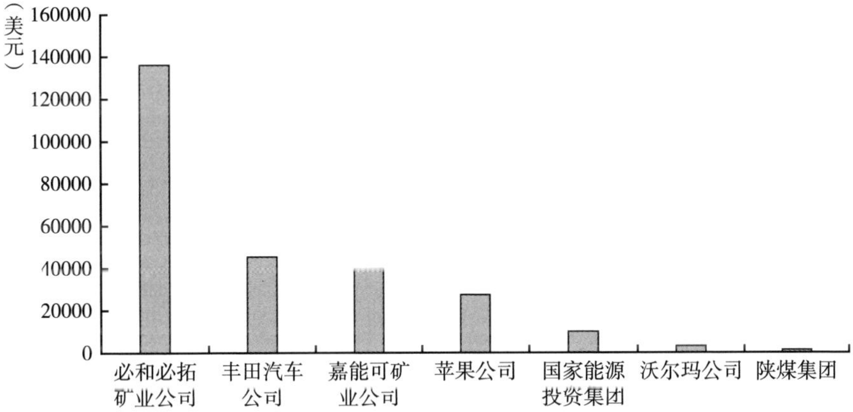

图 6　2018 年公司人均利润

资料来源：2019 年《财富》世界 500 强排行榜。

在巨大的差距，与国家能源集团的差距拉大，与规模指标相比，其效率指标的差距追赶与超越难度较大。

3. 效益差距

效益水平即企业的盈利水平，是衡量企业经济效益的核心指标，通常使用利润水平和净资产收益率进行分析比较。

（1）利润水平对比（见图7、图8）。反映企业生产经营盈利状况，一般使用绝对利润数量和利润率（利润/营业收入）来进行衡量。

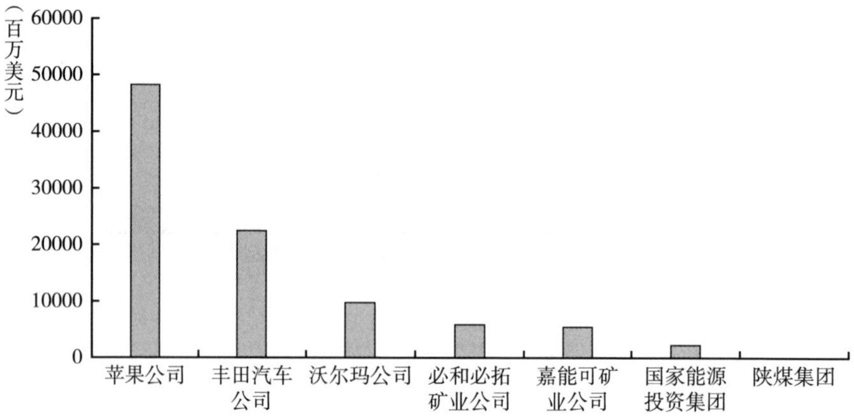

图7　2017年营业利润

资料来源：2018年《财富》世界500强排行榜。

在2018年500强企业榜单中，2017年的总利润达到创纪录的1.88万亿美元，同比增加23%，利润率达到6.3%。从利润情况看，陕煤集团实现利润为73.60百万美元，净利率为0.20%。其中目前世界利润水平最好的苹果公司利润为48351.0百万美元，净利率高达21.10%；相比必和必拓矿业公司为5890.0百万美元，净利率8%；嘉能可矿业公司为5777.0百万美元，净利率2.8%；国家能源投资集团为2494.9百万美元，净利率3.3%。

在2019年500强企业榜单中，2018年总利润达到创纪录的2.15万亿美元，同比增加14.5%，利润率则达到6.6%。其中，必和必拓矿业公司为3705.0百万美元，净利率8.1%，国家能源投资集团为3531.4百万美元，净利率4.3%，嘉能可矿业公司为3408.0百万美元，净利率1.6%，陕煤集团利润较往年提高为90.80百万美元，净利率0.2%。目前世界利润水平最高的苹果公司其利润高达59531.0百万美元，净利率22.4%。

（2）资产收益水平对比（见图9、图10）。表示企业全部资产获取收益的水平，全面反映了企业的获利能力和投入产出状况。该指标越高，表明企

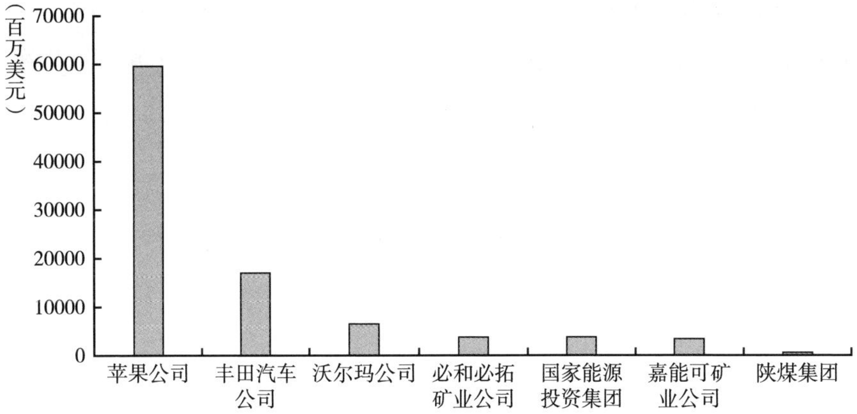

图 8　2018 年营业利润

资料来源：2019 年《财富》世界 500 强排行榜。

业投入产出的水平越高，企业的资产运营越有效。在 2018 年 500 强企业榜单中，2017 年苹果公司资产收益率最高为 12.90%；同期必和必拓矿业公司资产收益率为 5.00%；嘉能可矿业公司资产收益率为 4.30%；国家能源投资集团资产收益率为 0.90%；陕煤集团资产收益率为 0.10%，与同期世界一流企业差距明显。

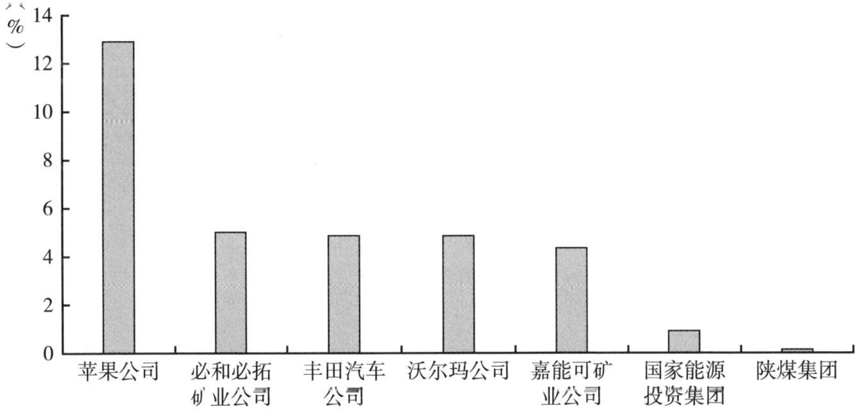

图 9　2017 年资产收益率

资料来源：2018 年《财富》世界 500 强排行榜。

在2019年500强企业榜单中，总资产收益率苹果公司为16.30%，必和必拓矿业公司为3.30%，嘉能可矿业公司为2.60%，国家能源投资集团为1.40%，陕煤集团为0.10%。同样，在净资产收益率中陕煤集团为1.63%，仍然相对较低且与国家能源投资集团差距进一步拉大。

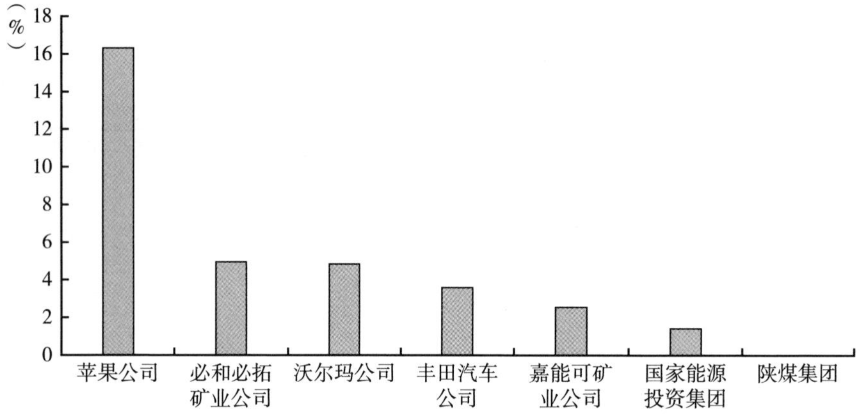

图10　2018年资产收益率

资料来源：2019年《财富》世界500强排行榜。

综上来看，国家能源投资集团、陕煤集团效益水平相对较低。而陕煤集团在效益方面的两项指标均低于世界一流企业且差距较大，如与必和必拓矿业公司、嘉能可矿业公司、国家能源投资集团差距进一步拉大，特别是国家能源投资集团较往年有大幅提高。因此，相较规模指标如何提高效率，效益指标的提高难度更大，任务更显艰巨。因此，如何提高收益、做强做优是陕煤集团亟须大力解决的问题。

（三）与世界一流企业差距形成的原因分析

陕煤集团自成立以来，始终坚持做强做优做大，锐意改革、创新发展，在发展战略、体制机制、资本运作、资源配置、企业创新等方面具有一定的基础，但随着我国宏观经济和能源行业形势变化，传统煤炭产业发展过程中的一些不足在企业中依然有不同程度的体现，如先进的发展理念与滞后的思维惯性并存，人力的富余与人才的稀缺并存，精细化的管理手段与粗放的经营模式并存，特别是与世界一流企业的发展要求尚有较大差距，还需要进一步提升。

1. 从发展战略方面看

对照国家能源结构调整、国有企业结构优化、经济发展布局的新要求，陕煤集团在资本布局结构、产业结构调整、优化产业布局方面还需要进一步优化，不断加快产业升级和转型发展。

2. 从体制机制方面看

陕煤集团已经对集团总部、板块公司、三级企业进行了相应职责界定，开展了授权放权和市场化探索，基本明确了各层级管理定位和核心职责界定，但仍需强化集团的顶层设计与政策引导，特别是建立在市场竞争条件下与企业快速发展变化之间相适应的体制机制创新，促进板块公司及所属企业成为自主经营、自我发展的市场经营主体。

3. 从国有资本运作方面看

陕煤集团一直致力于由管业务向管资本改革，但还需进一步发挥投资引导和结构调整的作用，提高投资效益，加大资本运作力度，加强产融结合支持度，促进国有资本做强做优。

4. 从资源配置方面看

陕煤集团实施板块化管理，实施资源共享协同，充分发挥了板块公司专业化管理优势，但还需不断提升各板块公司之间、板块公司与所属企业之间、共享服务平台之间的资源配置、资源共享、协同共享、相互协作的效率效益。

5. 从人才结构与机制方面看

陕煤集团现有合同制职工 11.8 万人，管理人员占比为 10.8%，技术人员占比为 12.9%。虽然职工数量庞大，但在高端创新技术人才、复合型高级管理人才、高级技能人才方面均相对短缺，在三项制度改革、激励机制及人才建设机制上还需要进一步深化改革。

6. 从创新模式方面看

陕煤集团持续注重科研创新，取得了一大批先进的科技创新成果，但科技创新体系自上而下还不完善，在一些前沿技术、关键技术、引领技术上研发成果相对较少，虽有研发平台和团队，但效能发挥不佳、科技投入不足、科研成果转化不充分、新技术推广力度不足、推进科技创新与应用发展的合力不够。同时，还要进一步加强管理模式和商业模式的创新力度。

四 陕煤集团迈向世界一流企业的主要路径探索

陕煤集团已进入世界500强，企业排名前300位并逐年提升，已在一定程度上具备了相应的基础条件，但从企业管理体系、科技创新、人才队伍、发展质量及核心竞争力构建等方面来看，与世界一流企业相比还存在较大差距，需以“规模集中型、管理专业型、人力资本型、创新协同型、信息智能型、运营国际型”为路径，全面提升企业发展的质量和效益，以期早日迈向世界一流企业。

（一）以“规模集中型”建设，提升发展规模空间

在国家鼓励煤炭产业提高集中度、加大重组力度的政策引导下，陕煤集团还需通过实施以扩大规模实力、集中产业资源、聚焦主业发展的“规模集中型”建设，进一步提高资源优化配置能力，开拓发展空间，延伸产业链、促进循环经济发展，奠定发展基础，进一步促进企业做强、做优、做大，实现可持续发展。

1. 强化资源配置储备

按照煤炭大型矿区基地的开发主体要求，将矿区的基地建设与大型集团企业主导开发相结合，陕煤集团发挥绿色、安全、高效的先进开采、清洁转化利用等优势，以市场化重组及资源配置方式，在现有陕北矿区资源开发的基础上争取优质资源配置，提高资源利用效率和企业开发潜力，为陕煤集团

在资源配置储备及发展后劲上创造基础条件与资源要素。

2. 推进同业兼并重组

结合国家煤炭“十三五”规划，根据2020年底在全国形成若干个具有较强国际竞争力的2亿吨级特大型煤炭企业集团的发展导向，陕煤集团大力推进实施兼并重组，丰富产品种类，提升企业规模，扩大覆盖范围，加快先进产能达产增效，提高煤炭产业集中和资源掌控度，使上下游产业融合度显著提高，经济活力得到增强，产业格局得到优化，进一步提升了企业的综合竞争力。

3. 延伸发展煤炭产业链

按照大型煤炭企业产业链延伸的主体路径，陕煤集团大力发展煤炭深加工、煤电化一体、煤电多联产及热电气多能互补等，加快由单一的煤炭矿业资源开发向煤炭上下游产业融合发展，并利用煤炭主业支撑发展和培育战略新兴产业，发展新材料、新能源，走精细化、高端化、差异化发展道路。同时提高循环经济发展质量，围绕煤炭核心资源发展工业废渣等“三废”，利用相关产业发挥产业集聚和工业生态效应，形成资源高效循环利用的产业链，提高资源产出效率，延伸企业价值创造链。

（二）以“管理专业型”建设，提升运营管理水平

随着陕煤集团的规模化提升、主业资源聚焦、多元产业发展，对集团管控模式也提出了新要求，如何进一步实现管理专业化、运营高效化、协同体系化，推进“管理专业型”建设也就极为必要。

1. 体制机制创新与产业发展相结合

只有将企业的体制机制改革创新与产业的发展支撑相结合，才能建立激发企业活力、促进效益提升的体制机制基础。随着陕煤集团产业规模的不断扩大，产业链条的延伸拉长，各产业间的管理差异性增大、共性服务业增多，对各类资源共享的要求程度也随之增高，因此，陕煤集团的管理体制经营机制也应随之变革，将共性生产服务业务重组为各产业共享平台或中心，提供优质专业化服务协同共享，使其以优势的产业或企业为基础实施专业

化、共享协作、扁平化管理，不断提高运营效率和管理水平。

2. 重塑管控体系，优化职责界定

陕煤集团以国有资本投资公司改革为目标，围绕发展战略、产业特点和运营特色，重塑“分层架构、分类管控、分别发展”的管控模式，实行“小总部、大产业”格局，发挥投资引导、专业化管理、资源共享、高效协同效应，激发企业活力，提高运行效率，提升整体竞争力。形成“陕煤集团总部—板块公司—业务经营企业”的三级管理模式。集团总部作为战略决策中心，主要行使战略决策、资源配置、资本运作、重要人事、风险防控、党的建设等核心职能。板块公司作为产业发展中心，主要行使战略实施、运营管理、绩效管理三项核心职能；业务经营企业作为生产经营中心是安全生产、成本控制、项目实施主体，从而在体制机制上实现授权、放权、归位，职责界定更为清晰明确，运转更为高效流畅。

3. 持续推进企业管理对标

陕煤集团通过推行与世界一流企业的对标管理，明确自身与行业一流或世界一流企业间差距，选择和确定好标杆对象标准，不断超越，从而能更有效地推动企业向行业与国际最好水平靠齐，进而在经营管理实践方面“优中达优”以求达到最优模式和标准，将世界一流企业及先进水平的发展压力和动力，实现全员参与和传递，提高企业的整体竞争力，逐步从产业公司、经营企业向行业、国内外一流企业学习借鉴，从而推动陕煤集团向一流企业集团看齐迈进。

（三）推进“人力资本型”建设，强化人才战略管理

要以陕煤集团的企业发展战略为导向，持续推进人力资本管控水平提升，坚持党管干部、党管人才原则，构建面向全集团、全社会的人才建设与人力资本管理机制，特别是核心人力资源的优化与配置，建立全面聚纳、开放流动的人才管理机制与体系。

1. 深化人才管理体制改革

进一步优化人才管理机制，大力推进人才强企战略，建立完善的人才集

聚的体制机制。坚持市场导向和价值创造理念，按照现代企业管理制度的要求，建立科学的人力资源管理机制和市场化的激励约束机制，促进人力资源优化配置、薪酬绩效导向明确，不断加快人才市场化，深化劳动、人事、薪酬三项制度改革，将三项制度改革与三项机制建设有机结合起来，实现领导干部能上能下、员工能进能出、收入能增能减的机制，探索多元化薪酬激励体系，最大限度地调动员工积极性、主动性和创造性。

2. 完善干部人才建设体系

要坚持党管干部、党管人才的原则，加强企业各级领导班子建设，完善企业领导人员选聘机制，进一步推行公开招聘、竞聘上岗、试用提职等竞争性选拔，建立领导干部动态的交流机制，加强集团总部管理人员与基层单位领导人员之间的使用交流，完善经营管理人员和关键岗位人员的选拔（竞聘）、管理、交流（轮岗）、考核评价机制，开辟多途径、多层次干部上下交流的渠道。加快后备干部人才的选拔培养，不断营造良好氛围，促使优秀人才脱颖而出，落实做好百人干部计划、万人招录计划。同时，要大力弘扬企业家精神。

3. 推进人力资源盘活共享

围绕不同业务板块需求，制定有针对性的人才队伍建设方案，打造懂技术、会经营、能管理的多层次、复合型高级经营管理人才队伍，高精尖新的创新型、引领型、领军型的专业技术创新性人才、高素质的技能人才队伍。同时，在集团系统建立跨地区、跨单位、跨部门的人员内部流动机制，建立人才资源共享中心与平台，促进人才合理流动，激活集团内不同专业、不同岗位之间人员流动性，优化人力资源配置及人才共享，极大实现人力资本价值和作用。不断提高干部员工能力素质，加强以思创学院为基础的多途径、多层次的干部人才培训。

（四）推进“创新协同型”建设，提高综合竞争实力

推进“创新协同型”建设的标志是在创新驱动基础上形成最大限度的资源要素的优化配置，由构建产业协同体系支撑与企业核心竞争力的支持组

成。这既是陕煤集团应有的发展优势，也是集团化管理运行的内在要求。例如在既有产业上发展物流、金融、科技等产业支撑体系，一方面能够更好为主业发展提供相应的体系支撑，保证产业发展的需要，另一方面在坚持市场化原则的前提下，通过上规模、提质量、降成本等多途径来体现协同效应。

1. 建设现代大物流体系

在物流产业方面按照陕西省“三个经济”的发展战略，发挥陕煤物流节点布局、“第三方支付牌照”、大宗物资进出优势，紧抓参股的浩吉铁路运输大通道建设契机，加快陕北矿区铁路、长江中上游物流节点的完善建设，以大数据、“互联网+”为支撑，发展“铁公水、铁水联运”等立体综合交通运输体系，实现产运销高度匹配、路港直通、铁公水联运的大物流体系，形成“沿海看神华、中部看陕煤”的新格局；同时，建设大数据支撑下的综合运输、物流基地，以电商平台综合业务积极发展数字经济，为煤炭、化工等主业优势叠加、协同效应凸显起到支撑作用。

2. 建设技融双驱支持体系

陕煤集团探索产融结合的发展模式，坚持“技融双驱”，打造企业财务公司、银行、保险、期货、信托、基金、租赁、担保等综合金融平台，充分发挥协同发展效应，助力集团拓宽融资渠道、提升资金效率、盘活闲置资产、优化财务结构，最大限度满足集团产业发展的资金融通、资产管理、资源配置等需求。充分利用陕煤集团已设立的两百亿元基金在新行业、新领域中的跨界投资优势，占据新产业、新领域。同时，加快上市企业培育，进一步提高资产证券化水平，促进陕煤集团实现蜕变转型。

3. 建设科技创新支撑体系

积极落实中省关于实施创新驱动发展、推动能源生产消费革命和供给侧结构性改革的重大决策部署，按照“以煤为基、能材并进、技融双驱、蜕变转型”的发展战略需要，不断完善科技创新体系，深化产学研合作，推进行业重大关键技术攻关，积极发挥创新平台作用，建立以企业为主、多方参与的多元化投入机制，培育壮大科技创新人才队伍，努力推动全员创新，夯实企业自主创新主体地位。同时，大力发展科技创新，提高陕煤集团科技创新程度，打造以陕煤研究院为基地的东南西北四个科研创新平台与格局，探索发展“上下联动、分层实施”和“资金、平台、人才、技术、机制”动态研发应用机制，加强科技创新成果转化力度，规划关键核心技术，加强自主创新能力，建立科技成果转化机制，研发一批、试验示范一批、推广应用一批；并围绕产业链部署创新链，集中解决一批制约集团公司乃至行业发展的关键共性技术难题。

（五）推进“信息智能型”建设，提供发展支持

1. 加快推进“两化融合”

陕煤集团以“两化融合”趋势，不断提升两化融合水平，大力推进机械化、自动化、信息化、智能化“四化”建设，将行业可持续发展与陕煤集团企业管理创新、信息智能紧密结合起来，实现陕煤集团技术、产品、业务、产业的衍生融合，推动“互联网+”的深度融合和创新应用，利用云计算、大数据等技术深度挖掘客户需求，形成从产品到服务网的闭环生态，使陕煤实现从传统的商品交易到以“服务交付”为主的产业生态运营的战略转变并积极发展数字经济。

2. 加快推进业务管理模式创新

随着集团经营业务规模扩大、管理链条延伸、市场竞争加剧和进一步转型发展的要求，围绕信息化与平台管理推动管理模式创新，围绕信息化管理打造“智慧陕煤”。大力培养一批创新能力强、具备综合能力素质的信息化核心人才，以支撑集团智慧创新管理。

3. 建立完善的信息系统并建立动态优化升级机制

借助于数字化、物联网、无人机、移动应用、人工智能等技术支撑，优化人才保障机制和信息技术的动态优化机制。同时，搭建开放式平台推动创业创新，将智能化信息技术的发展应用与管理模式创新、商业模式创新相结合，为提升陕煤集团发展质量提供支持和保障。

（六）推进“运营国际型”建设，促进国际化拓展

不论从我国经济发展对能源的需求出发，还是从大型企业集团的自身发

展出发，“国际化”都应是重要战略取向，也是迈向世界一流企业的重要路径，陕煤集团积极推进“运营国际型”建设、促进国际化拓展。

1. 选好投资重点，做好基础工作

紧抓国家“一带一路”倡议，围绕意向投资国家或地区，积极实施“走出去”，从陕煤集团的优势主导产业、产业互补或产品配套出发，选择投资集团或国内有较强需求的产业或产品，满足集团或国内市场，以降低经营风险。

2. 选好意向地区，做好前期工作

要对目标意向地区做好充分扎实的前期准备及相关研究工作，对各项投资政策及相关法规要探究吃透，同时要建立起相应的人才团队保障制度。通过多种形式途径开展项目合作，分散经营风险，建立起与当地政府、民众之间的互信以利于为陕煤走向国际化发展开展探索实践。

3. 选好合作伙伴，拓展国际业务

围绕新能源、新材料、新技术、新模式，积极寻找一流的战略合作伙伴，加快拓展国际业务，促进集团现有存量转型升级和未来增量融合发展，将集团打造成具有国际影响力的国际化企业。

五　政策建议

（一）出台地方国企创建世界一流企业的政策支持

国家相关部委及地方政府出台地方省属国企高质量发展及创建世界一流企业的相关指导意见，明确落实在产业整合、科技创新、投资管理、试点授权等方面给予政策支持。

（二）完善促进煤炭资源协调开发的相关政策

科学合理地解决自然保护区、水源地保护区、煤与油、气矿权重叠的协调开发及伴生资源的合理利用等问题，建立完善的相关机制措施。

（三）加大产业转型升级和政策支持力度

煤炭产业作为传统的能源产业，面临产业转型升级、结构调整任务艰巨，对其在发展新兴产业、科技创新产业及优质企业上加大财税、金融支持，为煤炭产业的转型升级、实现能源清洁高效利用做出有益探索。

（四）建立高层次境外投资领导综合协调机制

建立省级政府综合协调机制，将分散在商务、国资、发改、财政、外汇管理等多个部门有关境外投资的相关业务职能集中优化，实现综合管理协调。同时加大对企业“走出去”的财政税收支持，进一步拓宽企业境外融资渠道，为企业境外投融资和资金业务提供全方位、多功能服务，从而有力推进企业境外投资发展，充分实现国际资源的优化配置。

总之，随着国家宏观经济发展、能源行业变革、国企改革的不断深化，陕煤集团作为特大型能源化工企业集团，将以国家培育世界一流企业为使命，进一步创新企业经营体制机制，优化产业布局、加快产业结构调整和转型升级，提升企业发展质量效益。并将以“规模集中型、管理专业型、人力资本型、创新协同型、信息智能型、运营国际型”为发展路径实践探索，在迈向世界一流企业的奋斗进程中不断提高实践认知，全面激发企业发展活力，提高管理水平和经营效益，增强企业影响力、创新能力和抗风险能力，实现国有资本做强做优，进一步提升企业的核心竞争力与综合实力，实现陕煤集团“16555”高质量发展目标，即以10万产业工人，6000亿元的资产，支撑5000亿元销售收入和5000亿元A股市值，达到500亿元利润，成为具有世界影响力的清洁能源供应商，成为新材料与高端制造服务商，从而早日迈向世界一流企业，将陕煤集团打造成为基业长青的“百年老店”。

B.4

“三做一打造”助推企业高质量发展

——陕煤集团黄陵矿业公司推进高质量发展体会

黄陵矿业集团有限责任公司*

摘　要： 本报告介绍了黄陵矿业集团有限责任公司（以下简称“黄陵矿业公司”）的基本情况，披露了高质量发展目标和取得的成效，总结了创新安全管理、筑牢根基、发展循环经济、转型升级、保护生态环境、守护碧水蓝天、坚持科技创新、引领变革等经验，表达了争创一流、为我国煤炭产业高质量发展做出新贡献的决心。

关键词： 陕煤黄陵矿业　高质量发展　“三做一打造”战略

一　黄陵矿业公司基本情况

黄陵矿业公司是陕煤集团所属核心骨干企业之一，地处革命老区延安，位于人文初祖轩辕故里黄陵。公司始建于1989年，经过30年的发展，现已成为煤炭、电力、铁路、建筑建材、生态农业等产业多元互补、循环发展的大型现代能源企业。公司现有核定总产能1550万吨的四对生产矿井，总装

---

* 课题组组长：杨照乾，陕煤集团党委书记、董事长，高级会计师。副组长：雷贵生，陕煤集团黄陵矿业公司党委书记、董事长，高级工程师；唐恩贤，陕煤集团黄陵矿业公司总工程师、副总经理，高级工程师。成员：杜平，陕煤集团企业管理部经理，经济师；王宝红，陕煤集团黄陵矿业公司企业管理部经理，高级工程师。主执笔人：王耀岳，陕煤集团黄陵矿业公司办公室副主任，政工师；蔡华，陕煤集团黄陵矿业公司法律事务办公室副主任，公司律师。

机容量730MW的煤矸石发电厂，年运输能力2000万吨的铁路专用线以及建筑建材、生态果蔬等多元产业。目前，公司总资产301亿元，员工8528人。30年来，黄陵矿业从无到有、由小到大、由弱到强，不断发展壮大，现已成为陕煤集团一张靓丽的名片。公司先后荣获全国文明单位、中国工业大奖、全国五一劳动奖状、全国“两化融合”示范单位、全国资源综合利用十佳企业、联合国清洁煤技术示范和推广企业、陕西质量奖等荣誉。

二　黄陵矿业高质量发展背景和目标

高质量发展是时代主题。2018年的中央经济工作会议明确指出，推动高质量发展是当前和今后一个时期确定发展思路、制定经济政策、实施宏观调控的根本要求。作为国有煤炭企业，黄陵矿业聚焦高质量发展，以习近平总书记提出的“新发展理念”为引领，结合公司煤炭主业体量大、电力产业规模偏小，不足以形成对冲、抵御市场风险；非主业依赖主业让利、供血及自身造血功能严重不足等实际情况，制定了做精做优煤炭产业，做大做强电力产业，做实做活多元产业，全力打造煤电联产、绿色发展示范园区的“三做一打造”高质量发展战略，明确了具体措施和发展目标。

做精做优煤炭产业就是以“两千万吨、全智能化”为目标，实现产量稳、用人少、效率高、成本低、利润好。实现途径：一是探索研究灾害治理新技术，确保在安全生产环境中实现扩能升级；二是推广智能化开采和掘进技术及辅助系统智能化，研究应用110、N00工法等无煤柱开采技术，提升效率效益和资源利用率；三是开展“增品种、提品质、创品牌”的“三品建设”，发挥“黄陵煤”“金字招牌”品牌效益，提升企业盈利能力。努力将四个矿井打造成为人员素质优、装备技术优、生产布局优、全员工效优的全国一流的安全高效绿色生产矿井。

做大做强电力产业就是构建“三低三高”（低能耗、低污染、低排放，高效率、高智能、高效益）的智慧型电力产业，形成与煤炭产业相互支撑、产值平分秋色的互补格局。实现途径：一是加强对现役煤电机组的管理，使度电煤耗、设备运行周期、人才队伍素质和经济效益达到国内专业化电厂一流水平；二是规划建设 2×660MW 和 2×1000MW 燃煤电厂建设；三是发展瓦斯发电、光伏发电产业，最终形成超低排放发电、低热值发电、新能源电站的“三位一体”发电模式。

做实做活多元产业就是对既有的建筑、安装、建材、宾馆、超市等业务实施改革重组。实现途径：一是与延安统筹城乡发展、黄陵县全域旅游规划相结合，发展工业旅游，拓宽增收渠道；二是实施“走出去”战略，以社会化服务、市场化经营为导向，服务矿区、辐射周边，使其依托而不依赖主业，在矿区形成主辅互补、内外联动、协同发展的产业模式。

计划到“十四五”期间，将黄陵矿区打造成为煤电联产、绿色发展的示范园区。矿区煤炭产量稳定在 2000 万吨左右；发电总装机容量 5055MW，其中包括燃煤发电 3320MW、煤矸石发电 730MW、光伏及瓦斯发电 1005MW，年发电 220 亿千瓦时，完成投资 209 亿元。企业总资产达到 500 亿元、产值 167 亿元、利税 80 亿元以上，实现黄陵矿业“二次腾飞”。

三　黄陵矿业高质量发展取得的效果

1. 煤炭产业目标基本实现

通过建设智能化矿井，实施机械化换人、自动化减人，矿井效率效益大幅提升。从 2016 年到 2018 年，煤炭生产能力由 1550 万吨提升到 1900 万吨，煤炭产值由 51.5 亿元提升到 78 亿元，利润由 12 亿元提升到 45 亿元。

2. 电力产业实现扭亏为盈

通过加强对电厂现役煤电机组的管理，引进 NOSA（诺莎）安健环管理体系，实现了扭亏为盈，2019 年 1～5 月份，发电公司盈利 1000 万元，度电成本同比降低 0.0302 元，实现“零非停”，新建电厂有序推进。

3. 多元产业活力迸发

实施小企业改革，通过合并管理机构、压缩管理层级、整合相关业务，消灭亏损源，实现企业瘦身健体。理顺体制机制，鼓励实施“走出去”战略，激活了职工干事创业的积极性和主动性。

4. 经济效益大幅攀升

2018 年，公司销售收入首次突破百亿元，达 107 亿元，实现利润 46 亿元，煤炭产销量、销售收入、利润比较 2017 年同期增长 1.55%、11.27%、15.58%，创黄陵矿业 29 年历史新高，成本费用利润率列陕煤集团第一。2019 年上半年，公司主要经营指标再创历史同期新高。

5. 企业凝聚力显著提升

建设学习型企业，打造一流员工队伍，涌现了全国劳模曲志欣、全国道德模范张红萍、全国能源化学地质系统“大国工匠”符大利等一批先进典型。拓宽“三支队伍”成长通道，实施岗位竞聘、轮岗交流等办法，落实“三项机制”，让想干事的人有机会、能干事的人有平台，凝聚起全员追赶超越的强大合力。

四　黄陵矿业高质量发展的主要做法

高质量发展涉及企业发展的方方面面，黄陵矿业坚持问题导向，提出了安全管理突出“治理”、改革创新坚持“动真”、生产管理着力“优化”、技术管理重点“担当”、经营管理贵在“节俭”的工作思路，采取了有力措施，狠抓落实。

1. 创新安全管理，筑牢企业高质量发展根基

黄陵矿业涉及产业门类多，矿井灾害严重，我们在抓好水、火、瓦斯、煤尘、顶板、油型气等重大灾害治理的基础上，将安全管理的重心放到人的行为规范和安全环境创建方面，创新实施“四治理一优化”，并与 NOSA 安健环管理体系紧密结合，形成了具有黄矿特色的安全管理体系。

一是强力推行人的行为治理。人的行为是安全管理中最不稳定的因素。我们着力解决职工“会不会”的问题，加大安全培训力度，开展岗位描述、手指口述，让每名职工熟练掌握操作规程、应知应会作业标准。坚持以正向激励为主，组织开展现场推进会，大力表彰先进典型，让职工不违章，做到

上标准岗、干标准活。

二是系统开展安全环境治理。安全环境治理就是给职工创造安全生产的作业环境。公司成立安全环境治理领导小组，抽调专业人员组成专家团队，定时、定人、定专业、定区域、定责任对所有作业现场进行排查整改，坚决消灭因设计不科学，设备设施不完善、不完好等因素引发的事故，让职工不违章。

三是持续开展高调反“三违”。着力解决职工看惯了、干惯了、习惯了见惯不怪的问题。公司建立健全“三违”辨识标准和隐患分级判定标准，大力开展宣传工作，让每一名职工和家属都知道“三违”的危害。严肃查处“三违”行为，加大通报曝光力度，发现一起查处一起、通报曝光一起，对违反“二十条”红线的坚决解除劳动合同，让职工不违章，促使职工岗位安全自主管理，从而杜绝零敲碎打事故发生。

四是实施安全生产标准化动态达标治理。标准化工作重在落实。我们在健全各项标准的同时，以动态检查为主要形式、以生产班为主要时段、以零点行动为主要方法，不打招呼、随机抽查，发现问题及时整改，有力推进标准化由静态达标向动态达标转变、由结果达标向全程达标转变。

五是全面开展生产系统优化工程。系统越复杂，管理难度就越大，安全隐患就越多。我们成立了以董事长为组长的系统优化小组，分专业对采掘机运通五大系统全面梳理，专项研究、制定方案，通过精简生产系统、优化生产设计、减少设备占用、压缩井下用人，达到保障安全、提升效率、提高效益的目的。现已形成了人人重视安全、时时防范隐患、处处杜绝违章的良好氛围。截至 2019 年 6 月，公司所属瑞能煤矿安全生产周期超过 14 年。

2. 坚持发展循环经济，促进企业转型升级

实施循环经济战略是煤炭企业转型升级的重要途径。黄陵矿业始终把集约高效利用矿产资源、建设生态矿山作为企业可持续发展的立足点和出发点，并做了大量的探索与实践。

一是坚持煤电联产，做大电力产业。黄陵矿区煤炭储量丰富，煤质优良，大量煤炭作为电煤销往全国各地，被许多电厂燃料部门称为掺配的

“精粮”，本地转化利用不足1/4。为了破解煤炭企业“资源枯竭 = 企业关闭”的死扣，提升公司抵御风险的能力，公司规划建设2×660MW和2×1000MW超临界燃煤电厂，项目建成后，公司将转型为煤电联营的发展模式，一半黄陵煤实现就地转化、清洁利用，为打造“百年老店”奠定了产业基础和生生不息的发展前景。

二是坚持绿色发展，实现变废为宝。公司现已形成煤矸石发电、粉煤灰制砖和制水泥的循环经济产业链，但还有部分煤矸石、粉煤灰利用不完，需要排放，加之新电厂建成后将产生大量炉渣，既会对环境产生污染，又是资源的极大浪费。为此，我们坚持未雨绸缪，研究探索井下回填技术。该技术成功应用后，将实现黄陵矿区煤矸石、粉煤灰、炉渣等固废物全部利用，既符合环保要求，又能降低塌陷，减少排矸山治理等费用。同时，全面推广矿井水资源综合利用，通过对矿井水实施井下沉淀、地面处理、工业复用等措施，进一步提高水资源的利用率。实施瓦斯发电，每年有5440万方瓦斯变废为宝，实现环保效益双丰收。公司所属一、二号煤矿被评为中国最美矿山。

三是保护生态环境，守护碧水蓝天。公司坚持走“生产与生态并重、治理与开发一体”的新型工业化生产模式。近年来，对照环保新标准新要求，对排查出的问题进行了全部整改。通过建设全封闭储煤厂及储煤仓，实现了原煤不落地、不露天储运，杜绝了煤炭运输对周边环境的污染。通过实施集中供暖和天然气改造，减少了废气污染。通过实施“一河两岸”治理工程，建成矿山森林公园，开辟富氧型运动场所，彻底改变了传统煤城脏、乱、差形象。黄陵矿业“采煤不见煤、采面不见人、废物全利用、废水零排放”的新面貌，“天蓝地净、山青水秀”的矿区新形象，彻底颠覆了人们对煤矿的传统印象。

3. 坚持科技创新，引领煤炭生产方式变革

科技创新是推动企业高质量发展的不竭动力。黄陵矿业始终把科技创新放在企业发展的主导地位，以建设智慧矿区、无人矿井为目标，加快推进“两化”深度融合，引领煤炭生产方式变革。

一是探索实践智能化综采技术。“十二五”期间，公司积极探索智能化综采技术，联合中煤科工集团等科研单位，先后完成了较薄煤层与中厚煤层智能化无人开采技术研究与应用，在国内首次实现了地面远程操控采煤常态化，引领了采煤技术变革。“十三五”以来，公司积极探索中厚煤层和大采高智能化开采，到2018年底，公司所属四对矿井全部实现智能化无人采煤。黄陵矿业成为全国首个实现薄、中、厚煤层智能化采煤全覆盖的矿区，煤炭开采实现了由机械化向智能化转变、由井下采煤向地面采煤转变，达到了世界领先水平，为我国煤炭工业发展做出了有益探索。

二是实施辅助系统智能化改造。为加快建设智能化无人矿井步伐，我们积极推进通风、运输、供配等系统升级改造，现已建成了集矿压监测、人员定位、视频监控等系统为一体的安全监测监控信息化平台。到2019年底，公司四对矿井全部实现变电所、水泵房无人值守，压风系统智能运行，皮带集中控制、局扇无人看管，用机器人代替操作工巡检，大幅减少岗位用工，实现无人则安、少人则安，形成智能化煤矿的雏形，公司被评为全国“两化”融合示范企业。

三是实施重点科技项目攻关。坚持产学研用相结合，研究探索在瓦斯、油型气、水、顶板等严重地质灾害条件的掘锚一体快速掘进技术，目前正在二号煤矿进行试点，月单进500米，掘进效率较以前提高了1倍左右。积极推广应用新技术新工艺，提高资源回收率，有效延长矿井服务年限。力争“十四五”时期，将黄陵矿业打造成为全国智能化开采的领跑者、技术服务的输出者，实现“两智三无”开采。“两智”是指智能化采煤、智能化掘进；“三无”是指无煤柱、无巷道和工作面无人开采。

4. 坚持精细化管理，提高企业市场竞争力

面对经济新常态，我们坚持“晴天修屋顶”，查漏补缺，与煤炭产业经济管理科研单位合作，全面推行精细化管理，实现了企业管理由粗放管理向精细管理、自主管理转变。

一是坚持向成本精细管理要效益。认真落实全面预算管理，建立健全全员、全要素、全过程的成本管理机制，形成了以“生产部门主管、财务部

门监管、企管部门考核”的成本管控体系，将成本指标层层分解到部门、岗位，与职工薪酬挂钩，坚持每月分析、考核、兑现，真正做到预算到岗位、考核到岗位、激励到岗位，实现了成本管理由“干了算”向“算了干”转变，全员成本意识全面提升。2018 年，公司成本管控节约费用 8000 万元。

二是坚持向物资精细管理要效益。创新物资管理，开发物资采购管理平台，建立井口物资超市，取消区队库房，按照市场化原则，实施代储代销，同一产品有两种以上品牌可供选择，形成市场竞争机制，有效撬动了设备配件价格下降。2018 年，公司累计代储物资 2469 种，减少资金占用 5000 余万元，库存物资较 2017 年下降 11% 。

三是坚持向过程精细管控要效益。完善期间费用审批使用流程，规范招投标管理、专用资金使用和项目过程管控。开展工程审计，理顺了立项、实施、招标、施工、竣工验收的全过程管理，杜绝无计划开工，堵塞了管理漏洞，降低了生产成本。2018 年，通过规范专项资金和招投标管理节约费用 1 亿元。

四是坚持向精准营销要效益。创新营销管理，变“产什么卖什么”为“客户要什么产什么”，根据客户需求量身定制差异化产品。我们坚持诚信经营，不欠吨、不亏卡，黄陵煤备受用户青睐。品牌效益使得黄陵煤比同质产品每吨售价高出 20 元以上。2018 年，通过调整产品结构，加大块煤销量，增加利润 3400 万元；加大配焦煤销售比例，增加利润 6800 万元。

5. 坚持文化兴企，凝聚企业发展合力

企业文化是企业的灵魂。黄陵矿业大力倡导“讲实话、办实事、出实招、求实效”的“实”文化，使实事求是、真抓实干成为员工的自觉追求。

一是坚持用延安精神铸魂。发扬艰苦奋斗、勤俭节约的优良传统，从职工思想源头抓起，举办成本管理知识讲座，使“省下的就是赚到的”成本理念内化于心、外化于行。坚持实事求是的工作作风，一切从实际需要出发，本着管用实用好用的原则，删繁存简、避虚就实，杜绝铺张浪费，提高企业管理效能。

二是坚持用两学一做固本。深入学习党章党规、系列讲话，持续开展纠四风、转作风。实施首接负责制、限时办结制，大力倡导“马上办”，弘扬“钉钉子”精神，转变干部工作作风，消除“中梗阻”，打通管理落地的“最后一公里”。坚持开展追赶超越季度点评，各单位只为干好想办法、不为落后找理由，形成了比、学、赶、帮、超的良好氛围。

三是坚持用共享发展聚力。认真履行“奉献社会、惠泽地方、造福员工”的国企职责，实施企地共建共享，选派年轻干部驻村精准扶贫，推动城乡统筹发展。与职工共享发展成果，改善矿区生活环境，解决职工的后顾之忧，实现了企业与地方、企业与员工、企业与周边群众的和谐发展，凝聚了强大发展合力。黄陵矿区成为干部职工干事创业的乐园、幸福生活的家园、成长成才的校园。

推动高质量发展是一项系统工程，我们将以创新一流、质量一流、管理一流、效益一流、文化一流为目标，努力实现综合实力更强、质量效益更高、产业结构更优、体制机制更活、员工生活更好，为我国煤炭工业的发展做出应有贡献。

B.5
奋力推进山西省煤炭产业高质量发展

王启瑞*

摘　要： 本报告基于对高质量发展，特别是煤炭产业高质量发展客观必然性的认识，介绍了山西省煤炭产业积极作为、奋力推进由高速增长转向高质量发展态势，主动担当、真抓实干，谱写山西省煤炭产业高质量发展新篇章的战略措施。

关键词： 山西省　煤炭产业　高质量发展

一　提高认识，深刻领会煤炭高质量发展的重大意义

党的十九大报告中习近平总书记指出："我国经济已由高速增长阶段转向高质量发展阶段。"这是由国内外环境变化，尤其是我国目前发展条件和阶段变化所得出的重大论断，是当前及未来某一时期内我国经济社会发展的根本遵循。

（一）高质量发展是顺应新时代经济发展规律的必然趋势

高质量发展对经济具有划时代意义，使我国经济领域从理念到实践全面革命，是具有广泛、深刻意义的变革。掌握高质量发展的科学内涵，首先应把握三个方面。第一，推动经济发展从"有没有"转向"好不好"、

* 王启瑞，山西省能源局局长。

从“大不大”转向“强不强”是质量变革的要义。目前中国经济发展进入新时代，稳居世界第二大经济体，创造了发展奇迹。但经济体量大其突出的成长烦恼为：粗放型、低效率的发展模式难以为继，供给结构与需求结构变化不适配问题凸显，一些核心技术受制于人。基于满足人民日益增长的美好生活需要，实现发展新制高点为出发点，应打破经济发展桎梏，提升经济发展的质量以及供给体系的质量与效益，从而生产更多高科技、高质量、高附加值产品。第二，以最少要素投入获取最大产出效益，集中表现为提高全要素生产率是效率变革的要义。全要素生产率指同等劳动、资本、土地等要素投入，因科技进步、资源优化配置等产生的额外经济增长率，它既使科技进步贡献、资源配置效率和发展质量直观体现，又为高质量发展提供基本路径。即：持续提高经济发展中科技创新的贡献份额，继续使资源得以优化配置。第三，劳动力数量、成本优势进一步减弱，加快由劳动力数量红利到质量红利的转换是动力变革的要义，是适应高质量、高效率现代化经济体系建设的需要。动力变革是高质量发展的关键，是实现质量与效率变革的前提。高质量发展三大变革，即以动力变革助推效率变革，进一步助推质量变革，实现质量效益显著提高、稳定性与可持续性显著增强的新局面。

（二）煤炭高质量发展是贯彻“四个革命、一个合作”能源安全新战略的必然要求

党的十八大以来，习近平总书记从国家发展和安全的高度，就推动能源改革发展，筑牢能源安全基石做出一系列重要论述，创造性提出“四个革命、一个合作”能源安全新战略。能源高质量发展就要坚持以“四个革命、一个合作”能源安全新战略为指导，紧紧围绕构建清洁低碳、安全高效的能源体系，做好现代能源经济；推动能源质量变革，主攻能源系统整体供给质量的提高；应推动能源效益变革，摒弃粗放型发展模式，提高能源利用效率；应推动能源动力变革，聚集力量攻关一些重大技术装备，能源体制机制的系统创新，助推市场治理结构的提升，释放发展动力。

煤炭高质量发展就是要围绕煤炭绿色安全开采和清洁高效利用两个关键，深入贯彻供给侧结构性改革，优化资源存量配置，加大优质增量供给，实现煤炭由规模速度型向质量效益型的转变。就煤炭绿色安全开采而言，是新型煤炭工业发展方向，是构筑人与自然和谐的新型能源供给体系的选择。山西省作为全国煤炭生产大省，多年来有力地支持了我国经济社会发展，但同时出现土地沉陷、水资源破坏、瓦斯排放、煤矸石堆存等问题，助推煤矿开采与环境保护有效融合、全面提高煤炭绿色开采的水平是当前山西省的不二选择。绿色开采既能够使煤炭开采最大限度地减少对矿区环境的扰动，减少生产过程中安全事故的发生次数和伤亡人数；又能实现高效率开发利用、最小化生态环境影响、最优化安全生产环境。就煤炭清洁高效利用而言，我国能源以煤为主的能源结构，在今后较长一段时期内不会改变。在新能源、可再生能源资源总量不足、对外依存度高等问题突显，基于清洁能源保障稳定供应压力较大的前提下，建立清洁低碳安全高效的能源体系，煤炭必须自身革命，但是否为清洁能源，关键看排放。推进煤炭革命不是要革煤炭的命，而是要革落后产能的命、革污染排放的命，就是要加快推动煤炭清洁利用，这既是落实我国生态文明建设、助推绿色发展、生态转型的有效途径，也是煤炭产业高质量发展的必然选择。

二　积极作为，山西煤炭产业呈现良好发展态势

山西省煤炭产业坚持以习近平新时代中国特色社会主义思想和习近平总书记视察山西重要讲话精神为指导，紧扣争当全国能源革命排头兵的目标定位，坚持走煤炭“减”“优”“绿”之路，奋力推进产业优化升级。特别是2019年以来，面对国内外错综复杂的发展形势，全省煤炭产业抓改革、调结构、促转型，主要经济指标稳中有升，好于预期、好于同期。根据行业调度统计，2019年1~8月份，全省原煤产量、销量均同比增加8%以上，煤炭综合售价保持稳定，实现利润同比增加10%以上，先进产能占比达到68%。

（一）大力化解煤炭过剩产能

2016～2018 年山西省境内共关闭煤矿 106 座，退出产能 1.32 亿吨，居全国之首。2019 年山西省计划退出产能 2325 万吨，提前一年完成“十三五”去产能目标任务。

（二）积极推进减量置换

2016 年以来，山西省累计批复 230 多座煤矿产能置换方案，产能 3.8 亿吨，通过减量置换淘汰退出（含核减产能）近 150 座煤矿、产能 1.35 亿吨，国家新批复煤矿 14 座，新增产能 0.68 亿吨，实现了新旧动能转化。

（三）稳步推进减量重组

自 2017 年 12 月《山西省人民政府关于推进煤矿减量重组的实施意见》（晋政发〔2017〕59 号）下发以来，积极开展专题调研，多次召开会议协调推进，及时将各市上报的符合要求的方案转送审查，稳妥有序推进煤矿减量重组工作。截至 2019 年 10 月，山西共上报 44 个整合包共 111 座矿井参与重组。省直各相关厅局正在对符合条件的重组方案进行审查。

（四）积极推进优质产能核增

按照国家发改委等部门《关于做好符合条件的优质产能煤矿生产能力核定工作的通知》（发改运行〔2017〕763 号）的要求，山西积极推进煤矿生产能力核定工作。截至 2019 年 10 月，共完成 22 座生产煤矿能力核增工作，净增优质产能 0.42 亿吨。还有 12 座产能核增国家有关部委正在审查，净增优质产能 0.19 亿吨。

三　主动担当，奋力推进山西煤炭产业高质量发展

作为行业管理部门，要坚决贯彻习近平总书记“四个革命、一个合作”

能源安全新战略，团结带领全行业认真落实“巩固、增强、提升、畅通”八字方针，按照供给侧结构性改革的主线，实现打造全国能源革命排头兵的目标，依据能源革命综合改革试点意见，加快建立“清洁低碳、安全高效”的现代能源体系，奋力推动全省煤炭高质量转型发展。

（一）调整优化煤炭开发布局

依据“控总量、调结构、促升级”要求，按照因煤而宜、因地而宜、因企而宜的原则，集中资源、优势与力量，持续助推产业结构的优化，科学合理布局产业。按照国家规划的18个矿区的总体规划，结合不同区域煤质与煤层赋存特点，优化开发布局，全力发展大型、特大型煤矿，加快建成现代化矿井，并通过煤炭产业集约高效化水平的不断提升，推动传统煤炭产业迈向高端、高质、高效。

（二）全面提高煤炭供给体系质量

加快优质产能煤矿投产达效，继续提高先进产能占比，推动产业结构的调整，提高煤炭供应保障能力。助推煤矿智能化改造，5G技术在智能煤矿建设的引入，助推煤炭开采由机械化、自动化、数字化向智能化发展，构建煤炭无人（少人）智能开采新模式，建成一批智能矿山和智能综采工作面。

（三）推进煤炭洗选行业产业升级

按照“总量控制、减量置换、环保优先、市场淘汰”原则，落实落后过剩洗选产能的淘汰，环保标准的提高、洗选煤企业（厂）先进产能占比的提高、洗选煤企业（厂）装备水平的提高、洗选企业规模化水平的提高、原煤入洗率的提高，助推山西煤炭洗选行业产业升级、规范发展。

（四）开展煤炭分质分级梯级利用试点

积极开展井下智能分选系统（井下选煤厂）试点示范工程建设。积极探索新型煤炭利用方式即“分质分级、能化结合、集成联产”，推进煤化电热一体化发展。推进煤转煤粉应用，探究纳米级煤粉的应用。

（五）加强生态友好矿区建设

积极推广绿色开采技术，如充填开采、保水开采、煤与瓦斯共采等，实现回填矿井使用未达标处理存量矸石，全部返井处置新建矿井不可利用矸石。加强采煤塌陷区的生态修复治理，提高煤矿生态修复、煤矸石资源化的综合利用力度。

“肯取势者可为人先，能谋势者必有所成。”面对煤炭产业的新形势、新机遇、新挑战，要精准把握能源革命的新趋势和新要求，用新思想武装头脑、指导实践、推动工作，用昂扬向上、真抓实干的精神谱写煤炭高质量发展新篇章，拓展山西转型发展新局面。

B.6
构建高质量战略体系 推动新时代同煤大发展

大同煤矿集团有限责任公司*

摘　要： 本报告简要介绍了同煤集团基本情况和要求从高速增长阶段转向高质量发展阶段的客观必然性、面临的困难、问题和挑战；构建了推动高质量发展阶段的战略体系；提出进一步完善煤炭去产能配套政策、将煤炭产业从“两高一剩”行业中剔除、在实施煤炭“减、优、绿”政策的资金投入上给予企业税收优惠，加强“晋电外送”通道建设等建议。

关键词： 同煤集团　高质量发展　“36951”战略体系

一　企业基本情况

大同煤矿集团有限责任公司（以下简称“同煤集团”）的前身是大同矿务局，成立于1949年8月30日，被誉为“共和国煤炭工业的长子”。1985年产量突破3000万吨，被誉为“世界煤都”。1998年从煤炭部下放到地方，成为省属国有企业。2000年7月，改制为大同煤矿集团有限责任公司。

---

* 课题组组长：武望国，同煤集团副总经理、大同煤业股份公司董事长，教授级高级工程师。副组长：荣君，同煤集团董事会秘书、行政事业部总经理，经济师。主执笔：闫建新，同煤集团行政事业部机要科科长、助理经济师。成员：王日杰，同煤集团行政事业部秘书一科科长；郝忠美，同煤集团行政事业部调研科副科长；王欢，同煤集团行政事业部调研科科员，助理经济师；张唯赫，同煤集团行政事业部调研科科员。

2002年重组了原轩岗矿务局。2003年12月，省委、省政府将晋北市属地方煤矿及省煤运所属的四大铁路公司重组划归同煤集团。2005年12月实施债转股后，成了由7家股东共同出资的国有企业。现有16.7万员工、80万员工和家属，资产总额3503亿元，销售收入1766亿元，煤炭产量1.37亿吨左右，销量1.93亿吨左右，电力装机容量达到1708.5万千瓦。

同煤集团是全国亿吨级动力煤大集团之一，连续7年入选世界500强企业。曾入选国家首批“矿产资源节约与综合利用示范基地”，先后荣获了中国工业大奖表彰奖、全国“五一劳动奖状”、全国文明单位、全国社会扶贫先进集体等众多国家级荣誉，2017年还被评为“山西省优秀企业”。

二　企业发展要从高速增长阶段转向高质量发展阶段

目前，我国经济总体规模位居世界第二位，但“大而不强”是突出的特点，作为国民经济主力军的国有企业，需要不断提升实力和竞争力，坚持质量第一、效益优先，由高速增长向高质量发展。

1. 高质量发展是我国当前和今后一个时期的根本要求

党的十九大报告中习近平总书记指出：“我国经济已由高速增长阶段转向高质量发展阶段。”这是根据国内外环境变化，特别是我国目前发展状况做出的重大论断，并明确为新时代我国经济发展的基本特征，助推高质量发展的重大部署，对我国经济迈进高质量发展阶段具有重大现实和历史意义。

作为中国特色社会主义的重要物质基础和政治基础，国有企业能否在实现高质量发展上迈出实质性步伐，对建设现代化经济体系、助推我国经济实现高质量发展、实现我国经济由大向强转变具有重要作用。可以说，助推国有企业高质量发展，具有战略性、全局性、时代性、现实性。

2. 高质量发展是同煤实现持续健康发展的必由之路

在2019年世界500强中，中国入围129家全球第一，首次超过美国，虽然规模体量快速做大，但从利润来看，却是大而不强，利润前50名中，美国23家，中国12家。在入围的11家中国煤炭企业中，利润为负的有5

家。整体来看中国企业最突出特点是“大而不强”，在科技创新、产业和产品竞争力、利润等方面存在较大差距。

以同煤为例，从建企之初的几口简易矿井、3000 名职工、工业总产值 144 万元、年产煤炭 8 万吨的煤炭企业，经过 70 年的不懈努力，发展成为资产总额达 3503 亿元、销售收入 1766 亿元、煤炭产量达 1.37 亿吨、电力装机容量达 1718.5 万千瓦的煤炭、电力、金融、现代煤化工、文旅、物流六大产业为主的特大型国有现代化能源集团，取得了令人瞩目的成绩，但是由于历史遗留等问题，企业负担沉重，利润水平并不高。所以，在工业化初、中期同煤以规模扩张为发展主线，步入工业化中后期、基于经济规模做大基础上，应继续提升实力和竞争力，应坚持质量第一、效益优先，由高速增长转向高质量发展。

3. 高质量发展是员工群众对美好生活的共同期盼

高质量发展即不断满足并创造人民日益增长的美好生活需要的时代。员工群众热爱生活，期盼高薪稳定的工作、医疗卫生服务水平更高、居住条件更舒适、环境更优美。员工对美好生活的期许，就是同煤集团党委的奋斗目标。推动企业高质量发展，就是要将大家对美好生活的期盼变成现实，多谋民生之利、多解民生之忧，不断增进员工群众获得感、幸福感。

可以说，只有高质量发展才能让人心更齐、让干劲更足，使员工期盼的美好未来变为现实；只有高质量发展才能保证企业发展的可持续性，使一心奉献煤炭事业的人吃下定心丸；只有高质量发展才能让员工有获得感，使技高者多得、多劳者多得；只有高质量发展才能搭建起更广阔的舞台，使有思想、有能力、有魄力、有知识的新一代煤炭青年更快健康成长。

三　转向高质量发展阶段面临的困难

同煤集团经过 70 年大规模、高负荷的开采，侏罗系资源接近枯竭，同时作为一家老国有企业，人员负担重、机构设置不合理、领导干部思想不解放，制约了企业的高质量发展。特别是受“两高一剩”行业影响，各银行及金融机构对煤炭产业降低了授信规模，企业融资难、融资成本高。具体来讲：

1. 煤炭主业大而不强

随着同煤集团的侏罗系资源锐减，石炭系资源增加，以及地质条件的变化导致煤质变差，煤炭产业盈利水平下滑，适应市场的能力减弱。

2. 非煤产业占比偏小

电力、金融、煤化工作为同煤集团三个辅助产业，产业比重偏小，盈利能力偏弱，内生动力有待增强。其中，电力产业需要进一步优化升级，做优做强；金融产业规模有待壮大，与实体产业深度融合不够；现代煤化工产业仅初步成形，规模化程度不高。

3. 资产负债率偏高，投资绩效偏低

过去“粗放式”扩张、“举债式”发展，形成的“沉淀式”的投资较多，造成的刚性债务较多，资产负债率偏高。由于对外投资无收益、低收益的项目尚未出清，致使对外股权投资收益偏低；有些建设项目投资沉淀多、周期长，已经投产的项目有的没有达产达效，致使投资绩效偏低。

4. 资本运营能力、融资能力偏低

将好的煤矿项目、电厂项目“装入”大同煤业公司和漳泽电力公司两个上市公司进展慢，资产证券化水平有待提高。企业短贷、短期负债比例偏高，中长期贷款比例偏低，“短贷长投”问题需要改进。特别是受“两高一剩”行业影响，各银行及金融机构对煤炭产业降低了授信规模，在目前企业微利的现状下，融资难度加大。

5. 企业存在各类遗留问题

在去产能、“僵尸企业”出清、“三供一业”移交过程中，缺乏具体操作政策，资产无法处置、人员安排难度大。

四　转向高质量发展阶段的战略和主要措施

“我国经济已由高速增长阶段转向高质量发展阶段”，这是党的十九大做出的重大判断。助推新时代同煤发展，应以习近平新时代中国特色社会主义思想为指导，深入落实党的十九大精神，严格落实山西省委、省政府和省国资委的各项决策部署，牢牢把握高质量发展这个根本要求，从构建高质量战略体系、提升经营管理质量、做好改革工作、坚守重大风险底线、推进重点项目建设、提升科技创新能力、保障和改善民生和党建引领等八方面，全面推动企业实现高质量发展。

（一）构建高质量战略体系

纲举才能目张，企业高质量的战略体系就是企业发展之“纲”。同煤集团新班子自2018年11月组建以来，坚持以问题为导向，召开了同煤历史上第一次务虚会，在此基础上，又召开了同煤集团党委九届六次全会、六届一次职代会，确立了同煤集团谋划高质量发展的“36951”战略体系。

1. “3”是做好“加、减、乘”三篇文章

通过创新企业管理，实施经营管理、重点工程、科技攻关、环保攻坚、机电创新、惠民实事6个方面60项管理措施，实现“降本、增收、止血、堵漏”。

2. “6”是逐步形成六大产业体系

（1）“一主”，就是做强做优煤炭这一主业。

继续建大矿、建好矿，对有条件的矿进行延深和流程再造。到“十三五”末，先进产能占比达到80%以上。

（2）“三辅”，就是做大做强电力、金融、现代煤化工三大辅业。

①电力产业。持续调整优化电力产业结构，上大压小、淘汰落后产能，建设大容量、高参数火电机组。积极发展光伏、风电等新能源项目。

②金融产业。全力预防金融风险，金融产业板块要形成规模效益，紧紧围绕服务实体经济，做大做强金融产业。

③现代煤化工产业。严格遵循“工艺（设备）成熟、技术成熟、项目成熟、市场成熟”的原则，着力走好现代煤化工产业突破和升级的路子。

（3）“两新”，就是逐步发展文旅、物流产业。

①文旅产业。整合同煤内部旅游资源，组建晋北地区最大的文旅集团——同大文旅集团。

②物流产业。充分利用山西省成为国家通用航空业发展示范省，以及大同市作为率先发展试点城市的机遇，整合同煤集团和大同市的物流资源，打造“陆、海、空”物流产业大格局，全方位做实物流产业。

3. “9”是以九大重点项目集群为支撑

（1）40 亿立方米/年煤制天然气项目。

（2）1000 万吨潘家窑煤矿项目。

（3）500 万吨刘家窑大西庄煤矿项目。

（4）600 万吨梵王寺煤矿项目。

（5）2×100 万千瓦漳泽电厂项目。

（6）4×100 万千瓦北辛窑扶贫电厂项目。

（7）物流整合开发项目集群。

（8）能源清洁利用项目集群。

（9）其他备选项目。其中：

煤矿项目：寺塔、焦煤二号、白家沟、择善、辛屯、南岭、半道、万佛寺、西蚕寺、杨家湾、巡镇北、河曲东、马营北、曹峪-石家岩、南高埠。

电力项目：大唐热电三期、轩岗电厂二期。

煤化工项目：60 万吨/年烯烃、120 万吨/年甲醇。

4. “5”是以“更严、更好、更高、更强、更优”五大目标为引领

（1）更严：

①积极承担从严管党治党责任，落实“两个责任”，形成风清气正、干事创业的良好环境；

②坚持“严管就是厚爱”原则，培养选拔优秀年轻干部队伍，建立后备人才库，改变干部老龄化、人员素质与文化程度较低状况；

③培育严管理、高效率的企业精神和文化。

（2）更好：按“1311”选人用人标准，培养一大批综合素质高的优秀年轻干部。

（3）更高：各项指标更高，效率、效益更高。

（4）更强：煤炭、电力、金融、现代煤化工产业更强。

（5）更优：成本优、管理优、企业机制体制优。

5. “1”是实现“创新、和谐、富强、振兴”新时代同煤这一战略构想到“十四五”末，知名度、信誉度享誉国内外，世界500强排在300名内。

（二）提升经营管理质量

持续提升企业经营管理质量，是企业长期以来全力抓好的一项重要工作。高质量发展体现在煤炭企业经营管理工作中，就是要立足实际，在扎实深入推进契约化管理、狠抓煤炭销售结构性增收增效、在“降本、增收、止血、堵漏”等增收节支措施上“下苦功、见成效”。

1. 实施了更高质量、更高标准的契约化管理

过去企业的契约化管理是偏向行政命令式，每年年初集团给各单位下达多少指标，各单位就完成多少。从2019年起，契约化完成情况要与干部员工薪酬、与单位的级别挂钩、与领导班子的“帽子”挂钩。经科学测算后给各单位“量身定制”设定了更高的台阶，鼓励大家“跳起来摘桃子”。

2. 狠抓了煤炭销售结构性增收增效

密切产、洗、煤质、运、销“五位一体”协调，实现“保销量”；严格执行“三跟”“四盯”政策，确保完成高硫煤配煤任务，加大新品种开发力度，寻求新的利润增长点，实现“增效益”；按照“一矿一策”的原则“抓煤质”，确保商品煤发热量进一步提高；瞄准资源匮乏、经济增速快、煤炭需求量大的区域，努力拓展“海进江”“江进河”市场份额，进一步“拓市场”；加快推进曹妃甸港口第六期、第七期煤炭专用码头项目建设，不断延伸路、港产业链，“延产业”。

3. 通过“降本、增收、止血、堵漏”四项措施，实现了增收节支

①降本。在2018年基础上，各项成本要进一步下降。

②增收。就是要通过抓商品煤质量管理，确保煤质增收。同时要逐步实现统一销售、就高销售，减少效益损失。

③止血。该盈利的要盈利，亏损的要减亏、扭亏，长期扭亏无望的要出清。

④堵漏。就是要堵住采购、生产、经营、销售等各个环节的漏洞。

（三）大力推行十项改革工作

全力推进分离企业办社会改革、厂办大集体改革、医疗系统改革、职业教育系统改革、铁路物流系统改革、深化人事制度改革、大部制改革、混合所有制改革、薪酬改革等十项改革，逐步打破制约企业的藩篱，进一步释放新动能、激发新活力，推动企业高质量发展。

1. 推行机构改革

实行大部制、板块化、专业化管理。此次机构改革注重“精简”，但更注重“优化协同高效”。为机构科学设置、优化职能、协同权责、有力监督、高效运行。采取措施将机关各部门组建大部室如合并、拆分、划出、撤销等方式，提高机关办事效率。

在集团层面，整合集团董事会秘书处等 7 家单位成立行政事业部；整合发展战略研究院等 6 家单位成立战略和改革中心；成立组织人事部，即合并组织部、人事部等。通过实施大部制改革，实现了机构精简、人员精干、效率提升。

同时，还进一步优化资源配置，通过整合业务，实行专业化、板块化集中管控，统筹协调各产业发展。整合了集团内部铁路、物流等优质资源，5 家铁路公司整合成铁路运营公司，涉及物流贸易的 7 家单位整合成物流公司。

下属二级单位也根据实际情况，推进了机构改革，因地制宜推出了各具特色的“自选动作”，避免了职能交叉、多头管理的现象，更科学地配置了资源。例如，同煤集团漳泽电力对职能部门优化，撤并了 10 个机关部门；晋华宫矿将机关科室由 12 个精简为 5 个，撤销工掘一线单位 7 区 14 队，整合成了 10 支直属队组。

2. 推行人事制度改革

构建有效竞争机制，即干部“能上能下”，大力培养任用符合“1311”选人用人标准的年轻干部，使干部队伍有序接替，打开干部“上”的通道；在严格执行调研员制度的基础上，将年龄偏大、经验丰富、能力强的同志转到综合监督岗位任职，充分发挥把关定向、把脉开方作用，畅通干部“下”的出口。出台了《大力推进干部人事制度改革，培养选拔优秀年轻干部的实施办法》，大力培养、选拔、任用优秀年轻干部，开创了新时代人才培育的新局面。

3. 推进用工制度改革

一是实行“能进能出”末位淘汰机制。制定劳动用工整顿考核方案，淘汰人员进入再就业中心学习培训、竞争上岗。

二是推行市场化人才引进。借鉴上海融资租赁公司市场化选聘总经理的试点经验，继续在金融、现代煤化工等领域引进高端专业人才。

4. 推进薪酬制度改革

一是全面推行干部年薪契约化管理，当季考核，当季兑现。

二是全面开展定员、定编、定岗工作，围绕效益核定工资，充分体现增效增资，多劳多得，逐步打破“大锅饭”。

5. 推进医疗系统改革

以同煤 4 家医院实物资产，投资设立同华医院管理公司，引进国内一流的专业化医管团队入股，实现医疗板块的整体剥离、自负盈亏。

6. 推进厂办大集体改革

按照依法依规、成熟一个、改革一个的原则，力争年内完成。

7. 推进“僵尸企业”出清工作

对扭亏无望的“僵尸企业”出清止损，实现轻装上阵。

8. 推进去产能工作

年内将完成 3 座矿井、150 万吨产能的关闭退出任务。

9. 推进混合所有制改革

在下属朔煤公司、轩煤公司、地煤公司、临汾宏大公司、漳泽电力公司等子公司选择部分企业开展混改，力争年内完成。

10. 推进山西省省属企业专业化重组工作

以同煤集团化工厂资产参与省民爆集团、以现金入股省燃气集团，积极参组省煤机集团、潞安化工等工作。

（四）坚决守住重大风险底线

在省部级主要领导干部坚持底线思维着力防范化解重大风险专题研讨班开班式上，习近平总书记强调："提高防控能力，着力防范化解重大风险，保持经济持续健康发展和社会大局稳定。"这为同煤集团做好工作指明了方向，提供了根本遵循。

认真贯彻落实中央和省里有关会议精神，立足企业实际，成立了同煤集团董事长、总经理任组长的防范化解重大风险工作领导组，下设11个防风险工作组，梳理了各类风险点，明确了责任单位和责任人，确保坚决打赢防范化解重大风险攻坚战。

1. 防范化解安全风险

结合煤矿安全生产实际，做好化解煤矿重大安全风险的防控，成立了19个安全专业委员会、五人小组管理部，并在各矿派驻安全监察专员；制定了"十七亲自""十严禁、十杜绝""二十个严禁"防范遏制重特大事故的一揽子制度，实现了安全生产的平稳态势。

2. 防范化解金融风险

一是在严防金融风险、保证风险可控、保证资金链安全的原则下，做好融资还贷计划。

二是加强负债管理，控总量、调结构。一方面严格按照"以收定支，收支平衡"的原则，严格控制现金流出总额；另一方面调整债务结构，通过短贷转长贷、债券品种多样化，合理调整债务期限结构，优化债券期限、品种。

三是做好债务风险预警和评估工作。建立集团公司总会计师、财务部长，以及各子公司董事长、总会计师“两级”联动防范金融风险机制，确保不发生债务风险和违约情况。

3. 防范化解环保风险

要站在讲政治的高度抓环保，落实党政“一把手”环保第一责任，抓好中央和省环保督察“回头看”问题的整改落实，抓好“三废”治理，抓好年度十项重点环保工程建设，坚决做到“六个不出现”“八个抓好”，打好污染防治攻坚战。

4. 防范化解投资风险

一是投资决策必须坚持“唯效益”的原则，没有效益的不决策、不投资，否则要严肃追责。新上项目投资收益率低、投资回收期长的，不决策、不投资。

二是对停缓建项目进行梳理、分析，对不在集团产业目录内、明显没有前景、超出自身能力的项目，要及时采取止损措施。

5. 防范化解贸易业务风险

压缩贸易收入占比，积极发展大物流、大贸易。对新增业务、新投资金，严格按照“三重一大”规定决策操作。

6. 防范化解法律风险

加快建立全面覆盖、重点突出、流程规范、切实有效的合法合规管理体系，将法律审核贯穿于管理全过程，确保规章制度、重要决策、经济合同法律审核全覆盖。

（五）推进九大项目集群建设

抓项目就是抓发展，没有项目，一切都是空谈。项目建设是推动同煤集团实现高质量发展的载体，是推动新旧动能转换的重要引擎。“十三五”后两年和“十四五”期间，重点规划建设九大重点项目集群，总投资1000亿元以上，新增营业收入1000亿元以上。

1. 40亿立方米煤制天然气项目

项目总投资225亿元，位于左云经济技术开发区，拟由中国海油控股、同煤集团参股。配套建设潘家窑、刘家窑大西庄两座煤矿，所产天然气经支线管道注入蒙西煤制天然气外输管道。

2. 煤制气配套潘家窑煤矿项目

项目总投资78亿元，位于大同市左云县，建设规模1000万吨/年。

3. 煤制气配套刘家窑大西庄煤矿项目

项目总投资34亿元，位于大同市左云县，建设规模500万吨/年。

4. 梵王寺煤矿项目

项目总投资69亿元，位于朔州市，建设规模600万吨/年。

5. 2×100万千瓦漳泽电厂项目

漳泽百万“上大压小”项目采用国际先进的超临界、直接空冷燃煤发电技术，总投资74亿元，位于长治市郊区，2008年被列为“晋东南—荆门100万伏特高压输电工程”配套电源项目。

6. 4×100万千瓦北辛窑扶贫电厂项目

项目总投资145亿元，位于忻州市宁武县阳方口镇北辛窑工业厂区以东2.5千米，分两期建设。一期2×100万千瓦项目，是目前华北地区规模最大、技术最先进的“高参数、大容量、零排放、零污染”的特大型先进产能电厂，将为宁武县早日脱贫摘帽做出重要贡献。

7. 物流整合开发项目集群

按照逐步发展壮大物流产业的目标，与大同市共同成立晋北物流陆港集团公司，收购大同国际陆港集团公司，对接晋北地区进出口现状和产业现状，构建晋北物流陆港大平台。项目位于大同经济技术开发区（国家级）装备制造园区云州街北侧，依托大同经济技术开发区和装备制造园区产业集聚优势，成为天津港在大同市的延伸、支港。同时，积极参与大同航空产业建设，打造内陆地区对外开放新高地，全方位做实物流产业。

8. 能源清洁利用项目集群

（1）新能源项目集群。包括织女泉风电四期、吴马营风电、芮城风电、闻喜风电一至三期、东马潘分布式光伏、塔山分布式光伏6个项目，总投资42.6亿元，预计2019年底并网发电。

（2）氢气提纯与液氢生产项目。

一是5000吨/年氢气提纯项目。总投资1.5亿元，已经开工建设，预计2020年8月投产。

二是3000吨/年液氢生产项目。总投资12.5亿元，目前正在积极推进调研论证工作。

9. 备选项目

包括：同煤大唐热电三期、轩岗电厂二期；60万吨/年烯烃及配套120万吨/年甲醇项目，继续论证项目可行性，具备条件后推进。

此外，正在加快推进与大同市合作的“8+1”项目建设。即购买浑源煤炭产能、合作开发文旅产业、开发区管理运营、推进产业扶贫、建设大同物流陆港项目、建设光伏基地、大同通用航空项目、成立大同总部基地。

（六）全面提升科技创新能力

经济发展的动力源泉是创新，是企业发展壮大的制胜法宝。老企业应加快转变发展方式的步伐，将创新作为提升企业发展水平的核心竞争力。同煤集团大力开展千万吨级特厚煤层智能化综放开采关键技术研究、高科技产业孵化基地建设、“小煤柱”开采工艺、奥灰水监测与治理、降尘技术、新材料技术研究等十项科技攻关，将具备条件的项目装入科创中心，形成一批行业领先、具有市场竞争力的技术成果，以全面创新实现企业高质量发展。

（七）不断保障和改善民生

习近平总书记讲，“让老百姓过上好日子是我们一切工作的出发点和落脚点”①。搞改革、谋发展，都是为了让人民群众过上好日子。同煤集团就

① 《习近平总书记系列重要讲话读本》，学习出版社、人民出版社，2014。

算在煤炭市场急剧下行、企业经营十分困难的情况下，依然每年坚持为员工家属办好十件惠民实事。2019 年要进一步加大力度，重点在改善员工家属出行居住环境、帮扶就学就业、产业扶贫等方面下大力气，坚持通过企业发展带动民生改善，一步一个脚印，不断把民生红利落到实处，让改革发展红利更多更公平地惠及员工家属，让大家的日子越过越红火。

（八）以高质量党建引领企业高质量发展

国有企业的“根”和“魂”是坚持党的领导、加强党的建设，是我国国有企业的光荣传统与独特优势。同煤集团切实贯彻落实习近平总书记重要讲话精神，紧紧围绕党的十九大对新时代党的建设总要求，在探索实践中不断提升党的建设质量，为建设“创新、和谐、富强、振兴”新时代同煤、推动高质量发展走在前列，提供坚强的政治保证。

1. 结合同煤实际，以思想再解放引领高质量发展

2018 年 12 月 19 日，新班子刚刚组建一个月，召开了同煤历史上第一次务虚会，围绕“面临的形势和挑战，以及企业如何发展、如何选人用人、如何加强制度建设、如何培育新时代同煤精神、如何塑造优秀企业文化”等 9 个方面，进行了一场高质量的头脑风暴，讲干货、出实招，征求了各系统 3000 多条意见和建议，为企业高质量发展定调子、定方向、定战略。

2019 年山西省委开展了“改革创新、奋发有为”大讨论活动，同煤集团对标“六个破除”“六个着力”“六个坚持”，推进解放思想、改进工作，对标一流、争创佳绩，以大讨论牵引全年工作的开局，各项指标均超计划，实现了“开门红”“季季红”。

特别是，同煤集团要以“不忘初心、牢记使命”主题教育为契机，继续推进习近平新时代中国特色社会主义思想在同煤集团的学习、普及与落实，引导广大党员干部职工把自己摆进去、把职责摆进去、把工作摆进去，做到思想解放、学思用贯通、知信行统一。

2. 对接高质量发展需求，打造忠诚干净担当的高素质干部队伍

实施“1311”选人用人标准，起用了信念过硬、政治过硬、能力过

硬、作风过硬的年轻干部，一批“70后”“80后”大学生走上了矿长、副矿长岗位。生产单位机关科室、地面辅助岗位的大学生，主动申请到采掘一线“回炉”历练，形成了煤炭主体专业大学生主动下采掘一线的“工作潮”。

3. 持续推动全面从严治党向纵深发展，营造海晏河清的政治生态

按照“旗帜鲜明地讲政治，守纪律、守规矩，全面落实新时代党的建设”总要求，扎实抓好党风廉政建设。从严落实“两个责任”，认真履行全面从严治党首责主责，聚焦监督执纪问责，持续纠正“四风”，强化日常监督，刀尖向内，防止“灯下黑”，扎实推进查办案件的数量和质量“双提升”，抓典型、强震慑。下发了狠刹“十种不良风气”的纪律要求，提出了党员干部“20个必须”的工作要求，抓典型、强震慑，切实做到了“铁纪律、严管理、高效率”，让歪风邪气、歪门邪道彻底没有市场，为企业营造风清气正的良好发展环境。

4. 破解党建和经济工作“两张皮”，党的建设与经济建设双促共赢

出台了《党建和经济工作一体化考核评分奖惩办法》，在党委、基层党支部、广大党员三个层面，构建考评体系，实行考核评分制，把党的建设各项工作渗入经济工作的方方面面，避免了党委工作多头考核，使高质量党建有了科学的度量仪，推动了党建和经济建设融合发展。

5. 创新工作方式方法，党建工作质量再提升

一是聚焦社会主义核心价值观和“创新、和谐、富强、振兴”的新时代同煤精神，开展了主题作品征集、巡讲、巡演等具有同煤特色的“六个亮点”活动。

二是形成了具有同煤特色的“三合一＋N”党建工作新模式。

三是深入开展了“走基层　送文化”系列文艺志愿服务活动，以及篮球赛、拔河赛等一系列群众体育赛事，丰富了员工群众的精神文化生活。

四是持续开展了“支部月竞赛、党委季考评”活动，以及全员大培训、岗位大练兵、技术大比武活动，实现了全员素质能力大提升。

五　为实现高质量发展提出建议

面对历史遗留的各类问题，尽管可以通过改革的办法努力克服困难，但是在实际操作中，还需要国家出台一些具体政策，支持企业实现高质量发展。

1. 关于进一步完善煤炭去产能配套政策的建议

同煤集团按照国家供给侧结构性改革、去产能政策要求，2016～2018年累计关闭退出9座矿井1056万吨产能。矿井关闭后，由于原有固定资产陈旧、且通用性差，内部可调剂使用范围较小，外部转让也很困难，造成闲置资产损失。

对企业影响重大的是关闭矿井的带息债务，这些债务基本都是向其上级子公司借款或由集团公司担保贷款。矿井关闭后，无法产生现金流入，债务将全部由其上级子公司和集团公司承担，在上级子公司无力承担的情况下，最终将转嫁到集团公司，如不能妥善解决，将不断加重企业债务负担。

建议在金融债务处置中去产能关闭矿井的，首先应在金融机构停息挂账，减轻企业负担；其次应该逐年核销，最终化解企业债务负担。将去产能关闭煤矿资产从企业正常生产经营资产中剥离，分别管理。尽快出台股份制煤矿去产能的股权退出政策，避免出现去产能矿井民营股份退出、产生评估溢价而无具体操作依据的情况。

2. 关于将煤炭产业从“两高一剩”名录中剔除，降低煤炭企业融资成本和债务风险的建议

国家发改委将煤炭定位为“产能过剩”行业，对煤炭企业正常融资产生非常不利的影响。以同煤为例：一是债券融资难度不断增加、融资成本持续上升；二是银行的综合授信额度长期未做上调，企业无法享受银行借款的低成本优势，目前银行借款利率比债券融资成本平均低2个百分点，对债务规模较大的煤炭企业加大了利息费用负担。

建议国家将煤炭产业中像同煤集团这样贡献大、先进产能占比高、积极

执行国家限价政策的国有煤炭企业，从“两高一剩”名单中剔除或者进行分类管理。在政策上引导银行对企业增加授信额度，降低企业综合融资成本，增加中长期贷款融资规模，降低债务风险。

3. 关于在实施煤炭“减、优、绿”政策的资金投入上给予企业税收优惠的建议

煤炭企业投入矸石山治理、矿井水治理、电厂超低排放等，既是煤炭走“减、优、绿”发展路子的需要，也是环保的要求。现在企业对所属各单位的生活污水、矿井水、锅炉烟气、煤矸石等各类污染源进行综合治理，其中有很大一部分投入来自银行贷款，给企业造成了巨大的经济负担。

建议国家将这些投入抵扣增值税，或对这些投资免税。

4. 关于加强“晋电外送”通道建设的建议

截至 2019 年 3 月底，山西省发电总装机容量 8600 万千瓦。其中：火电装机 6400 万千瓦。山西省外送输电能力 3300 万千瓦。山西省电力市场仍处于供大于求状态。另外，山西省在建、停建、缓建的煤电项目装机容量在 2000 万千瓦以上，巨大的产能有待释放。

建议国家尽快将新的晋电外送输电通道列入国家电力发展规划并开工建设。

B.7

坚决贯彻高质量发展战略
稳健实施三年行动纲要
努力成为具有全球竞争力的
世界一流焦煤企业

山西焦煤集团有限责任公司*

摘　要： 本报告介绍了山西焦煤的基本情况，总结了贯彻高质量发展战略的成绩经验，提出了大力实施“1126”发展战略的思路，期望政府可以为企业发展、减负和遗留问题的解决提供政策支持。

关键词： 山西焦煤　高质量发展　“1126”发展战略

一　集团基本概况

山西焦煤集团有限责任公司（以下简称“山西焦煤”）是山西省属国有企业，总部位于山西省会太原市。集团成立于2001年10月，由原西山煤电、汾西矿业、霍州煤电三个省属重点煤炭骨干企业合并重组设立，是全国

* 课题组组长：王茂盛，山西焦煤集团党委书记、董事长，高级工程师；黄巍，山西焦煤集团党委副书记、副董事长、总经理，正高级工程师。副组长：马步才，山西焦煤集团副总经理，正高级工程师；席北明，山西焦煤集团总经济师、董事会秘书、党政办主任，高级政工师。主执笔：贾长茂，山西焦煤集团战略研究院院长，高级政工师。其他成员：赵晋华，山西焦煤集团战略研究院常务副院长，高级工程师；王文平，山西焦煤集团战略研究院综合部主任，经济师；李浩森，山西焦煤集团党政办公室行政秘书主管，助理政工师。

最大的炼焦煤生产加工企业和全国最大的炼焦煤市场供应商，是山西省最大的焦化、盐化、民爆化工企业，注册资本金86亿元，是我国煤炭产业第一家以资产为纽带重组设立的煤炭大集团，是国家规划的14个大型煤炭基地骨干企业之一，是国务院确定的首批“双百行动”综合改革试点单位，是山西省授权的首批国有资本投资公司试点单位，是“中国焦煤品牌集群”的发起者和主席单位。

集团实行“集团公司—子公司—矿厂”三级管理体制，下设西山煤电、汾西矿业、霍州煤电、华晋焦煤、山西焦化、运城盐化、山西焦炭等25个子分公司和西山煤电股份公司（000983）、山西焦化股份公司（600740）、南风化工股份公司（000737）3个A股上市公司，资产总额3300亿元。集团在册职工共20万人。拥有与联合国欧洲经济委员会共同设立的中国国际卓越煤矿瓦斯治理中心，拥有国家级企业技术中心、国家级博士后科研工作站等多个科研平台，拥有包括中国工程院院士、享受国务院津贴专家在内的科研团队。

集团拥有庞大的煤炭资源赋存，井田面积2204平方公里，保有储量217亿吨，其中查明炼焦煤资源储量178.5亿吨，占山西省的13%，占全国的6%；强粘煤资源的查明资源储量为81亿吨，占山西省的15%，占全国的8%。炼焦煤资源量特别是优质炼焦煤资源占有量位居全国首位。集团现有六大主力生产和建设矿区，96座煤矿，生产能力1.84亿吨/年，其中生产矿井46座，公告生产能力9285万吨/年；28座选煤厂，入洗能力1.18亿吨/年；5座焦化厂，焦炭产能1180万吨/年；6座燃煤电厂，装机容量4670MW；18座瓦斯及余热电厂，装机容量239MW，光伏发电6.5MW；民爆化工（火药）产能8万吨/年；盐化日化产能256万吨/年。

山西焦煤按照“以煤为主，循环发展”的产业定位，以炼焦煤的生产、加工及销售为核心主导产业，焦化、电力、民爆化工为辅业，大力推进金融投资管理、现代物流贸易等新兴产业。山西焦煤坚持以“煤炭的安全绿色开采和清洁高效利用”为方向，先行快速推进古交、兴县、临县、交口、洪洞、曹妃甸六大循环经济园区建设，培育发展“煤—电—材（铝）”、

“煤—焦—化（钢）”一体化产业模式。其中古交、兴县、临县、交口为“煤—电—材”园区，洪洞为“煤—焦—化”园区，唐山曹妃甸为“煤—焦—钢”园区。主导产品有焦煤、肥煤、1/3 焦煤、瘦煤、气肥煤、贫煤等全系列煤种，其中，强粘焦煤和肥煤均为世界稀缺资源，具有低灰、低硫、低磷、粘结性强、结焦性好等特性，是大型钢厂大高炉不可或缺的骨架炉料，在国内特大型钢厂强粘结煤供应量中占有率达 60% 以上；化工产品主要有冶金焦、铸造焦及各类煤化、盐化、日化产品，主要产品市场覆盖国内 20 多个省市和地区，并远销日本、韩国、印度尼西亚等国家。2018 年，企业原煤产量 10011 万吨，炼焦精煤产量 4682 万吨，商品煤总销量 14128 万吨，焦炭产量 1014 万吨，发电量 193 亿千瓦时，销售收入 1766 亿元，利润 48.1 亿元，上缴税费 153 亿元，税费缴纳在省属国有企业中居首位。

面向未来，山西焦煤坚持以习近平新时代中国特色社会主义思想为指导，按照“能源革命”基本要求，以高质量发展为主线，以“聚焦主业、循环发展、创新驱动、开放融合”为路径，大力实施“1126”发展战略，全面落实“双百行动”方案，充分发挥国有资本投资公司功能，积极培育新优势、激发新动力、展示新形象，争做深化改革、转型升级、能源革命排头兵，加快建设具有全球竞争力的世界一流焦煤企业。

二　高质量发展成绩经验

做实“三大变革”，全面推进高质量发展。推进质量变革。坚持安全、绿色、高效发展，不断提高供给和服务质量水平；通过资产证券化提升企业资产质量，资产证券化率达到 35% 以上，资产负债率降到 73% 以下。推进效率变革。深入实施“一优三减”，全面提升生产效率，力争煤炭人均产量达到 1500 吨以上；通过集团化管控、板块化经营、专业化管理，以及内控体系建设和十大信息化平台运行，实现要素集约和运营效率提升；严格项目管控，盘活优质资产，清理低效无效资产，分离企业办社会职能，提高投入产出效率，力争净资产收益率达到 3.5% 以上，国有资本保值增值率达到

107%以上，全员劳动生产率达到25万元/人·年。推进动力变革。厚植企业精神和核心价值观，强化文化引领和驱动；加强科技创新，科技研发投入占主营业务收入达1.5%以上，科技贡献率逐年提高，切实提升创新驱动能力；加强三支人才队伍建设，深化契约化管理、混合所有制改革、三项制度改革等体制机制改革，充分调动干部职工积极性，不断提升企业内生动力和活力。

1. 高质量抓好安全生产

一是强化安全责任落实。深入贯彻落实十九大报告提出的“59字”要求，按照省委省政府“三条底线”“四铁”要求和集团“1234”安全工作思路，全面落实“838”安全工作理念，咬定“由零起步、向零进军”目标，补短板、固底板。按照“党政同责、一岗双责、齐抓共管、失职追责”及“三必管”要求，健全完善全员安全责任体系，形成“一岗一策”可操作的岗位责任标准，切实把安全责任压实到每个单位、每个部门、每个岗位和每个员工身上。二是推进两大体系建设，突出四个重要抓手。建立健全风险分级管控和隐患排查治理两大体系，推动从管结果向管过程转变，实现关口前移、源头治理、科学预防。建立矿（厂）长为第一责任人的风险分级管控体系，严防风险演变、隐患升级。以“一通三防”、防治水、机电运输、整合煤矿、地面安全、基建施工等关键领域为重点，明确重点矿井和重点隐患，加大隐患排查治理力度，打好动态检查、五人小组、系统会诊、专项整治、领导挂牌、跟班带班等“组合拳”，建立健全隐患排查治理体系。突出用好四个重要抓手：一清单，建立健全各单位从主要负责人到一线员工的安全生产责任制，实现一岗一清单；一档案，按照一矿（厂）一档的要求，对矿厂所有风险、隐患建立风险和隐患动态档案，并纳入信息系统，动态更新；一表格，建立安全确认表格化管理体系，用表格形式明晰各层级安全责任范围、工作标准和操作要求，提升工作的针对性、准确性和科学化水平；一平台，建立安全信息平台，及时汇总安全信息，对所有风险、隐患进行动态更新与管控，通过大数据分析导出安全工作规律，切实推进风险管控和隐患整治。三是大力推进“一优三减”。严格控制采区和工作面数量，科学配置备用工作面，努力建设“一井一面”或“一井两面”矿井。将系统复杂，采区、采掘头面多，在册人数超过3000人以上的14座矿井列为工作重点，制定“一优三减”具体实施方案，明确减头、减面、减人指标。将“一优三减”与机械化换人自动化减人、提高一线待遇、竞争上岗等有机结合起来，力争用3~5年时间，实现一线在册员工相对稳定；一线在岗职工收入增加50%以上，安全投入提高30%以上，实现矿井瘦身，提高人均效率和安全系数。逐步将煤矿“一优三减”的经验和做法推广到地面生产单位中去，减少辅助人员，降低安全风险。四是继续深化“三基”建设。狠抓矿厂、车间、队组等基层组织的建设与管理，加强矿厂领导班子建设，注重学历、专业要求和老中青结构优化；按照“六型班组”要求，开展达标创建活动，强化班组安全管理，严格班组长准入，加强班组长素质提升，培养一批重安全、懂管理、作风硬的班组长队伍，将班组建设与契约化管理、“一优三减”工作紧密结合起来，加大考核激励力度。强化标准化工作，推进安全生产标准化建设由静态达标向动态达标转变、由结果达标向过程达标转变、由形式达标向内在达标转变；建立安全生产标准化内部升降制度和激励机制，加强安全标准化动态管理，推进全员、全过程、全方位参与安全生产标准化建设，实现岗位达标、班组达标、企业达标。结合“管理、技术、操作”三大序列、三支队伍建设，重点关注关键人物的能力提升。以矿长为首的安全管理团队，强化责任落实和规范管理；以总工为首的技术管理团队，建立三级首席工程师制度，强化专业能力和技术服务；以队长、班组长为首的现场作业团队，强化应知应会和岗位保安能力。

2018年全集团消灭了死亡事故，煤炭生产百万吨死亡率为零。优化采区和工作面31个，封闭采区系统18个，26座生产矿井实现了“一井一面”生产布局。着力推进“四化”建设，建成了正利煤业自动化采煤工作面，实现了149个变电所水泵房自动化无人值守，辅助运输系统无极绳绞车、单轨吊车、无轨胶轮车得到推广应用。全集团建成安全生产标准化一级矿井19座，30座矿井被命名为特级安全高效矿井，先进产能占比达到88.5%。从开采源头实施“减量化”控制，切顶卸压无煤柱开采、边角煤机械化开采、保水开采等一批绿色开采技术得到推广应用。大力实施环保设施提标改造，全年累计投入专项资金约16.6亿元，实施环保节能工程129项，实现了污染物排放浓度和能源消费强度的双下降。

2. 高质量抓好市场营销

一是坚持长协稳定运行，巩固23家长协客户的稳价稳量长期合作。坚持“六统一”集中销售，所有煤炭、焦炭、化工、洗选副产品、整合煤矿产品全部纳入集团统一销售序列。优化市场布局，积极在新区域开发新市场，在老区域开发新客户，在老客户中发现新需求。顺应钢铁产业沿海加快、沿江适度、内陆限制的总体布局，瞄准总体规模大、数量多的民营钢铁企业，突破所有制壁垒，积极开发新用户，不断扩大炼焦煤市场占有率。加快布局全球炼焦煤市场，重点围绕“一带一路”倡议，跟踪和关注印度、印尼等沿线国家的炼焦煤市场，积极开拓国际市场。二是强化外采统销，拓展营销总量。积极拓展外采资源量，将外采统销纳入长协，与国外国内、省外省内各优势企业接洽，达成合作共识，逐步扩大外采资源规模，促进冶金煤市场健康稳定运行。三是创新营销模式。不断丰富“焦煤在线”电商平台相应模块，致力打造成为集煤焦产品交易、上下游市场资讯、专业咨询与课题研究、电子商务、大数据采集、信息技术、供应链融资等服务为一体的综合型煤焦产品专业网站及信息化平台，建设成全国煤焦化大宗货物交易的“淘宝网”。

2018年山西焦煤以中长期战略合作为主导，稳步提高长协运行质量，23个中长协完成年度合同量的95%；采取企地合作、进口煤直销、配煤配销等新模式，全年实现外采统销1235万吨，同比增幅34.5%，集团煤炭销量稳定在亿吨以上，市场份额和服务能力得到有效提升。“焦煤在线”电商体系日趋完善，东北分站、南风分站、冀中分站、平煤神马分站、开滦云商等成功上线运营，煤焦产品线上竞价交易不断扩大。牵头国内7家大型焦煤企业组建“中国焦煤品牌集群”，与50余家钢铁、焦炭企业签订中长期合同，占到成员企业焦煤供需合同量的60%。发布“中价·新华”山西焦煤价格指数，打造焦煤市场“风向标”，推动“中国焦煤”走向世界，企业品牌形象和市场引领力大幅增强。

3. 高质量抓好经营管控

一是挖潜降本。建立目标成本管理体系，以企业效益目标倒算目标成本，对生产经营全过程和各环节实施全面控制，进一步降低可控成本费用。建立对标管理工作长效机制，分产业系统对标先进，确定重点指标，增强对标工作的针对性和实效性。强化“焦煤易购”运行效能，物资采购全部进入平台运行，建立现金采购价格体系，发挥规模效应，降低采购成本。二是减亏增效。扭亏工作在所有产业板块全面推进，“一企一策”制定扭亏脱困方案，加大“僵尸”企业出清和低效无效资产退出力度，针对 34 户特困企业开展“僵尸”企业处置试点工作，用市场化手段逐步有序出清“僵尸”企业。三是资产盘活。各子公司将可利用物资在内部盘活，内部不能盘活的通过山焦机电在其他子公司盘活，实现闲置资产跨子公司之间的调剂使用。继续推进物资采购线上运行，实现闲置资产信息互通共享，健全完善集团内部设备、配件、材料的共用共储共享机制。积极开展经营性租赁业务，加强设备购置、出租、使用、维护、修理、报废全生命周期管理。探索经营性租赁与资本市场合作，利用资本力量推动经营性租赁产业化、证券化。四是转岗分流。按照“六个一批”安置思路，以组织化对外创收为重点，继续加大转岗分流安置力度。各级领导带头组织化对外创收，将各单位“走出去”创业创收人数纳入领导班子绩效考核范畴。出台优惠政策，鼓励多经后勤服务系统实行承包经营、自负盈亏，促进转岗分流。积极发挥人力资源公司作用，拓展与省内外企业集团合作，用好对外劳务合作资质，提供第三方劳动服务。五是融资优化。按照“控规模、拓渠道、调结构、降成本、防风险”的工作思路，优化融资结构，推进资源资产再评估和清产核资工作。充分利用企业债、永续债及其他债券创新产品进行融资，加大直接融资力度。用好三个上市公司平台，建立资本进入渠道，设立产业并购基金，用好降本增效基金和供给侧结构性改革基金，引进产业投资基金和股权投资基金。以“焦煤在线”为平台，开展供应链融资，积极探索境外融资、项目融资、股权融资。六是风险防控。强化风险防控体系建设，以“审计与风险防控信息平台”建设为抓手，借助信息化手段，强化风险防控。七是业绩考核。优化完善“4+1”业绩考核和绩效评价体系，进一步聚焦发展质量和效益，发挥考核的导向性。对子分公司全面实行契约化管理目标责任考核，一企一策，提高考核工作的针对性和精准性。

2018年22个子公司、235个基层单位全面推行契约化管理，有效激发经营活力。“一企一策”处僵治困，4户非煤“僵尸企业”稳妥处置；集团层面4户亏损企业中，山西焦化利润同比增长2倍多，其他三户企业同比减亏34.65%；子公司层面27户亏损企业实现扭亏。建立内部设备、配件、材料的共用、共储、共享机制，全年盘活闲置资产6968万元。加强应收、预付账款清收，清欠比例达44.5%。在2014~2017年转岗分流7.3万人的基础上，2018年再分流安置16466人，连续五年实现在册职工、在岗职工和领导干部职数的“三下降”。稳步推进“十大信息平台”建设，人力资源、煤炭销售、物资采购、财务共享、综合管理、项目管理等信息平台投入运行，信息化助推集约高效管理成效显著。集团总部完成内控体系建设，各子分公司同步推进，管理制度化、制度流程化基本实现，内控水平和风险防范能力显著提升。

4. 高质量抓好企业改革

一是提高集团化管控、板块化经营、专业化管理水平。加快建设十大信息平台，通过信息化手段实现集团上下信息互通、资源共享、优势互补的“穿透式”管理，切实发挥大集团集约管理效益。加快集团内控体系建设，重点对核心工作流程进行优化再造，确保流程顺畅、效率提高、风险受控；做好流程上线，实现管理全过程透明、留痕、可控，织密制度“笼子”。二是深化“三项制度”改革。进一步压缩管理层级，坚决消灭五级以下公司；加大专业管理技术人员市场化选聘力度，推进去行政化和任期制，试点推行职业经理人制度；按照“管理、技术、操作”三大序列深化人力资源管理制度改革，建立管理人员公开选拔、竞聘上岗机制；加强“三个工资总额”管理，在效率优先的前提下，建立正常增长约束机制；优化薪酬结构，实现井下一线、井下辅助、地面工作工资比例达到3∶2∶1；细化约束性条款，畅通退出通道，构建人员正常流动机制；严把人员入口关，加强“三定”，精干队伍，职工总数、在岗人数、干部职数持续保持“三个下降”。三是加快资本证券化、契约化管理、混合所有制改革、分离企业办社会、“三供一业”等重点领域改革工作。

2018年山西焦煤入选全国深化国企国资改革“双百行动”，综合改革实施方案上报国务院国资委备案，8个方面50项改革重点工作全面推进。清理3户五级公司、1户六级公司进入破产程序，法人户数压减24户。“三供一业”分离移交基本完成，实质性移交接管正在推进；市政、医疗、教育等其他办社会职能改革取得阶段性成果。厂办大集体改革完成32户，占改革企业总数的33%。在7户混合所有制改革试点企业中，山西凯硕文化传媒有限公司率先完成混改，效果良好。山西焦化重大资产重组全面完成，8个“新三板”培育项目有序推进，资产证券化工作取得突破。集团团委副书记公开选拔，审计、金融、营销等岗位面向社会公开选聘。以山焦化工为主体，整合同煤化工、潞安民爆、阳泉威虎，组建了专业化大型民爆集团，为全省民爆化工发展迈出重要步伐。

5. 高质量抓好创新驱动

一是深化科技创新体制改革，充分发挥两级技术中心作用，建立健全以项目为纽带、考核为导向、提升自主创新能力为目标的多级互动、资源共享、成果共有的创新管理体系。依托国家级企业技术中心、国家博士后科研工作站、山西省院士工作站等创新平台，加强与科研院所的深层次学科交叉式技术合作，实现产学研用协同创新。依托国际卓越煤矿瓦斯治理中心、国家级精细煤焦化工产业技术创新战略联盟，积极构建高端创新型合作平台。坚持问题导向，以18类企业急需攻关的项目为突破点，围绕煤矿安全绿色开采和清洁高效利用，电力、焦化、盐化产业高端转型升级，新兴产业培育和发展，强化科研专项攻关。围绕“一优三减”，加快推进“机械化、自动化、智能化、信息化”。加强重大技术攻关项目过程管理，严格按照“九段管理法”量化考核，强化技术创新成果转化。建立科技创新专项经费和研发准备金制度，集团年度确保1.5亿的科研资金用于重大技术攻关和科技专项，子分公司年度科技研发投入占主营业务收入达1.5%～2%。积极争取承担各级科技创新项目和资金，鼓励和引导各单位加强科研攻关，加快科研成果落地转化。加大科技人才队伍建设，积极引进海内外高层次、高技能人才和创新团队，形成支撑集团公司科技发展的核心中坚科技人才力量。二是不断加大“双创”工作力度。集团“双创基地”规范运营、提升服务、整合资源、落实政策，推进管理、制度、产业、商业模式、文化等各方面创新工作，争创山西省双创示范基地、国家级众创空间。深入开展好“合理化建议”竞赛活动、“金点子”工程、“五小”创新活动、QC 小组活动，推进全面创新和全员创新。

2018 年切顶卸压无煤柱开采技术在中兴矿、店坪矿、杜儿坪矿和官地矿进行研究和工程技术示范，达到国际领先水平；东曲矿立项实施充填开采，曙光矿采用 TDS 智能干选技术，霍州煤电开展煤泥再选技术研究；吉宁矿完成可控冲击波增透煤层技术两个阶段的增透试验，预测瓦斯治理达标时间节约 60%、节约投资约 20%。集团公司被认定为省属企业首家省级“双创”示范基地。

6. 高质量抓好文明创建

一是保持工资总额与经济效益同步，职工平均工资与劳动生产率同步，薪酬分配体现三个倾斜（向基层一线倾斜，向苦、脏、累岗位倾斜，向技术含量高的岗位倾斜）；强化社保基金缴纳管理，建立健全清欠长效机制，维护职工切身利益；继续推进保障性住房建设，有序解决职工住房问题；切实加强职工生活保障，维护合理福利待遇，按照在岗人数 5% 的标准组织安排好职工疗休养，增强职工群众的幸福感和获得感。全面加强生态文明建设，严守生态环保红线，主要污染物排放、主要产品单耗等指标符合国家及地方各项环保节能标准，矿区生态环境质量进一步改善。二是深入推进“焦煤文化提升工程”，加强形势任务宣传教育，深入开展“学习十九大精神，争做新时代先锋”大讨论活动；针对集团改革发展焦点热点开展形势任务教育，解疑释惑、凝聚共识；加快实施企业品牌战略，发挥品牌内在价值，提升企业综合竞争力；开展形式多样的职工文化活动，活跃文化生活，切实增强干部职工的凝聚力；厚植企业精神和核心价值观，构建与企业发展战略相一致的焦煤文化体系。

2018 年成功举办第十届职工技能运动会第一阶段比赛，广泛开展技术创新、技术比武、技术攻关等多种形式的群众性劳动竞赛活动，职工素质得到提升。汾西洗煤厂被命名为“山西省第一批社会主义核心价值观建设示范点”；马兰矿、李雅庄矿等 7 个单位被评为“山西省文明单位标兵”；屯兰矿、双柳矿等 10 个单位被授予“山西省文明单位”称号，文明创建亮点纷呈。10 个单位、68 名个人受到全国、全省煤炭系统表彰；2 个单位、6 个集体、4 名个人获得全省五一评选表彰，劳模精神、工匠精神得到弘扬。保障性住房建设稳妥推进，职工工资实现恢复性增长，全年支付提取各类社保基金 69. 89 亿元，职工利益得到保障。

7. 高质量抓好党的建设

坚持以习近平新时代中国特色社会主义思想为指引，加强企业党建工作，在推进深化改革、重点工程、重点工作等方面突出发挥党组织统揽全局、引领发展、监督保证作用；全面推进各级党组织建设，明确企业党委在决策、执行、监督各环节的权责和工作方式，准确界定各级党组织与董事会、监事会、经理层的职责关系并厘清权责边界，落实党建进章程；完善党建工作责任制考核体系，纳入集团“4 + 1”考核体系，与改革发展一起谋划、一同部署、一并考核，党委引领发展的作用更加突出；以党建“三基”为抓手，带动集团“三基”工作全面提升；落实集团党委巡察工作办法，将企业改革转型工作落实情况作为重点，开展党委专项巡察，确保各项改革转型措施落到实处见到实效；着力转变作风，落实好“13710”工作机制，强化督办考核，紧盯不落实的事，问责不落实的人，确保各项工作落到实处；大兴调查研究之风，规范领导干部每月下基层调研的最低次数，明确调研质量要求，把功夫下到察实情、出实招、办实事、求实效上。

三 下一步发展思路

山西焦煤坚持以习近平新时代中国特色社会主义思想为指导，深刻领会习近平总书记关于能源革命的重要论述，坚决贯彻党中央实施能源革命战略的重大决策和山西省委关于开展能源革命综合改革试点的安排部署，坚持站在能源革命的时代高度，紧密结合企业实际，谋划制定《山西焦煤集团（2019—2021年）改革创新、转型升级行动纲要》，进一步明确了集团发展的发展思路、发展愿景、发展路径和发展目标，确定了38项重点工作和34项重大转型项目。山西焦煤正按照“创新、协调、绿色、开放、共享”新发展理念要求，高质量建设具有全球竞争力的世界一流焦煤企业。

1. 站在能源革命的时代高度，谋划制定三年行动纲要

发展思路：以习近平新时代中国特色社会主义思想为指导，按照“能源革命”基本要求，以高质量发展为主线，全面落实“双百行动”方案，充分发挥国有资本投资公司功能，大力实施“1126”（瞄准一个愿景，坚持一条路径，聚焦“安全高效生产煤”和“清洁绿色利用煤”两个关键，夯实六大保障）发展战略，积极培育新优势、激发新动力、展示新形象，争做深化改革、转型升级、能源革命排头兵，加快建设具有全球竞争力的世界一流焦煤企业。

发展愿景：建设具有全球竞争力的世界一流焦煤企业。

发展路径：聚焦主业、循环发展、创新驱动、开放融合。

聚焦主业——坚定专业化大集团发展方向，做强做优做大焦煤主业，加快焦煤先进产能建设和兼并重组，统筹煤焦一体化发展，提高焦煤产业集中度、市场话语权、行业影响力和核心竞争力。

循环发展——大力发展循环经济，以煤电材（铝）、煤焦化（钢）两个一体化为重点，延伸产业链条，加快接链补环和填平补齐，优化产业产品结构。

创新驱动——落实“双百行动”改革方案，发挥国有资本投资公司功能，优化集团管控模式，完善市场化经营机制，加快制度创新、管理创新、技术创新、服务创新，转换发展动力，激发企业活力。

开放融合——加快对外开放，面向国外国内两个资源、两个市场引资、引智、引技，与上下游企业深入开展战略合作；内部产业优化重组，扶优扶强，消灭低水平重复现象，发挥大集团协同集约效应。

发展目标：

（1）主业集中度显著提高

双管齐下提高焦煤资源占有和销售两个集中度，到2021年集团煤炭资源占有量达到319亿吨，产能达到2亿吨/年，产销量达到1.5亿吨/年，焦煤市场占有率达到10%。

（2）辅业发展质量显著提高

加快对外开放合作，积极推进煤电材（铝）、煤焦化（钢）两个一体化发展，到2021年集团焦炭产量达到1500万吨/年以上；电力装机容量达到5000MW；民爆化工产业进入全国行业前十。

（3）新兴产业培育显著加快

围绕焦煤主业做优做强，加快培育发展新兴产业，金融投资管理产业加快创新，提升专业化水平；现代物流贸易产业完成两个资源、两个市场关键性项目；战略性新兴产业取得突破。

（4）经营发展质量显著提高

关注效益效率，推进高质量发展，到2021年集团营业收入达到2000亿元以上，利润逐年增长10%以上；工业增加值达到500亿元以上，净资产收益率3.5%以上，国有资本保值增值率101%，资产负债率降低到73%以下；资产证券化率达到35%；全员劳动生产率达到25万元/（人·年）。

（5）改革活力显著提升

“双百行动”改革方案全面实施，市场化经营机制改革、三项制度改革等重点领域取得突破；企业法人治理运行更加规范；大集团协同效应有效发挥；历史欠账和遗留问题有效消化解决，企业活力动力明显提升。

（6）风险防控能力显著提高

坚决守住安全生产底线，杜绝重特大安全生产责任事故；坚决守住环保底线，杜绝重大突发环境事件；坚决守住稳健经营底线，确保经济稳定运行，全面提升企业抗风险能力。

（7）党委作用更加突出

“把方向、管大局、保落实”责任落实到位，工作创新不断深入，形成围绕企业中心工作发挥作用的制度标准和工作体系。

2. 坚持“1 +3 +N”产业布局，高质量构建现代产业体系

（1）做优做强焦煤主业，提升主业集中度

坚持市场化手段，对符合条件的优质焦煤矿井及资源进行优化重组；提升销售集中度，做好存量资源销售，进一步加大外采统销；化解过剩产能，到2021年关闭退出矿井20座，淘汰落后产能1600万吨/年；加快先进产能建设和现有矿井现代化升级改造，到2021年先进产能占比达到80%；加快推进智能化选煤厂建设；推进安全、绿色、高效开采，广泛应用充填开采、保水开采、煤与瓦斯共采、智能化开采等绿色开采技术，从开采源头实施“减量化”控制。

一是淘汰落后产能。煤炭产业开展“整合矿分批推进工程”，在2018年关闭正和、丰裕、昶元、鑫博、白龙5座矿井，退出产能375万吨/年的基础上，2019年加快关闭昌盛煤矿、团柏煤矿、庞庞塔煤矿三座矿井，退出产能660万吨/年；核减辛置、李雅庄、三交河、干河四座矿井430万吨/年产能，用于庞庞塔千万吨级矿井项目产能置换。

二是产业优化升级。煤炭主业深入开展“一优三减”，大力实施科技减人，切实降低安全风险，提高人均效率。2019年减少生产采区8个，30座生产矿井达到“一井一面”生产布局，所有生产矿井单班入井人数控制在700人以内；坚定“四化建设”，加快马兰矿、屯兰矿、沙曲一矿、沙曲二矿等6个自动化综采工作面建设，完成13项无人值守与自动化集控建设，实现无人则安，提高人均效率。

三是加快建设一批“装备优、用人少、效率高、效益好、安全有保障”的标杆性、示范性矿井，提高先进产能占比。进一步广泛推广应用充填开采、保水开采、智能化开采、煤与瓦斯共采等绿色开采技术体系，从源头实现“减量化”控制；推进集团选煤厂技术升级和智能化建设，实现煤炭加工利用过程的绿色高效。加快斜沟矿、庞庞塔矿、荣欣铁路项目、沙曲一矿、沙曲二矿竣工验收，谭坪矿一期、中峪矿、灵北增层划界、吴家峁矿产能置换等重点项目和工程进度。

四是采取市场化手段，全面部署炼焦煤资源整合工作，加快整合省内外优质炼焦煤资源。组建山西焦煤集团“产业并购发展基金”，支持集团实行战略性并购重组。聚焦炼焦煤主业及上下游配套产业，加强与央企、地方大型国企和优质民企合作，重点推进省外六大炼焦煤富集地区和省内炼焦煤企业兼并重组。借助“一带一路”倡议契机，以煤炭购销和产能合作为重点，探索走出国门，提高炼焦煤资源集中度。

（2）三大辅业循环促进，提升发展质量

一是焦化辅业积极延伸“煤焦化（钢）”一体化发展，继续推进洪洞“煤焦化”、曹妃甸“煤焦钢”循环经济园区建设；积极发展现代煤化工，加快推进60万吨/年烯烃及配套甲醇项目、建设山焦焦炭介休500万吨/年焦炭及配套项目、加快推进与首钢集团合作建设京唐焦化二期420万吨/年项目。

二是电力辅业积极延伸“煤电材（铝）”一体化发展，继续推进古交、兴县、临县、交口四个“煤电材（铝）”循环经济园区建设；大力发展低热值煤坑口电厂及热电联产项目；加快发展瓦斯发电、分布式光伏发电等清洁能源发电项目。

三是民爆化工辅业以山西省民爆集团有限公司为平台，在前期重组整合同煤化工、潞安民爆、阳泉威虎等四家企业成立山西省民爆集团的基础上，与全球行业巨头奥瑞凯公司建立战略合作关系，共同研发上马高精度导爆管雷管，抢占高精端市场。特别是山焦化工驻吉尔吉斯斯坦办事处成功挂牌，并与吉尔吉斯富金矿业和卡斯公司建立合作伙伴关系，为民爆化工进军中亚奠定了基础。

四是加大开放合作力度。以“煤电材（铝）、煤焦化、煤焦钢”三个一体化为重点，加大开放合作力度。焦化、电力等传统优势产业，存量部分加强资本运作，逐步减持、置换、退出股权，引入合作方，达成共赢；增量部分进一步深化煤电结合、煤焦结合、煤化结合、煤钢结合，采取灵活合作机制，形成对主业的有力辅助。

（3）围绕焦煤主业，加快培育发展新兴产业

以现代金融产业、现代物流贸易为重点，加快培育新兴产业。发挥好山

焦资本、财务公司、融资担保、融资租赁自身优势，做好产融结合，加强资本运作，形成新的利润支撑点。优化物流资源布局，创新营销思路、模式，控制贸易风险，减少微利业务，杜绝无利贸易。

一是加快培育金融投资管理产业，提升金融板块专业化管理水平，推进其持续健康快速发展，以打造集团新的盈利支撑点为目标，推动集团转型与产融结合。

二是加快培育现代物流贸易业，拓展完善物流运输渠道，在扩大铁路运输优势的基础上，大力发展现代公路物流运输，加快日照港配煤基地建设，充分发挥集团公司“物流在线”服务功能。创新营销模式，强化市场引领，继续推广“焦煤在线”平台，设立省外交易分站，通过优质高效服务吸引更多外部煤焦产品上线交易。运用好“中价·新华”山西焦煤价格指数，做好指数发布的数据支持和应用工作，使其真正成为贴近实际的行业“风向标”和“晴雨表”，引导市场预期，为长协公平合理运行提供科学依据。持续推进“中国焦煤品牌集群”建设和自律机制，发挥好“中国焦煤品牌集群”主席单位作用，推动出台行业发展规划、焦煤产品标准及质量体系，提升中国焦煤的品牌形象，实现无形资产增值增效，切实提高山西焦煤的市场影响力和引领力。

三是拓展市场增量，扩大外采统销。在做好现有资源外采统销的基础上，立足省内、着眼全国、放眼全球寻求资源合作，抢占物流战略资源，与各大优势企业积极接洽，达成合作共识，坚持“成熟一家、运行一家”的原则，不断扩大外采资源量，进一步提高集团焦煤资源市场占有率。

四是联合上下游企业，实现一体化联动。充分发挥集团最大焦煤供应商在资源、市场、运力、客户、资金、品牌等方面的优势，通过与上下游企业进行深度融合，逐步从单一的煤炭生产供应商向煤炭供应链管理服务商过渡，创新煤焦供应链管理服务体系，实现从“卖产品”到“卖服务”的转变。实施销贸体制创新工程，利用集团统一销售平台优势，为各贸易单位开展业务提供全方位支持；引导各贸易单位逐步形成各具特色的外采统销实施路径，支持差异化发展，努力在煤焦钢上下游及新产业方面开拓新的发展领域，打造集团新的经济增长点。

五是充分发挥运城盐化盐湖资源多样性优势，着力开发文化旅游、化工、生态养殖、光伏发电、黑泥化妆品、现代物流等六大产业，推进“退城入园”。

六是联手外部高端 IT 企业，在信息化、智能化方面开展深度研究合作；整合集团内部信息产业，发展大数据产业集群；规范集团内部市场，统筹信息系统运营维护。

七是积极培育应用储能技术、垃圾飞灰、微波脱硫、聚氨酯复合材料等新技术；推进资源综合开发利用，铝矾土、瓦斯、矿井水、煤矸石、粉煤灰等综合利用率进一步提高。

八是加大开放合作力度，加快推进“腾笼换鸟”。重点推进吉尔吉斯斯坦混装炸药生产线、日照储配煤基地等合作项目。八个“腾笼换鸟”项目进一步加大推介推广力度，力争早日落地，争取资金为集团处理历史遗留问题与新兴产业发展提供有力保障。与中科院北京分院推进新兴产业技术成果转化，与浪潮集团合作推进能源云智能化信息平台建设，与百度公司合作推进数据标注产业项目，与中国国际咨询公司合作共建新兴产业项目等一批重大合作事项加快推进。

九是严格控制新上项目，选择符合国家产业政策和集团新产业布局的项目加以培育发展；选择一批有潜力的优质中小企业，对照上市公司标准完善手续，推进独立上市、打包上市或培育新三板上市。

十是做好新兴产业优质项目的梳理、培育和储备工作，培育储备技术成熟、市场化程度高、前景良好的项目。加强自身研发设计力量，做到生产一代、储备一代、研发一代、创意一代、调研一代。

四　政策建议

为大力推动集团早日发展成为具有全球竞争力的世界一流企业，实现高质量的、突破性的改革转型，需要政府提供以下政策支持。

（一）发展类政策支持

1. 为推动集团建设成为世界一流、国内领先的特大型能源企业，建议政府加快能源行业兼并重组，支持集团通过市场化、法制化手段来兼并重组国内国外的炼焦煤企业。

2. 为减少市场无序竞争与恶性竞争，同时实现集团从卖产品到卖服务跨越，建议省政府支持由山西焦煤集团牵头，通过市场化方式组织成立“山西煤焦销售有限责任公司”，推动全省煤焦集中销售，鼓励山西省国有企业带头入股，建立按销量比例确定股比等相关机制。

3. 为有效、灵活、充分发挥集团国有资本投资公司的战略功能，建议实现对国有资本投资公司的监管市场化，加速建立以管资本为主的考核指标体系和办法，加大对集团的授权。

4. 为有效激励经营层、吸引高端人才，保障集团转型所需的人才配备，建议政府适当放开对员工持股试点企业的一些规定要求，如“企业的营业收入和利润90%以上应来源于其所在出资监管机构一级企业的外部市场”等，帮助化解集团员工持股工作推进障碍。

（二）减负类政策支持

1. 为有效解决集团作为老煤炭企业所属单位盈亏不均衡的税费问题，建议对集团企业所得税在各地征缴后，按照集团并表统一纳税额的办法重新核算，由省政府给予先征后返的支持，返回部分用于支持亏损企业扭亏脱困、转型发展以及职工安置等。

2. 为加强集团资本积累能力，缓解财务成本居高不下的压力，建议实施资源价款转增国有资本金政策，充实企业发展后劲。

3. 为降低集团成本、减少企业负担，建议将停产矿井列入国家战略储备煤矿，允许矿井产能纳入企业减量置换指标，允许煤矿手续继续延续办理不用补发，允许停产矿井的银行贷款停息挂账，直至允许其恢复生产作业。

（三）遗留问题解决所需政策支持

1. 对划拨困难企业遗留问题处理所需的政策支持

运城盐化、山西焦炭等国资委划转企业的资产处置、债权债务等历史遗留问题较多，保牌困难，耗费集团较大精力和财力，直接影响集团发展速度。

建议省政府根据这些企业经营现状，按照僵尸企业标准，由政府主导推动僵尸企业市场化办法退出市场。希望省国资委设立国有资产管理公司，专门负责僵尸企业内部整合、债务重组、产权转让、关闭注销、破产清算、移交处置等。在破产重组之前，应给予托管主体合理财税补贴，帮助其转型发展。

2. 处理整合矿井遗留问题所需的政策支持

本次去产能工作中的矿井大部分属于整合矿井，但是关闭退出涉及资产处置、债务处置、人员安置、剩余资源、资源价款返还、占用土地等处置问题，要具体明确的政策方可操作。

建议省政府出台相关政策细则，并关注民营股权关闭后的利益诉求，推动股权多元化矿井去产能工作。具体包括：一是尽快出台适合股份制资源整合矿井关闭退出的政策和产能置换方面的政策；二是建立山西省能源综合交易平台。出台配套政策办法，对在企业改革重组、去产能、改制等过程中需要流动的资源、资产、产能、负债、设备、土地等有价资产、使用权，统一到省综合交易平台进行交易流动。

3. 退出产能已缴资源价款、资金和财产损失的化解政策

关闭退出矿井前期在资产并购、资源价款、基本建设等方面投入了大量资金，形成了各种地面、井下资产。如果淘汰关闭将造成资金和资产损失，如何化解损失也是退出产能必须面临的困难和问题。

建议对已缴资源价款但未建成投产、未开采动用的资源储量，制定相应的政策将此部分资源价款退还企业，或置换为“十三五”规划的接替项目产能；对资产处置损失出台相应的补偿政策措施。

4. 调高奖补资金并允许大集团内部成员企业间统筹安排使用

目前吨煤160元奖补资金对于负担较重、人员较多的老矿井来说明显不足，如白家庄矿（100万吨/年）按此标准实施关闭所得奖补资金为1.6亿元，但根据目前初步估算关闭费用在5.2亿元以上。

建议国家调高奖补资金标准。同时奖补资金建议由集团企业统筹安排使用，清偿拖欠职工工资社保、对接收分流安置职工的企业进行奖补、对“双创”人员实施就业补助等。

5. 有条件开放项目审批通道，合理引导先进产能释放

去产能政策导致多数煤矿项目手续停办，但部分大型现代化矿井投资巨大，并已基本建成，如斜沟煤矿（1500万吨/年）、庞庞塔煤矿（1000万吨/年）、灵北煤矿（240万吨/年），已基本具备安全生产条件，手续不健全，不能合法生产将带来投资沉淀损失。

建议国家有关部门有条件开放项目审批通道，如已列入国家煤炭工业五年发展规划、取得“路条”且基本建成的项目，继续加快后续手续的正常办理；对前期大部分手续已完成的先进产能煤矿项目，在等量置换的基础上也要加快核准。

B.8

创新驱动　改革开放　转型升级　加强党建　为加快构构建高质量现代产业体系而奋斗

阳泉煤业（集团）有限责任公司*

摘　要：　为加快构建高质量发展战略格局，本报告简要介绍了阳煤集团的基本情况和创新驱动“127”高质量发展战略格局的指导思想、实施路径和保障措施。

关键词：　阳煤集团　高质量发展　“127”战略格局

一　阳煤集团简介

阳泉煤业（集团）有限责任公司（以下简称“阳煤集团”）成立于1950年1月，前身为阳泉矿务局，是国家首批确认的特大型国有煤炭企业、

---

* 课题组组长：翟红，阳煤集团党委书记、董事长，高级工程师；王永革，阳煤集团党委副书记、副董事长、总经理，高级工程师。副组长：令狐建设，阳煤集团总工程师，正高级工程师；高彦清，阳煤集团党委常委、总会计师，高级会计师；冯志武，阳煤集团总经济师，高级工程师。成员：马全动，阳煤集团副总经济师、节能环保部部长，高级政工师；张吉林，阳煤集团副总工程师、通风部部长，正高级工程师；王强，阳煤集团副总会计师，高级会计师；李怀明，阳煤集团党委办公室主任，高级政工师；张利华，阳煤集团行政办公室主任，政工师；付书俊，阳煤集团生产技术部部长，高级采矿工程师；段日雄，阳煤集团战略计划部部长，高级工程师；张文才，阳煤集团人力资源部部长，正高级政工师；白平彦，阳煤集团股权投资部部长，高级会计师；王怀，阳煤集团财务部部长，高级会计师；郑海山，阳煤集团信息管理部部长，高级经济师；樊稳，阳煤集团天安产业孵化器公司副总经理，注册会计师、注册税务师、会计师。

全国最大的无烟煤生产基地。凭借得天独厚的矿产资源、钟灵毓秀的文化底蕴、优越便利的交通环境和敢为天下先的胆识气魄，阳煤集团已成长为长期位居世界企业500强的跨国、跨地区、跨行业、跨所有制巨型企业航母。现有总资产2400亿元，二级分子公司62个，职工17万人。阳煤集团正在逐步形成以“一个构建”①、“两个迈向”②、“七大产业板块”③ 为核心要义的“127”发展战略格局。

煤炭板块拥有煤矿41座，分布在山西的阳泉、晋中、太原、忻州、朔州、临汾和新疆，保有储量200亿吨，煤炭产能8630万吨，是中国最大的无烟煤生产基地。

化工板块拥有25家公司、156套装置、1600万吨产能，产业规模山西最大、全国第三。拥有农用化工、基础化工、精细化工、新型煤化工、化工新材料、化工装备制造等六大类型、80余种主要产品。

铝电板块生产和建设电力装机容量600万千瓦，铝矾土矿产能220万吨，氧化铝产能110万吨，电解铝产能23万吨，铝板带加工产能23万吨，金属镓产能25吨，已经形成了“煤—电—铝”和“铝土矿—氧化铝—电解铝—铝品加工”两条完整的产业链，是山西三大铝工业基地之一。

现代工业新业态板块已经成立了装备制造“4S”中心、瓦斯地质研究应用中心、矿建安装工程中心、选煤中心等四个中心，由单一的装备制造、地质勘探、井巷施工、选煤管理升级为集研发、设计、制造、安装、拆除、维修、运行、服务于一体的新型商业模式，实现了传统产业向新兴工业服务业华丽转型。化机规模位居全国前三位，国之重器——“晋华炉”成为山西的“新名片”。按照山西省委省政府部署，牵头重组省内煤机制造业，实现高端化、智能化、国际化发展。

现代物联网大数据板块借助国家京津冀地区散货运输“汽转铁”政策，

① “一个构建”是指构建高质量现代产业体系。

② “两个迈向”是指从有限的资源开采迈向无限的资源利用，从重工业迈向新兴服务业。

③ “七大产业板块”是指煤炭、化工、铝电、现代工业新业态、现代物联网大数据、现代智慧服务业、现代金融产业板块。

利用阳泉地处华北咽喉、山西东大门的地理优势，与中国铁路北京局、天津港集团共同组建国际陆港公司，把“出海口”搬到“家门口”。陆港项目发展迅猛，晋新班列实现“重来重去”，阳泉保税物流园区加速建设，平行进口车、甩挂车业务稳步实施，物流云平台业务上线运行，正向着全过程、全流程、全系统、全闭合智慧化迈进。

现代智慧服务业板块利用太化集团处于太原都市圈建设核心地带的优势，将康养产业与土地资源开发相结合，实施太化集团“土地+”战略，走出一条医疗、健康高端服务新路子，建设具有全省示范意义的大健康产业。

现代金融板块拥有阳泉煤业、阳煤化工、太化股份三个上市公司和金陵投资基金公司、上海博量融资租赁公司、阳煤融资再担保公司及阳煤财务公司，是阳泉城商行的最大股东。

二　阳煤集团高质量发展思路

（一）指导思想

以习近平新时代中国特色社会主义思想和党的十九大精神为指引，深入贯彻落实习近平总书记视察山西时的重要讲话精神，从改革开放40周年的伟大实践中汲取继续前进的力量，全面落实山西省委、省政府国资国企改革决策部署，加强“三基建设”、制度流程建设和体制机制建设，创新驱动，改革开放，转型升级，加强党建，着力构建高质量现代产业体系，以煤为依托，从有限的资源开采迈向无限的资源利用，从单一重工业迈向新兴服务业，建设安全、廉洁、高效、低碳、绿色、共享的新阳煤！

（二）实施路径

1. 以“一张蓝图绘到底”的决心，持续推进“123456”工程

（1）践行一种精神：契约精神

阳煤集团在现有运行体系的基础上，不断完善契约化管理的运行机制，

提高契约化考核的科学性、操作性、有效性。一是以行业平均利润率、净资产回报率的市场化方式确定主要经济指标；增加应收账款清收、僵尸企业出清、十三类风险防范等辅助指标，确保指标体系更加科学、更加精准、更加有效。二是按照“简政放权、放管结合、以管制放、以放促管”原则，强激励、硬约束，明确各单位、各部门的责权利，在固化常规性契约事项的同时，对瓦斯工资、井下井巷工程、项目投资、技术创新、处僵治困、实物产量等，以“一人一契、一事一契”形式进行契约化约束，保证集团公司重点工作、难点事项、瓶颈问题全部纳入契约化管控范畴。三是改革考核部牵头，对契约化考核进行效果评价，每季度组织一次监督检查，及时发现执行过程中存在的问题，随时调整和完善，提高考核政策执行的针对性、适应性；审计部门实行年终专项审计，提供第三方数据，避免指标注水，确保真实有效。

（2）解决“两个导向”：干部选用、薪酬分配

一是建立选贤任能、知人善任的干部选任机制。把政治标准作为选任干部的“第一道关口”，提拔重用树牢“四个意识”、坚定“四个自信”、践行“两个维护”的干部，政治不合格者一律不得提拔任用。加大公开选拔干部力度，树立公开、公平、竞争、择优的用人导向。拓展契约化遴选范围，逐步向煤炭化工以外的产业推广。在股份公司，积极推进市场化选聘，选拔一批经验丰富的优秀经营管理人员担任独立董事、专职监事、股东代表，为出资人监管运营质量。二是严管与厚爱相结合，激励干部忠诚、担当、作为。好干部是认真选出来的，也是严格管出来的。理直气壮为担当作为的干部撑腰鼓劲，建立诬告陷害、恶意举报查处机制。结合经营业绩和契约化考核，定期开展各级干部担当作为民主评议，表现好的，大力宣传，激励干部见贤思齐；表现差的，函询诫勉谈话，及时咬耳扯袖。持续开展煤矿“六大员”① 和总会计师“赛马”，并向其他产业板块拓展延伸。建立容错纠错机制，坚持“三个区分开来”，客观公正对待干部工作失误，逐人分析

① “六大员”：矿长、安全副矿长、生产副矿长、机电副矿长、总工程师、通风区长。

研判，防止简单“一处了之”。三是大力选拔培养年轻干部，着力打造一支忠诚担当、数量充足、结构合理、充满活力的年轻干部队伍，满足今后5年领导班子建设需要，保证干部新老接替、有序衔接。

建立合理有效的薪酬分配制度。一是不断细化完善科学的薪酬分配制度，坚持“增人不增资、减人不减资”的薪酬总量控制原则和“抽瓦斯挣工资”的薪酬分配导向，各级班子继续取消年薪制，坚持岗位业绩、安全风险抵押、契约考核的薪酬制度。二是坚持效益导向，合理设置创新创效创收利润分成制度，鼓励各单位降成本、提效率、增效益、涨工资。三是科学设置薪酬总额标准，同时突出不同考核重点，合理拉开付出多与少、贡献大与小的分配差距，实现有增有减、动态考核。四是统筹在岗人员和外用工薪酬管理，实行总额控制、捆绑考核，激励各单位真正精简人员，真实提高效率。五是对各基层单位的薪酬分配强化指导、加强管控，实行穿透式监管。

（3）坚守“三大生命线”：安全、实物产量、现金流

坚决守住安全、实物产量、现金流“三大生命线”，不仅是决定当前效率效益、运营稳定的命门，还是关系健康发展、永续发展的核心要素。

一是全力以赴保安全。牢固树立安全发展理念，大力弘扬“生命至上、安全第一”的思想，始终坚持“管理、装备、素质、系统并重”原则，持续创新和提升“166”安全管理体系。秉持“一个理念”，即“从零开始、向零奋斗”的理念。切实用好“六个抓手”①，全面实现“六个新提升”②。

二是精心组织实物产量。强化刚性约束，实行重奖重罚，不仅要丢票

① “六个抓手”：抓好重大事故预防，强化科学有效的防治措施；抓好安全生产标准化，全面夯实安全管理基础；抓好安全培训教育，培育本质安全的员工队伍；抓好短板管理，推动安全管理上台阶；抓好变化管理，形成快捷的应变机制；抓好“大超前”机制构建，有效管控安全风险。

② “六个新提升”：落实逐级安全责任，实现制度执行力新提升；坚持科技兴安，实现关键技术新提升；建设现代化高效矿井，实现办矿境界新提升；建设信息化高端平台，实现隐患排查治理能力新提升；建设专业化骨干队伍，实现采掘队伍管理水平新提升；强化综合监管，实现化工板块安全工作新提升。

子，还要丢面子、丢位子。把实物产量指标分解到每季、每月、每天，实施严格的月计划、月考核、月兑现制度，做到以日促月、以月保年。

三是强化现金流约束。深化以现金流为核心的全面预算管理，将每一项成本费用支出全部纳入预算，将每一项成本项目支出全部分解落实到责任单位，使每一个责任单位的经营活动，在耗费或支出上都能严格按照定额控制，超定额开支必须经集体研究决定。

（4）构建“四句话”体制模式：板块化经营、专业化管理、差异化监控、集团化运作

确立“板块化经营、专业化管理、差异化监控、集团化运作”的体制模式，将产品类型和新建项目全部纳入各产业板块，成立若干产业子集团；各产业子集团实行专业化管理，树立“做行业内的企业、不做企业内的行业”的理念，对标行业一流水平，建立现代企业制度，提升行业竞争能力；对各产业板块实行差异化管控，煤炭板块实行集权管控，非煤板块实行分权管控，明确出资人的责权利，以利润为落脚点，体现高质量可持续；集团母公司与各产业板块理顺关系，建立资本联结纽带，完善集团功能，规范权利义务，使集团公司、子集团公司、子分公司由物理结合变为化学耦合，大集团整体优势得到充分发挥。

（5）建立“五个一”机制体系：管好一个班子、建设一支队伍、核准一套指标、审批一类事项、防控一切风险

一是管好一个班子。按照习近平总书记对国有企业领导干部“对党忠诚、勇于创新、治企有方、兴企有为、清正廉洁”的 20 字要求，坚持管思想、管作风、管纪律，严格政治纪律，提升素质能力，实施考核激励，使各级领导班子具备履行岗位职责所必需的本领和能力。

二是建设一支队伍。打造一支有素质、有文化、有能力、遵章守纪的职工队伍。

三是核准一套指标。集团公司与产业板块、产业板块与子分公司要设置一套科学的指标体系。通过科学设置指标体系，将资源配置和内部组织方式集中到实现战略意图上来、集中到效率效益这一主题上来、集中到推动关键

环节和重点工作上来。

四是审批一类事项。通过合理划分集团公司与各产业板块的职责边界，做到集而有责、分而有控，该管控的管住、该放权的放开，既有效防控集团整体经营风险，又充分调动基层单位积极性。

五是防控一切风险。树立“企业安全高效运行、个人平安健康自由”的大安全观念，提高认识，深入摸排，建立风险预测预警机制、处置化解机制、早期干预机制和长效应对机制，坚决防止出现任何重大风险。

（6）强化“六个抓手”：抓精细精准、抓节能环保、抓成本费用、抓信息化、抓项目投资、抓文化建设

一是抓精细精准。实施精细化管理，提高执行力，使企业由无序化向有序化、由粗放型向精细化转变，存量要向增量转变。

二是抓节能环保。整合内部环保技术和市场，全面提升企业环保治理水平，培育具有自主知识产权的节能环保产业，构建绿色低碳循环产业体系，抢抓国家环保督察释放的巨大市场空间机遇，做强做优做大环保产业，打造生态环保样板企业。

三是抓成本费用。持续开展“降本增效补漏止血”行动，严格落实项目投资、生产投入、减员增效、薪酬管控、账款清收、集中采购、资金归集、僵尸企业出清等各项降本增效措施。

四是抓信息化。利用云计算、大数据、物联网、移动互联网等信息技术，全面构建“互联网 +”云平台，推动基础设施共建共用、信息系统整体部署、数据资源汇聚共享、业务应用有效协同，建设高度透明展示和一体化管控的智慧型、高科技企业集团。

五是抓项目投资。坚决落实“战略投资不落实不开工、融资方案不落实不开工”的原则，积极引进战投，推动传统产业优化升级，发展处于行业前沿的新兴产业，坚持引才、引智、引技，以企招企、以商招商、精准招商，不断延伸传统产业链条，大力培育战略新兴产业。以市场化理念、市场化思维、市场化方法和集团资源市场化协同配置，孵化培育，加快走向外部市场，打造完全的市场化公司。

六是抓文化建设。全面做实“1+9”[①] 文化，加强制度化、流程化建设，做到量化、细化、可操作、可考核，构建完整的文化管理考核体系，形成长效运行机制，推动企业文化建设“由虚到实”转变。

2. 全面深化改革，激发澎湃动力

（1）完善法人治理结构，建立现代企业制度

全面推动公司章程修订工作，明确党组织在公司治理决策、执行、监督各环节的职责和工作方式，在顶层设计上突出党的领导。对部分下属企业公司章程中显失公允的条款进行修订，充分体现大股东的话语权和“一票否决权”；明确国有股东在各级子公司中的高管席位，充分表达控股股东意志。

全面梳理独立董事、专职监事、股东代表派驻情况，完善日常管理考核制度、建立重大决策终身责任追究制度及责任倒查机制、实行日常信息沟通汇报制度，推行季度汇报、年度述职、任期评价的考评机制。

严格规范和履行股东会、董事会、监事会权责，强化各子公司“三会”监督指导，保障“三会”有效履职，建立符合市场经济规律的企业法人治理结构，进一步提升企业运行效率。

（2）坚决打赢降杠杆、“处僵治困”、防控风险攻坚战，推动企业瘦身健体

通过与金融和投资机构开展合作，通过发行永续债券、可续期债等权益工具，改善集团公司负债结构。充分利用上市公司平台，多渠道开展资本运作，积极引进外部战略投资者。加快市场化债转股进度，争取有实质性进展。

稳妥推进“处僵治困”工作，积极推进煤机装备制造业的整合重组、混合所有制改革，助推政府完成国企剥离办社会职能、厂办大集体改革。

---

① “1+9”：阳煤集团企业文化体系以社会主义核心价值观为统领，以“同心做人、合力做事”为核心理念，以政治文化、战略文化、安全文化、廉洁文化、学习文化、管理文化、创新文化、争先文化、融合文化9个分项文化为支撑，涵养上下同心、和合一体、休戚与共的时代价值观、文化向心力、行动执行力。

强化重大风险防控，动态监测预警，积极消化存量风险，严格控制增量风险。防范债务兑付风险、强化贸易风险防控、建立完善担保制度，同时按照全面清理与重点清理相结合、清理存量与严控增量相结合、建章立制与长效机制相结合的原则，持续推进应收账款清收。

（3）推动国企历史遗留问题处理，使企业能够轻装上阵参与市场竞争

进一步提高政治站位，切实增强使命感、责任感和紧迫感，抓住最后窗口期，搭上最后一班车，动真碰硬，真抓实干，最大限度解决历史遗留问题。阳泉市泉西热力、西诚供水有限公司的正式运营，标志着“三供一业”分离移交工作迈出了实质性步伐。

按照“先易后难”原则，加快厂办大集体改革。加紧推进剩余拟关闭企业的注销手续办理，做好税款清理、存货处理和债权债务移交。稳步推进拟改制企业的改革进程，严格按照山西省厂办大集体改革精神要求，选好改革路径，做好资产划拨和核销以及改制后的业务帮扶工作。

（4）实施混合所有制改革，利用上市公司平台，全面提升企业管理水平

按照完善治理、强化激励、突出主业、提高效率的原则，对接行业领先企业，寻找潜在合作伙伴，大力推进“腾笼换鸟”项目合作，开展七元、西上庄等项目股权合作，推动农业项目股权转让；在平定化工二期、平原化工搬迁项目、沧州正元二期、齐鲁一化多元醇等新开工项目中积极引进战略投资，在空分、气化、净化、公用工程等部分与盈德气体、美国AP、火箭院积极合作，降低项目投资，推进股份制多元化改革，在提质增效上迈出重要步伐。

利用宝贵的上市公司资源和严格的监管法则，建立资源集中、市场运作、有退有进、灵活高效的运营体制，让企业完全走向市场，推动国有资产动起来、活起来。积极对接资产经营管理机构，努力改善母公司资产结构。

3. 持续推动转型升级，争当能源革命排头兵

（1）推动煤炭生产革命，实现安全绿色智能化开采

全面试验和推广15#煤围岩控制、物探、自动化采煤技术、岩巷爆破快

速掘进、盾构机、智能机器人，探索未来采矿新模式。扎实推广“7+3”① 瓦斯治理技术，完善施工工艺，固化现有技术，推动全面抽放达标，彻底解决阳泉矿区瓦斯制约安全生产和高产高效难题。

（2）推动消费革命，实现清洁高效低碳化利用

持续推进气化、催化、智能化技术创新。推动重点科技攻关项目建设，建成800吨/天R－GAS煤气化炉工业示范装置，完成1000吨/天二甲醚制乙醇中试实验，开展1000吨/年甲醇苯烷基化、1000吨/年己二腈和1000吨/年羟基乙腈制备甘氨酸中试装置的设计和建设，加快中催公司200吨/年“环己酮制环己酮肟催化剂”工业化装置建设。加快MTO催化剂试验和评估，及早实现恒通化工MTO催化剂替换，降低生产成本。推广寿阳化工智能工厂经验，提升生产效率和安全可靠性。

（3）大力发展新兴产业，实现新旧动能结构性转换

充分发挥大集团资本和技术孵化平台作用，利用产业基金，围绕“五个新”②，加快布局一批科技含量高、市场潜力大、盈利能力强、成长空间大的好项目、强项目，推动新旧动能结构性转换。

新材料。布局中国纳谷产业园，以“纳才、纳智、纳新”为定位，充分利用现有未投运星级酒店硬件平台，建成集项目孵化、技术转化、众创空间、投融资服务等产学研功能于一体的人才纳谷。建设全球最大的纳米气凝胶生产装置，预计年产达4万立方米，3～4年后形成百亿产值。试验生产纳米水溶性涂料，承揽楼房外墙保温市场业务。携手全球领先的锂电池正负极材料解决方案供应商——深圳贝特瑞新能源材料公司，新建平定5万吨/年煤制石墨负极材料产业园区，打造全国最大的高端人造石墨负极材料生产基地。

新能源。成立新能源矿山运输车辆研究所，引进日本氢燃料电池储能、加氢技术，研发和推广纯电动氢燃料电池矿山工程运输车辆，成为国

---

① “7+3”：以岩保煤、气相压裂、水力压裂、沿空留巷、水力冲孔造穴、保护层开采、小煤柱开采这七项技术和本煤层瓦斯抽采系统标准化、在线监测、精准计量这三种管理手段。

② “五个新”：新材料、新能源、新政策、新模式、新市场。

内电动重卡领域的排头兵。布局化学和飞轮储能产业，投资1亿元参股先进储能公司，把内部装置优势和外部技术优势相结合，培育壮大储能产业，将这一市场规模超过万亿元的新能源产业，逐步推向商业化、产业化、规模化。

新政策。组建国际陆港集团，把“出海口”搬到“家门口”，实现“公铁海江”联运，由“黑货”、“白货”拓展到“洋货”。阳泉保税物流中心（B型）及跨境电商项目签约、双阳国际供应链（跨境电商）与金融机构对接洽谈开启了合作新篇章。“保税物流中心”建成后，预计每年外向型经济总量将达到200亿元以上，将形成汽车整车与配件、跨境电商等五大产业，具备保税物流、加工、服务三大功能，建成连接海港、空港、边境口岸的综合物流园，有效融入“环渤海经济圈”战略、“长江经济带”战略、“一带一路”倡议等。开展新能源物流园区建设，开辟煤炭集运第二战场，有序置换天成公司煤炭运力，打造全省绿色物流示范基地；推动东方驿站互联网挂车租赁平台阳泉总部项目，开展东方供应链阳泉平行进口车物流中心建设，完善物流基地布局，形成示范效应；优化升级物流云平台系统，努力实现商务结算系统成熟运行，建设全过程、全流程、全系统、全闭合的智慧化公司。加速推进大健康产业项目，整合太化集团搬迁土地、现有医疗产业和药林寺天然氧吧资源，引入战略合作伙伴，分步实施项目建设，打造具有全省示范意义的大健康产业。

新模式。从重工业向新兴服务业转型，积极筹组山西煤机集团，在全面开展与波兰华星、德国EEP、美国久益、瑞典瓦撒拿、英国雷波等公司合作的基础上，加速收购德国HB布朗公司。目前已初步确定公司收购后的战略定位、组织架构、管理模式、发展规划，特别是创新经营理念，从“煤机制造”变为“生命全周期管理”，实现由“卖产品”向“卖服务”转变。积极探索知识密集型服务要素对制造业的嵌入，增加制造业的附加值含量，实现“智能制造、柔性制造、协同制造”，初步拟定制造业与服务业双向融合、互促共进的“双赢”战略，构建安装、调试、售后、维修、升级一条龙管理模式，探索“设备全生命周期”“定制化生产”“个性化服务”等商业模式和业态创新，助力山西由采掘文明向制造文明过渡，让山西制造走向世界。

新市场。2019 年 3 月 28 日，与韩国株式会社洁宜特、北京中保凯恩公司合资成立的山西晋韩洁环保科技公司成功揭牌，围绕废水、废气、废物处理，整合内部环保技术和市场，引进旋风布袋除尘器、复合型电袋除尘器、二氧化硫处理超清净脱硫技术等多种世界先进环保专利产品与工艺，培育具有自主知识产权的节能环保产业，打造绿色发展样板企业。探索“飞地经济”模式，上马电解铝产能、配套铝深加工项目，加快增量配电网建设，启动“煤—电—X”一体化项目，打造山西铝业“旗舰”。

4. 坚持创新驱动，打好主动仗，赢得“先手棋”

（1）推进制度流程创新，让懒人变勤、勤人更快

改变在长期的计划经济体制下，以“矿务局”模式配置管理层、设置部门和设计制度，适应产业多元化、竞争白热化的现代市场经济要求。坚持“三大原则”，实施“十项措施”，对总部机构人员、制度流程进行全面调整优化。

（2）“无中生有、有中生新”一起抓，推动科技创新多点突破和群体性跃升

强化科技创新战略引导和目标引导，抓重大、抓尖端、抓基础、抓弱项，在关键领域、卡脖子的地方下大功夫，集合精锐力量，做出战略安排，重点推进物探、瓦斯预抽、钻孔效率、煤层压裂增透、以岩保煤、铝业深加工、工业“三废”利用、煤气化、化工装置技术改造、煤化工新产品技术研发十个方面的技术创新。

（3）以“五个要”为抓手，聚集创新要素，激发创新热情，带动全面创新

一要树立创新理念。坚决破除僵化保守、因循守旧、封闭狭隘、资源依赖、随遇而安、庸懒散漫等不合时宜的思想观念，大力培育创新文化、营造创新氛围。二要引进创新引领性技术。三要搭建创新平台。积极申报国家和省级技术中心，筹建各产业板块技术研究院，以技术中心和研究院为平台，

与行业尖端科研机构合资合作，针对技术创新重点，推进产学研用一体化，引进、消化、吸收、再创新，将阳煤变成科研院校的“试验田”。四要引进和培养创新人才。瞄准行业一流技术人才，瞄准高端科研专家，高标准招人，高起点引智，与高等院校和科研机构合作，培养更多实用型人才。五要建立健全创新激励政策。健全符合市场化导向的科研激励机制，释放科技人才创新活力。

5. 加强党的建设，全面从严治党，为企业改革创新、转型发展提供强有力的政治保障

（1）坚持把党的政治建设摆在首位，树牢“四个意识”，坚定“四个自信”，践行“两个维护”

坚持党的集中统一领导，严格落实山西省委关于坚决维护党中央集中统一领导的规定，严格执行民主集中制，摒弃一切淡化党的领导的倾向，把党的领导体现到各领域、各方面、各环节，真正做到把方向、管大局、作决策、保落实，防止党的领导在实际工作中落虚落空。将学习贯彻习近平新时代中国特色社会主义思想作为重大政治任务，多读精读马克思主义经典著作，掌握立场观点方法，将其内化于心，做到虔诚而执着、至信而深厚，让理想信念成为心中的灯塔。把尊崇党章作为最根本、最重要的政治纪律，自觉地学习党章、遵守党章、贯彻党章、维护党章，坚持用党章规范言行、按党章要求规范办事。严肃党内政治生活，严格执行新形势下党内政治生活若干准则，认真落实“三会一课”、民主生活会、组织生活会、谈心谈话、民主评议党员等组织生活制度，增强党内政治生活的政治性、时代性、原则性、战斗性，不断培育良好的政治生态。

（2）加强党的思想建设，筑牢党建根基

将党性教育作为思想建设的根本任务，各级党组织书记要进厂矿、进车间、进班组，以习近平新时代中国特色社会主义思想为核心，以党的十九大精神为内容，登讲台、讲党课，让广大党员受教育、强党性。

（3）引申“五个一律”、“五类主管”专项整治，举一反三，以点带面，全面提升廉洁风险防控水平

建立“五个一律”[①] 治理整顿常态化机制，落实“五个一律”任职回避制度；建立健全“五类主管”[②] 人员岗位责任制、日常绩效考核及准入退出机制，实现管理规范化、制度化、标准化。

（4）深入贯彻新时代党的组织路线，全面加强党的组织体系建设

一是聚焦提升组织能力、增强政治功能，全面推动基层党组织建设。二是以强烈的危机感、责任感，对照职能、对标先进、认真盘点、列出清单、明确责任、抓紧改进，全面提升基础工作质量和水平。三是依托专业院校，利用各种阵地，开展党委党组书记党性培训、党支部书记务实培训、党务人员能力培训，让党员干部成为开展工作的“行家里手”，为加强各级党组织建设提供能力素质保障。

（5）落实管党治党主体责任，持之以恒正风肃纪

一是深化“两个责任”落实。各级党委强化政治担当、履行主体责任，确保党委主体责任落实到位。各级纪委聚焦主业、执纪问责，切实履行监督职能，保证纪委监督责任落到实处。二是健全完善领导干部监督体系。倡导清清爽爽的同志关系、规规矩矩的上下级关系，坚决做到“六个必谈”，全面推行领导干部任职“双审双评”制度，强化专项监督，引申肃清流毒专项整改活动，消除空白盲区，健全完善制度，形成长效机制。三是全面强化执纪审查。坚持有案必查、有贪必肃、惩前毖后、治病救人，把查办案件与加强教育警示、推进建章立制、强化纠偏治乱相结合，充分发挥办案治本功能，加大典型案例曝光力度，促进惩治成果向预防成果转化，达到查处一案、治理一片，处理一人、警示一群的效果。四是锲而不舍纠正“四风”。严格落实中央八项规定，认真查找“四风”突出问题，特别是形式主义、官僚主义的新表现，坚持问题导向，贯彻底线思维，立明规矩，标清红线，

① “五个一律”：对拉票贿选的，一律排除出考察人选；对买官卖官的，一律先予停职或者免职；对跑官要官的，一律不得提拔重用；对违反规定作出的干部任用决定，一律无效；对干扰破坏换届选举工作的，一律严肃查处。

② “五类主管”：采购环节的计划主管、物资设备的验收主管、工资奖金的发放主管、储备场所的看护主管、招投标的业务主管。

严惩不知止、不收手、不收敛的违纪人员。五是全面强化巡察工作。突出巡察重点，既要盯“树木”，重点解决违反政治纪律、政治规矩和责任不落实、决策不民主、履职不廉洁等问题，也要盯“森林”，着力解决选人用人、基层党组织建设、群众身边不正之风等难题。

B.9

潞安集团高质量发展实证报告

山西潞安矿业（集团）有限责任公司*

摘　要： 本报告简要介绍了潞安集团基本情况，高质量发展的总体思路、目标、重点任务、实施路径、面临困难和挑战，就如何推进企业高质量发展提出了打造国际化便利化开放合作营商环境、加快政策争取推进政策经营、建设“国家产业创新中心”推动企业创新发展等建议。

关键词： 潞安集团　高质量发展　“一主三辅两培育”

一　企业基本情况

山西潞安矿业（集团）有限责任公司（以下简称“潞安集团”）是山西省属五大煤炭集团之一，是中国煤炭绿色低碳转化和清洁高效利用的典范。近年来，致力于打造高质量发展的现代能源化工领军企业，大力推进稳中求进、改中育新、创中提质、实中见效，现已发展成为一个以优势煤炭产业为基础，新型高端现代煤化工为主导，绿色生物健康、半导体光电、高端装备制造等新兴产业协同发展的跨区域、跨行业的国有大型现代化企业集团。

目前，潞安集团拥有控股子公司共计206户，主要分布在山西省内长

* 课题组组长：游浩，潞安集团党委书记、董事长，高级工程师；刘俊义：潞安集团党委副书记、副董事长、总经理，高级工程师。主执笔：郭成刚，潞安集团政策和战略研究中心主任，高级经济师。成员：冯敏捷：潞安集团政策和战略研究中心科长，经济师。

治、临汾、忻州、晋中、吕梁等地市，省外远及上海、北京、新疆、江苏、山东、深圳、香港等地，拥有1家上市公司——潞安环保能源开发股份有限公司。潞安集团连续七年入围世界500强，居全球能源企业竞争力500强第296位，中国企业500强110位，中国能源集团500强第24位，并成功入选“改革开放40年中国改革发展杰出贡献企业”。

二　企业高质量发展面临的困难和挑战

1. 转型发展思想认识不足

在转型过程中，仍存在路径依赖的思维惯性和等靠要的思维约束，眼睛向内，瞄的是资源、盯的是煤价，煤炭市场好时不想转型、不好时无力转型，导致在把握大势、捕抓机遇上下手慢，在应对挑战、探索新路上迈步小，没有催生出向高质量转型进军的魄力和定力，思想认识、理念境界亟待扭转提升。

2. 产业发展不平衡

现代煤化工、生物健康等转型项目、新兴产业正处于建设期、爬坡期，产能和效益有待释放，利润很大部分还是来自煤炭产业，“一煤独大”的产业结构性难题没有得到根本扭转，新动能培育不足，发展质量效益不高变成客观现实。这就亟须培育壮大新的、更强劲的发展动能来接续。

3. 体制机制瓶颈亟待破解

随着高质量发展的快速推进，与产业结构多元化和跨区域布局相适应的体制机制尚不健全，尤其是“一股独大”的现状还在持续。尽管部分产业和权属企业进行了混合所有制改革的积极探索，但混改的优势和特色没有得到充分显现，这在一定程度上制约了高质量转型发展的积极性、主动性。

4. 转型所需高端人才相对缺乏

当前，原有的人才体系、结构和素质已不能适应企业高质量发展的需求。人才尤其是高端人才、高新技术人才严重缺乏，人才结构和人才分布也不够合理，成熟专业技术人才短缺，新兴产业技术专家型人才不足，一些吸引和激励人才的政策制度落实得不够到位，人才供需的矛盾成为集团高端转型发展的一大掣肘。

三　潞安高质量发展思路

（一）总体思路

紧紧围绕省委省政府“三大目标”，牢牢把握高质量发展的根本要求，聚焦“一主三辅两培育”① 产业定位，坚持稳中求进、改中育新、创中提质、实中见效，重点构建产业层次高、核心竞争力强、引领带动作用大、质量效益好的转型产业集群，致力打造清洁、安全、高效、绿色的中高端现代能源体系，推进优势转移、动能转换、产业转型，全面开创建设高质量发展的现代能源化工领军企业新局面。

（二）发展目标

紧密结合潞安高质量转型发展的现实基础和实际情况，形成以先进高效、优势明显的清洁能源和高端化工为主要标志的现代产业鲜明特色；以技术进步、创新驱动为主要标志的转型发展强劲动能、以现代企业制度为主要标志的科学管控能力，以显著经济社会效益和“生态 + 生产”“文化 + 文明”协调发展为主要标志的一流形象；致力在能源革命、高端化工发展、产学研用创新融合、国际化开放合作、国有企业党的建设等方面发挥引领示范作用，成为全国能源化工行业高质量发展的引领者和推动者。

① 一主三辅两培育：“一主”为现代煤化工产业，“三辅”为煤炭开采和洗选业、电力生产业、装备制造业，“两培育”为金融投资管理、生物健康产业。

四 高质量发展重点任务和实施路径

（一）聚焦重点产业，强化建设运营，加快高质量发展步伐

1. 做强做优现代煤化工产业

潞安坚持差异化、高端化、精细化产品定位，突出优势转型、特色升级，以科技为引领，致力推进“两个替代”：开发推广可规模化替代石油又优于石油的煤基高清洁能源，推动能源供给多元化和高品质，确保国家能源安全；开发与石油基差异化可替代进口的煤基高端精细化学品，实现资源利用的高端化。目前，先后建成投运16万吨/年煤基合成油示范项目、12万吨/年甲醇改精细化学品项目、180万吨/年高硫煤清洁利用油化电热一体化示范项目等三大煤制油项目，特别是2018年9月潞安180项目实现满负荷运行，以煤制油为代表的现代煤化工成为潞安高质量转型的主攻方向，进入“百万吨”时代；开发出五大类54种270个规格型号的高端精细化学品，形成应用推广一批、储备开发一批、攻关研发一批“三个一批”的开发格局。高端费托蜡、煤基Ⅲ+基础油、PAO、甲烷二氧化碳重整技术、FTO技术、OCM技术等多种产品和技术达到世界领先水平或填补了国内空白。

2. 巩固提升煤炭产业

坚定不移地走好“减、优、绿”之路，全力培育和释放优质产能，高效推进安全生产标准化矿井动态达标，先进产能持续保持全省领先；充分利用产能置换、减量重组等政策，全力抓好余吾、孟家窑等矿井产能提升工作；持续推进整合矿井达产、达标、达效和加快新建矿井建设；推进矿井“一优三减”，持续优化矿井生产系统，系统推进“减头、减面、减人”；持续提升矿井集约高效水平，推进煤矿安全、高效、绿色、开采技术集成，加快升级主力矿井综采配套装备，抓好智能化矿井建设，在高河、李村、古城等矿井试点推进无人化工作面建设；同时，强化洗选统筹管理，加快推进主力矿井洗煤厂系统改造，分区分片统一规划建设整合煤矿洗煤厂，以全面释

放集团洗煤产能。

3. 建设发展半导体光电产业

同长治市政府、中科院半导体研究所签订中科潞安深紫外 LED 项目合作协议，半导体深紫外 LED 芯片项目正式落户潞安。随着一期项目产能逐步释放至满产，将启动更大规模的亿颗深紫外 LED 芯片的二期建设。项目建成后，潞安将拥有全球首条量产化半导体深紫外 LED 芯片生产线，并形成以半导体深紫外产品和国际化研发平台为核心，布局千亿产值的半导体深紫外产业园区，打造国家级深紫外 LED 科创平台和产业化基地，抢占产业转型和价值链的最高端。

4. 培育打造高端装备制造产业

围绕加快构建中欧产业园，与 ABB 集团合作联合研发工业机器人、城市智能箱式变电站、中低压开关柜等；同德国沙尔夫合作加快筹建单轨吊轨道自动焊接生产线、托辊自动化生产线；与施耐德电气公司合作推进电气核心部件生产线建设；加快推进智能永磁同步电机、高压高效防爆电机等新产品规模化生产。

5. 培育发展生物健康产业

潞安紧紧把握时代主旋律，将生态保护、产业扶贫与转型发展有机结合，大力发展以油用牡丹、野樱莓为主体的全产业链生物健康产业。经过近 3 年的培育，建成 2 万亩油用牡丹育苗基地、29 万亩种植基地，存苗量 16 亿株以上，占全国育苗总量的一半以上，以及 2000 吨/年牡丹籽油深加工生产能力，种植区域覆盖省内外 9 个地市 57 个县区，成为全国最大的油用牡丹育苗、种植和深加工企业。“十三五”末，种植规模将达到 60 万亩，打造牡丹籽油高端食用油—牡丹胶囊—牡丹日化品—牡丹全花茶饮品—ω－3 系列药品的全产业链“智华天宝”高端生物健康品牌，打造百亿级生物健康产业。

6. 开发利用氢能产业

潞安积极把握产业发展趋势，加快布局氢能源产业。同德国 Aspens 公司签署《超纯氢气提取技术合作协议》《氢燃料电池生产项目技术许可和技术服务协议》《硅矿石生产电子级多晶硅合作研发协议》，积极引进 Aspens 公司先进成熟的氢气提纯储存及燃料电池技术，在中国区域独家开展产业化推广；同步开展高纯氢气提纯、电子级多晶硅技术研发工作，力争在潞安建设一条100方/小时焦炉煤气提取超纯氢气生产线；与美国AP公司在北京签署了氢能产业战略合作协议，成立山西潞安空气产品氢能源有限公司，迈出氢能产业合作实质性步伐；与东方电气签署框架合作协议，共同开展氢能源产业合作。在太原成立山西潞安阿斯本氢动力科技有限公司，大力推进氢能科技研发，牵头与太原理工大学、中北大学、山西大学、山西煤化所共同承担山西省科技重大专项《低成本高效率氢燃料电池关键技术及工程示范》项目研发，携手更多合作伙伴加快推进氢能全产业链布局，以科技创新确保产业具有持续竞争优势。

（二）深化改革创新，夯实管理支撑，推动高质量发展走向纵深

1. 强化集团管控

明确集团母公司和下属子公司的功能定位，强化集团公司战略控制、决策部署、政策引领、运营管控、资本运作、监督考核等方面的功能，把该管的必须管好，把该放的权力坚决下放，形成适宜的管理幅度和强度，并依据管理功能定位，重构完善组织机构，明确管理职责。

2. 深化全面改革

坚决贯彻国家和省关于国资国企改革“842”重大部署，认真落实省国资委改革要求，重点加快化工板块优化重组、股权多元化和混合所有制、资产证券化、处僵治困、三项制度、契约化管理、降低资产负债率、员工持股、潞安化工和石圪节智华股改上市、风险防范等改革，系统稳妥推进其他一般性领域的改革，推动用改革的手段激发活力、增强动力，力争走在省属国企深化改革前列。

3. 推进创新驱动

推进以科技创新为核心的全面创新，规划实施“个十百千万”[①] 计划，

① 个十百千万计划：依托国家煤基合成工程技术研究中心，做强做实10个科技创新平台，研发储备100项全球或国内领先高端技术，联系服务1000家国际国内客户及合作伙伴，培养10000名技术和市场服务人员，深入推进万众创新，促使创新优势加快转化为企业的发展优势。

完善提升高端开放创新平台，系统推进重大技术攻关及高新技术企业培育，加快推进自主创新、开放创新、全员创新，为高质量发展提供强劲的创新驱动力。

4. 优化金融服务

以服务实体经济为目的，以风险防范化解为重点，以北上广深投资金融公司的开放发展为依托，进一步做好金融服务、证券投资、股权投资、融资租赁等金融业务，持续提升金融投资收益，培育壮大集团金融投资产业，打造“潞安资本”。

5. 打造人才高地

强化人才是核心竞争力的理念，完善人才培养、引进、使用、考评、激励机制，着力培养引进企业改革转型发展急需的专业管理人才、高端化工和新兴产业领域的技术人才、资本运营人才、智能化信息化专门人才，创新实施高端复合型人才培养项目“蓝点计划”，进一步加大企业内部各类人才发掘、培养力度，做到人尽其才、才尽其用，让各类人才创新创业的激情竞相迸发。

五　推进企业高质量发展的相关建议

1. 关于打造国际化便利化开放合作营商环境的建议

国际化的开放才是真正的开放。打造能源革命排头兵，需要更加开放的发展环境，吸引更前沿的能源技术和更雄厚的国际资本。尽管政府制定出台了投资承诺制、金融扶持、减费降费等政策规定，打造了低碳发展论坛等能源合作平台，但政策落地见效、能源合作协议发挥作用还有滞后效应、梗阻现象，在很大程度上造成政策红利和平台效应没有在企业得到充分释放。建议眼睛向外，登高攀高，秉持更加开放包容的姿态和更好服务企业公民的心态，积极同全国经济发达、营商环境优质、服务标准优良的粤苏鲁等地区进行对标，“用足非常之力”，进一步出台完善更加有利于推动国际化便利化开放合作的系列制度体系，不断扩大山西的国际朋友圈、省际伙伴团，在更大范围、更高层次、更多领域推动国际化资本合作和国际化技术合作，推动营商环境的优化进入全国“第一方阵”。

2. 关于加快政策争取推进政策经营的建议

政策是最大的资源、是最好的红利。在经济发达省份推动高质量发展的过程中，能源政策的争取和经营是重要因素。而煤炭产业在争取政策、经营政策方面仍存在不愿为、不善为、不会为的现象，一定程度上拖累了重点项目建设的进度、延迟了企业高质量发展的速度。建议分门别类，算政策账、算长远账、算效益账，从破解企业高质量发展的瓶颈制约要素出发，集中优势资源、组织专业力量，对上创新思路积极争取政策优惠，对企政策倾斜扶持，最大限度地普惠能源企业发展。

3. 关于建设“国家产业创新中心”推动企业创新发展的建议

“国家产业创新中心”是构建国家创新体系的重要组成部分，是我国在战略性领域建立的国家创新实体，旨在培育壮大经济发展新动能，支撑供给侧结构性改革，引领国家创新能力的提升，打造行业的带头企业。建成后，可以在产业发展规划、项目立项及核准、资金投入、政策扶持、土地、税收、科研、人才等方方面面得到国家的更多支持，非常有利于山西省的高质量转型发展。以潞安为例，目前正积极申报“国家能源安全与绿色清洁高效利用产业创新中心”，已经成立了专门工作机构，制定了网络推进图和时间表，并积极与国家、省有关部门密切沟通对接，全力推进相关工作。但从实际情况来看，申报的难度非常之大，远非企业一己之力可以做成。建议能够在更多领域中、更高层次上，为像潞安一样致力创新发展的能源企业多呼吁、多争取，集众智、行众举，力争推动能源企业尽快建成国家产业创新中心。

B.10
坚定高质量发展路径 争当能源革命排头兵

山西晋城无烟煤矿业集团有限责任公司*

摘　要： 晋煤集团深入贯彻党的十九大精神和习近平总书记视察山西重要讲话精神，全力践行创新、协调、绿色、开放、共享新发展理念，秉承“开发清洁能源、助力美丽中国”的发展使命，紧跟国家供给侧结构性改革和能源革命战略部署，抢抓中央出台《关于支持山西省进一步深化改革促进资源型经济转型发展的意见》、《关于在山西开展能源革命综合改革试点的意见》以及山西省出台《山西能源革命综合改革试点行动方案》的重大机遇和历史契机，依托蕴藏在地层深处丰富的煤炭、煤层气资源禀赋，全力发挥企业在煤气共采、煤化延伸、煤电一体等方面的经验积累和独特优势，加快推动煤炭产业链、价值链从中低端向高尖端延伸发展，正在坚定朝着“做大做强燃气（煤层气）产业，变革提质煤炭、煤化、煤电产业，创新培育战略性新兴产业”的高质量发展路径不断迈进，努力争当能源革命排头兵，在建设现代能源体系的过程中展现担当与作为。

---

* 课题组组长：李鸿双，晋煤集团党委书记、董事长，高级工程师。副组长：王志清，晋煤集团党委副书记、副董事长、总经理，高级工程师。主执笔：李健，晋煤集团秘书局局长，高级经济师；陈晋亮，晋煤集团秘书局政研室主任，高级经济师。成员：常星星，晋煤集团秘书局政研室文秘科科长，经济师；王明港，晋煤集团秘书局政研室调研科科长，经济师；王晋波，晋煤集团秘书局政研室综合科科长，经济师。

关键词： 晋煤集团 高质量发展 燃气产业

一 企业基本情况

山西晋城无烟煤矿业集团有限责任公司（以下简称“晋煤集团”）始建于1958年，是一家有着60多年发展历史的特大型现代综合能源企业集团，历经2000年公司制、2005年债转股两次改制，现由山西省国有资本投资运营有限公司控股，国开金融公司、中国信达公司多家股东持股。企业现有56个子公司、11个分公司和1个托管企业，形成了以燃气为主业，煤、化、电为辅业的“一主三辅”产业体系，是全国最大的煤层气开发利用企业、优质无烟煤重要的生产基地、最大的煤化工企业集团和最大的瓦斯发电企业，经营范围覆盖全国19个省市自治区、72个市县，在岗员工总数14万余人。2018年，企业实现营业收入1710亿元、利润42亿元、上缴税费115亿元，位居2019世界500强第482位、中国企业500强第117位、中国煤炭企业50强第10位。

当前，晋煤集团正以习近平新时代中国特色社会主义思想为指引，按照国家能源革命、供给侧结构性改革战略部署，抢抓山西开展能源革命综合改革试点契机，瞄准高质量转型发展方向，积极转变发展方式，全面深化改革创新，加速产业优化升级，奋力开创企业“燃气为主，清洁高效，建设国际一流能源企业集团”的转型发展新局面。

二 推动煤炭产业高质量发展的思考与实践

煤炭是保障我国能源安全稳定供应的“压舱石”。推进煤炭产业高质量发展，既是新时代推动能源革命、全面提高煤炭供给体系质量、更好适应和引领经济新常态的必然要求，也是煤炭企业高质量转型发展的必然路径。晋煤集团坚定不移聚焦能源革命方向，坚定“产业优、质量高、效益好、可持续”的发展路径，审时度势、借势而为、应时而动，把立足煤、延伸煤、超越煤作为提高企业发展质量的核心抓手，全力推动煤炭安全绿色开采和清洁高效利用，不断在煤气共采、煤化联动、煤电一体等方面创新创造，确立形成了以燃气产业为主业，以煤炭、化工、电力为辅业的产业格局，力争率先走出革命兴煤的“康庄大道”。

（一）以煤矿瓦斯抽采利用为依托，做强做大燃气产业

从20世纪90年代初开始，晋煤集团就坚持以“保障煤矿安全生产、开发新型清洁能源”为使命，立足从源头治理矿井瓦斯，大胆引进美国地面煤层气开发技术，在国内率先开展地面煤层气抽采试验。经过近30年的不断探索与实践，煤层气产业已成为引领企业能源革命的最大特色和亮点。目前正立足做大做强燃气产业这个目标，着力引领非常规天然气（煤层气、页岩气、致密砂岩气）勘探开发，将山西打造成“全国非常规天然气基地”和“国家煤层气产业化基地”。

一是坚持采煤采气一体化。坚持以推进高突矿井向低瓦斯矿井转化为治理目标，秉持“瓦斯可治、突出可防”的理念，探索形成了“先采气后采煤、采煤采气一体化”的瓦斯综合治理技术体系，创新实施的多区联动立体抽采技术工艺实现了煤层气与煤炭资源的安全高效协调开发。煤矿规划区实施超前预抽，提前5至10年施工垂直井、丛式井、U型井开展地面钻井抽采；煤炭准备区通过布置井下水平钻孔连通地面钻井压裂影响区，最大限度提高地面瓦斯抽采效率；同时，应用定向钻机提前3至5年开展区域递进式预抽，全力推动准备区瓦斯抽采达标；煤炭生产区实施顺煤层密集钻孔、穿层钻孔，确保能抽尽抽、先抽后掘、先抽后采；采空区通过施工地面抽采井，最大限度抽采采空区内的残存瓦斯，规划至2022年将建成100口采空区抽采井规模，形成3亿立方米/年抽采能力。近年来，晋煤集团在突出矿井和高瓦斯矿井占到矿井总数近1/3的不利条件下，通过剔除“瓦斯”这一致灾因素，连续9年杜绝了瓦斯伤害事故。

二是坚持产业创新平台化。以科技创新推动产业发展，组建了全国唯一

的"煤与煤层气共采国家重点实验室"、国内第一家煤层气开发工程产学研基地，以及与国内29家单位共同成立的煤与煤层气（煤矿瓦斯）共采产业技术创新战略联盟等高端研发和技术交流平台，累计取得100多项引领国际先进水平的技术成果、600多项国家专利，先后承担了国家"十一五"、"十二五"重大科技专项"晋城矿区采气采煤一体化示范工程"，山西省煤基重点科技攻关项目"废弃矿井采空区地面煤层气抽采技术研究及示范"项目攻关等14项国家、省部级科研项目，牵头制定了《车用压缩煤层气》GB/T 26127—2010、《煤层气（煤矿瓦斯）利用导则》GB/T 28754—2012等7项国家标准和14项行业标准，形成了具有自主知识产权、适合不同煤矿区地质条件的煤层气抽采工艺技术体系，推动企业在松软低渗地质条件下煤层气地面开采、井上下全域采动抽采、采空区（废弃矿井）煤层气规模化开采等多种重大核心技术上实现了突破。下一步，将力争用3～5年时间，全力推动生物成气、低渗煤层煤层气、煤系气综合勘探开发等基础性、关键技术攻关取得持续突破，持续提升产业话语权和核心竞争力。

三是坚持开发利用规模化。加快推动煤层气开发利用规模化发展，形成了集科研、勘探、抽采、管输、压缩、利用等一整套煤层气产业链。目前，上游累计施工煤层气钻井5400余口，占全国总井数的近1/3，拥有了全国最大的煤层气抽采井群；中游建成了2座液化厂、7座压缩站、185座集气站、2座中央处理站以及24座加气站，拥有日处理能力达100万立方米的全国最大的中心集输站，以及2000多千米集输管线和百余辆煤层气运输专用槽车；下游获得太原、晋中等8个地市的燃气特许经营权，燃气销往山西、河南、河北、安徽等7个省20多个地市，拥有燃气用户近170万户、工业用户6000余户，每天有800万方煤层气输送到全国各地。2018年，企业完成煤层气抽采量29.58亿立方米、利用量20.23亿立方米，分别占到全国、全省抽采总量的16%和26%、利用总量的20%和28%。近10年来，累计利用煤层气151亿立方米，相当于减排二氧化碳2.3亿吨、植树造林1.84亿亩。

四是坚持产业发展集团化。坚决扛起加快山西省燃气产业重组整合的重任，以山西燃气集团为平台，推动多元股东持股的山西省级燃气集团高效完成重组、整装扬帆起航。目前，正在按照“聚焦燃气、产融结合、股权多元、合作共赢”的发展思路，立足“上游增量、中游合作、下游扩容”的发展路径，以上游产业合作谋求气权增量、以中游战略联动促进融合发展、以下游市场扩容开拓发展空间，通过以集团效应集聚发展资源、以协同效应促进集群发展，全力推进煤层气等非常规天然气全产业链一体化、高质量发展，力争实现燃气产能“一年五亿、两年翻番”，到 2022 年抽采规模达到 47 亿立方米，推动山西省实现 200 亿立方米的产量目标，在延伸煤、超越煤中着力打造规模领先、技术领先、效率领先、效益领先，具有全球竞争力的产业领先燃气旗舰集团。

（二）以煤炭资源绿色开采为根本，做精做优煤炭产业

自 1958 年建企以来，晋煤集团煤炭产业技术水平、效率效益、产能规模持续提升，累计为国家贡献优质煤炭超 10 亿吨，为经济社会发展做出了重要贡献。面对“绿色、低碳、高效、智能”新的发展理念，以及加速迭代的技术革命给传统煤炭产业带来的历史性变革，晋煤集团把创新办矿理念、转变办矿模式摆在更加突出的位置，坚定走“减”“优”“绿”发展之路，全力推动煤炭资源的安全高效、清洁绿色开发利用。

减，就是以减促增。严格贯彻落实国家煤炭去产能决策部署，将去产能作为企业提效率、优结构、强质量的重要举措，“十三五”期间预计关闭和置换退出矿井 19 座，合计产能 1915 万吨/年，退出矿井数量和退出产能总量均列山西省属煤炭企业首位。在此基础上，紧紧围绕“无人则安、少人则安”，强力推行“减水平、减头面、减人员”，大力推广“一井一面”生产模式，科学优化采掘系统布局，不断在盘区作业数量、工作面数量、煤柱留设尺寸、井下作业人员上做减法，有力推动了工作效率、资源利用、安全可靠水平的持续提升。以下属矿井为例，亿欣煤业成功试点“110”工法，最大限度促进了资源回收率的提高，践行了煤炭资源绿色高效开采；赵庄煤业通过减少盘区数量和工作面煤柱尺寸，煤炭资源回收率增加 10 个百分点；

各矿井通过装备和系统的持续优化，井下作业人员全部控制在700人以下。

优，就是以优提质。致力于推动煤矿行业由粗放式管理模式向“智慧智能”方向转变，高度重视数字化、网络化、智能化对煤炭产业高质量发展的支撑作用，努力以理念变革、模式变革引领煤炭产业质量变革、效率变革、动力变革，全力打造效率高、效益好、安全保障能力强、可持续发展能力强的现代化矿井。坚持以创新办矿理念为引领，基建矿井强力推行建矿模式转变，高标准起步大力推广应用成熟的智能化装备，着力打造一批一流装备、一流工艺、一流技术、一流管理的现代化标杆矿井；现有生产矿井加快安全生产标准化建设，企业先进产能占比达到75%；预计到2020年底前，企业90万吨/年及以上生产矿井将全部达到一级安全生产标准化等级。坚持以“四化建设”为支撑，按照“自动化减人、机械化换人”的思路，下属千万吨级矿井全面应用自主研发大采高采煤工艺，中小型矿井创造性实施短壁大采高“采内放外”和小滚筒大采高“割底放上”采煤工艺，矿井综合采煤机械化率全部达到100%，综合掘进机械化率达90%以上；加快井下工业环网信息化及自动化集控系统建设，推动“远程监控+集控+巡检”信息化、自动化控制，晋煤集团“一朵云”和数据管理项目两项技术成果获评煤炭行业“两化深度融合”优秀项目。目前，正在基于“一张网、一张图、一张表、一盘棋”的总体设计思路，建设生产信息智能化管理系统，通过“GIS+煤矿生产信息数字化+大数据分析”的全面应用，实现安全生产多种业务数据一体化集成。坚持以智能化建设为方向，以数字化网络化智能化为牵引，超前开展煤矿安全生产智能化研究与应用，积极探索通过建立集通信网络、视频监视和远程操作于一体的工作面集中监控平台，实现对工作面设备的实时掌握、“一键”启停、干预操控、协调管理和集中控制。特别是提出了“建成一个薄煤层、一个放顶煤、一个大采高智能化工作面，一个自动掘进、割煤、钻孔、支护的综合智能化掘进工作面”的目标，下属长平公司重型放顶煤智能化工作面已正式投入运行，寺河二号井薄煤层智能化工作面即将投入生产。此外，正在积极研发制造和探索应用煤矿工业机器人，努力将人工智能、智能制造融入企业安全生产各个环节，依托技术革命实现生产力质的飞跃。

绿，就是以绿促转。晋煤集团牢固树立和践行绿水青山就是金山银山的新发展理念，始终以绿色化发展要求倒逼煤炭高质量发展。坚持绿色开采先行，着力推动煤炭资源开发与生态环境协调发展，将绿色开采贯穿于煤炭生产洗选全过程，积极推广煤矿保水开采、充填开采、无煤柱小煤柱开采、矸石返井、煤气共采等绿色开采方式。2018 年，企业吨煤生产综合能耗 4.27 千克标准煤/吨，远低于国家标准。坚持与生态保护并重，最大限度降低生产过程中能源消耗、废物排放、资源扰动等对生态环境的影响，坚持走绿色循环、低碳清洁之路，深入实施“蓝天碧水工程”、“污染减排工程”和“生态恢复治理工程”，企业储煤场实现全封闭生产，燃煤锅炉全部实现脱硫脱硝除尘，洗选厂煤泥水实现零排放一级闭路循环，矿区生活污水处理达地表三类水排放标准。特别是针对煤炭生产伴生物——煤矸石，多措并举加大煤矸石清洁高效综合利用，在煤矸石制砖、煤矸石填沟造地等方面取得积极成效，正在争取主导建设山西煤矸石综合利用基地，以技术革命带动转型升级。此外，着力解决煤炭敞车运输和短驳运输污染问题，超前研究“公转铁”运输结构调整，启动煤炭物流多式联运、煤炭集装箱式等新的运输模式，为下一步打造“公、铁、水”多式联运绿色物流体系奠定了坚实基础。近年来，下属成庄矿等多个矿井被评为“全国矿产资源合理开发利用先进矿山企业”、“山西省生态示范矿井”等，企业发展的“含绿量”持续提升。

（三）以煤炭清洁转化利用为抓手，改造提质煤化产业

晋煤集团积极顺应全球能源向低碳清洁转型的发展趋势，将改造提质煤化工产业作为推动煤炭清洁高效转化的重要路径，持续延伸产业链条，强力推动煤炭从原料向材料转化、从大宗化学品向终端应用品拓展。

一是延伸产品价值链条。依托企业在全国 11 个省（市、自治区）组建、控股的 21 家化工生产、研发、销售二级公司和 1 家煤化工专业技术研究机构，积极开发市场前景好、竞争力强的精细化工、新材料产品，因地制

宜大力发展煤制油、煤制甲醇、煤制乙二醇等现代煤化工项目，提高产品的经济附加值，推动初级产品向下游产品、精细化工产品和新型化工材料方向延伸，推动煤化工产业向高端化迈进。2018 年，企业完成尿素产量 970 万吨、甲醇产量 530 万吨、精细化工产品 166 万吨，在合成氨、尿素等基础化工产品规模占到全国比重的 20%、甲醇产能规模占全国总产能的 11% 的基础上，推动“高硫煤洁净利用年产百万吨清洁燃料项目”、昊源化工年产 50 万吨二甲醚、26 万吨苯乙烯等一批重点项目落地见效；推动组建甲醇清洁能源产业联盟，正在申请进入军队甲醇燃料物资供应商名录；与美国塞纳达生物公司签订燃料乙醇战略合作框架协议，谋划布局燃料乙醇项目，提升价值创造能力。得益于煤化联动和煤化延伸，晋煤集团化工产业链消耗企业煤炭商品煤总量 40% 以上，为煤炭产业持续健康发展做出了重要贡献。

二是强化气化技术攻关。以技术创新为驱动力，联合国内知名企业和科研院所，扎实推进具有自主知识产权、适用于晋城无烟煤特性的新型煤气化技术研发攻关，按照“带着炉子去卖煤”“带着炉子去卖气”的发展思路，创新实施“JM－H 炉、JM－S 炉、JM－L 炉”三炉并进战略，着力重塑无烟块煤气化优势，推动传统化工产业提质升级。其中，与航天推进技术研究院联合研发的加压移动床气化技术（JM－H 炉）中试示范项目于 2019 年 11 月底开工点火；与赛鼎公司合作研发的 JM－S 炉预计 2020 年投运；与上海倍能化工公司联合研发的加压移动床气化技术（JM－L 炉）预计 2020 年建设。新炉型与传统常压固定床工艺相比，具有更节能降耗、更加环保、单炉产气量大、气体组分好、碳转化率高、安全保障好、自动化程度高等优点。同时，依托产学研合作创新，与北京科技大学达成相关合作协议，确立了“晋城无烟煤在冶金领域的应用研究”攻关课题，重点针对晋城无烟煤在铁合金炼制工艺、含碳球团、炭素行业、煤制氢炼钢、烧结、铸造等产业中的应用开展技术研究，着力推进燃料煤向材料煤的革命性跨越。

三是加大高端领域探索实践。顺应清洁、低碳、高效的能源革命发展方向，充分发挥企业拥有的 1900 多万吨氨醇产能、相当于 300 亿 N 立方米/年制氢产能的规模优势，以及基本覆盖全国中东部大部分省市的地域优势，积极布局绿色氢能产业，依托煤制氢和副产制氢两条技术路线，积极走出去、引进来，与法国阿海珐集团达成合作共识，正在全力确解氢能产业研发过程中的关键瓶颈技术和重大基础问题，积极谋划在全国布点介入加氢站建设，开展煤制高纯氢的工业示范，打通煤－高纯氢的大规模工业生产路线，努力实现由基础化学品生产商向优质工业气体生产商的转型升级。同时，承担省煤基重点科技攻关项目“碳燃料电池关键技术与装备开发”，并联合清华大学、中国矿业大学在下属天溪煤制油公司建立了全国首套煤基合成气15kW“固体氧化物燃料电池”示范实验室，实现了碳燃料电池全产业链贯通，成为山西省第一家入选“中国氢能源及燃料电池产业创新战略联盟”“中国燃料电池标准委员会”等国家级氢能技术专业化组织的企业。

（四）以低浓度瓦斯发电为方向，打造特色煤气电产业

晋煤集团大力实施煤电联营、煤电一体化战略，积极推动煤电产业规模壮大、特色发展，在燃煤电厂实施超低排放改造的同时，将瓦斯发电作为煤电产业的最大特色和亮点，按照“应用尽用、以用促抽”的思路，全力提升瓦斯发电量，着力打造成全国最强最优的“煤—气—电”循环绿色产业链。近年来，企业先后投运了芦家峪、成庄、段河、岳城等13座分布式瓦斯发电项目，拥有全国最大的298兆瓦瓦斯发电总装机规模，发电机组年运行小时数达8000小时以上，单日最大瓦斯发电量已突破600万千瓦时，利用瓦斯151万标方。2018年，企业完成瓦斯发电量21.47亿千瓦时，利用井下瓦斯超过5亿立方米，发电量连续九年位居全国第一。通过推进低浓度瓦斯发电项目建设，实现了对10%左右浓度瓦斯的就地利用，不仅有效减少了瓦斯排空、促进了环保节能，还将瓦斯这一清洁能源“吃干榨尽”，实现了经济效益与环保效益的互利共赢。预计到“十三五”末，将形成400兆瓦以上的瓦斯发电装机规模，年瓦斯发电量可达到22.8亿千瓦时，年利用瓦斯量6亿标方，相当于减排二氧化碳900万吨。

（五）以“引进来、走出来”为驱动，培育战略新产业

晋煤集团认真贯彻落实山西省“构建内陆地区对外开放新高地”的战略部署，持续深入与国内外先进一流企业开展合资合作，引资、引智、引管理，将投资重点加快向转型项目和战略性新兴产业转移。

一是着力打造资源型枯竭矿井转型新生示范高地。晋煤集团将退出老矿的转型新生与新兴产业发展相结合，充分发挥退出老矿区位发展优势、文化积淀优势和综合管理优势，寻求资源盘活、跨界合作机会，探索“财务投资+专业运营+混改机制”的转型经济模式。其中，古书院矿引入华谊星剧场项目，依托老矿闲置土地变更商业用地出资入股，引入国内知名华谊兄弟的文旅演艺运营优势，以及本地民营资本经营活力，注入市场化经营、专业化管理机制，努力将其打造成为山西省全域旅游的新亮点。王台铺矿引入中盛建材合作项目，承接发达地区产业转移，建设高铁建材、环保节能新材料加工项目，已正式投入生产。凤凰山矿将着力打造具有行业影响力的综合性教育培训基地和山西省规模最大的聚乙烯燃气管生产基地。

二是着力打造现代制造业创新高地。按照山西省“打造全国重要的现代制造业基地”战略部署，晋煤集团深度对接“德国工业4.0”和欧洲创新要素，积极与国际一流企业沟通洽谈，引进先进技术装备，努力通过消化、吸收和创新，推动自身装备技术水平的提升。其中，与德国保越电机公司签订战略合作框架协议，引进变频器技术和变频电机一体机技术，用于进行煤矿变频局部通风一体机的研制，以及综采工作面刮板输送机、转载机、破碎机、盘区胶带机驱动部技术的改进研究，助推设备可靠性和自动化水平持续提升；与德国赫曼豹狮机械制造有限公司签订技术合作框架协议，引进MinCa 5型多功能防爆车整车技术，通过消化吸收，建设多功能防爆运输车生产线，设计年生产规模350辆，年可实现销售收入1.6亿元，新增产值4000万元；与中船重工第711所、河柴重工两家国内一流的军工企业签约，抢抓军民融合契机，共同建设高效低浓度瓦斯发电机组国产化项目，三方共同合作研发的高效低浓度瓦斯发电机组核心关键部件，在成本压缩30%的

情况下，发电效率达到国际先进水平，成功列为山西省重大科技项目，彻底打破了国外长期技术垄断，将为分布式瓦斯发电项目规模提升提供先进装备支撑，实现以技术创新引领产业发展。

三是着力打造产融并进发展高地。积极培育现代金融产业，主动融入国际大都市，链接全球金融资源，在上海自贸区挂牌成立弘创融资租赁有限公司，并与交通银行、浦发银行、交银租赁及德海租赁公司签订合作协议，重点围绕新能源、节能环保、高端装备制造等领域，开展综合性金融业务，预计未来三年投放资金规模将达 70 亿元。同时，正在筹备组建晋煤集团投资平台公司，努力打造“晋煤资本”，实现产业实体与现代金融的深度融合。

三　对煤炭高质量发展的意见建议

（一）关于进一步加大煤层气科技创新支持力度的建议

由于我国大部分煤层气资源埋藏深度大、地质条件复杂、煤层渗透性差，但总体开采技术成熟度仍然较低，严重影响了全行业的利润水平和竞争能力。

为此，建议通过列支科技专项资金、产业基金或贴息贷款等方式，支持煤层气勘探开发的基础理论研究和开发工艺探索，健全完善煤层气开发技术体系，促进煤层气产业可持续发展。同时，继续实施国家科技重大专项及有关科技计划，进一步加大对煤层气基础理论研究和关键技术及装备研发的支持力度，积极开展煤层气基础调查评价，优选有利目标区。

（二）关于加快开发煤矿采空区（废弃矿井）煤层气资源的建议

据统计，仅山西省煤矿采空区（废弃矿井）多达 5000 余处，面积在 5000 平方公里以上，采空区煤层气资源量约 2100 亿立方米以上。如果将其中的 30% 进行商业开发利用，按照服务年限 20 年计算，年抽采量可达 30 亿立方米，同时可带动抽采利用方面投资 150 亿元，具有十分可观的经济效益和发展潜力。但受气权不明等因素制约影响，使煤矿采空区（废弃矿井）煤层气资源抽采利用开发进展缓慢。

为此，一是建议将废弃矿井采空区气权统一收归国家，并下放省级政府统一授权和管理。二是考虑到采空区煤层气资源量难以准确评价、开发企业前期投入风险较大、开发技术难度较高等因素，建议由国家对开发企业给予一定的税费减免扶持期，并将资源收费方式由传统矿产资源的总量计费方式，变更为针对实际开发利用量收费，以最大限度地降低开发企业前期投入成本和风险。

（三）关于推进煤矿“四化”建设的建议

目前，国家及行业在煤矿“四化”建设方面缺乏统一的指导规范和协议标准，各系统遵循各自的生产建设标准，技术相对独立，系统数据的共享性、兼容性、开放性程度不高。同时，煤矿自动化、智能化建设投入大，从业人员缺乏相应管理操作技能，导致进展相对较慢。

为此，提出以下四点建议。一是抢抓5G网络商用契机，在更高层面成立煤炭数字化转型的科研机构，将传统煤炭产业与现代互联网产业体系、数字经济规模化发展等方面结合起来，与大数据、物联网、智能制造、人工智能等新技术、新业态、新模式结合起来，更高水平推动煤矿“四化”建设，真正实现“弯道超车”“变道超车”。二是要在推动煤矿“四化”建设过程中，尽快制定完善在信息化、煤矿工业机器人、主要生产系统自动化等建设方面配套的技术标准和安全管理体系，为煤矿“四化”建设提供技术保障。三是加强对煤矿“四化”建设技术攻关的协调和指导，搭建交流协作平台，增强战略合作，推动煤矿安全高效智能化水平不断提高。四是煤矿“四化”建设及机器人研发应用周期长、投资大，加之井下环境条件复杂，应从条件好的矿井开始实施，逐步推广或通过设立产业发展、创新基金等形式，最大限度引导社会资本注入，调动一切积极因素助推煤炭产业“四化”建设加快推进。

（四）关于针对煤种特性进行开采调控和利用的建议

煤炭作为我国主体能源的地位将长期存在。但从目前情况看，煤炭开采企业“逢煤必化”现象比较突出。为此，恳请国家相关部门，依据我国能源赋存现状，针对各煤种特性进行开采调控、利用引导。比如，出台相关政策控制褐煤开采，鼓励动力煤优先发电、焦煤优先炼焦、无烟煤优先气化，依靠政策引导实现资源利用最优化。此外，我们正在紧紧围绕无烟煤清洁高效转化，积极开展以无烟块煤为原料的气化技术研发和冶金领域研究应用，建议在技术、政策、立项审批等方面给予企业支持和指导。

B.11
关于加快推进煤炭清洁高效利用的对策措施

乔乃琛*

摘　要： 本报告从煤炭在我国一次能源结构中战略地位视角，分析了山东省煤炭产业由于历史和现实原因，还存在一些实际问题和深层次的矛盾，建议加快构建“1236”长效管控工作体系，推进煤炭清洁高效利用，提升高质量发展动力。

关键词： 山东省　清洁煤炭　“1236”长效管控工作体系

煤炭在全国及山东省能源结构中占主体地位。长期以来，煤炭一直是全国和山东省的主要能源，也是工业的重要原料。从需求侧看，煤炭消费量占能源消费总量的60%左右；从供给侧看，煤炭产量占能源生产总量的70%左右；综合分析能源供需结构，虽然煤炭产需比例在不断压缩，但国内“富煤少油贫气”的能源格局，决定了煤炭作为最丰富、最经济、最有保障能力的能源资源，全国特别是山东省短期内不会改变以煤炭为主体的化石能源结构。

客观地讲，从全省煤炭产业面临的形势看，山东省煤炭产业尽管保持了健康稳定发展的态势，但由于历史和现实原因，还存在一些实际问题和深层次矛盾。

一是煤炭消费大省与资源小省矛盾日益突出。省内煤炭产量逐步递减。

---

* 乔乃琛，山东省发展和改革委员会副厅级领导干部。

2004 年到 2015 年稳定为 1.5 亿吨，2016 年到 2020 年基本维持在 1.3 亿吨左右，预计到 2022 年省内煤炭产能压减到 1.3 亿吨以下，煤炭产量控制在 1 亿吨左右。煤炭消费体量较大。2018 年，全省煤炭消费总量约 4 亿吨，省内煤炭自给率仅占 30% 左右，煤炭净调入量近 3 亿吨，省外补给率达到 70%。省内后备资源严重不足。2018 年底煤炭剩余可采储量为 37 亿吨，且村庄及建筑物下、交通设施下、水体下“三下”压煤占到近 70%，即使不考虑今后再压覆的资源，仅能维持 20 年的耗用量。

二是煤炭消费结构依然偏重。近年来，山东省加快新旧动能转换，产业结构不断优化升级，但资源型、重化工型的传统工业用煤炭仍占主体。在 2018 年全省消费的 4 亿吨煤炭中，工业用煤近 3.7 亿吨，占 92.5%，其中，发电用煤占 55%，冶金用煤占 17%，化工及其他工业用煤占 20.5%。此外，城乡居民生活用煤占 7.5%。

三是原煤直接燃烧消耗比重过高。2018 年消耗的 4 亿吨煤炭中，用于炼焦的洗精煤和加工成煤粉、水煤浆的煤炭仅有 8000 万吨，近 3.2 亿吨的原煤用于直接燃烧。受环保约束强化等因素影响，原煤的直燃直排不仅严重制约了经济稳定发展，全省煤炭消费减量的任务较重。

四是煤炭保障供应难度增加。一方面，由于国家生态环境保护和冲击地压煤矿安全监管强化等政策倒逼力度加大，省内一些煤矿陆续退出，压缩产能规模，对省内煤炭生产、保供带来较大的影响。另一方面，山东省煤炭对外依存度较高，特别是电煤消耗近 2.2 亿吨，其中，40 家主力电厂电煤消耗约 1.2 亿吨，除省内供应 2100 万吨，需从省外调入 1 亿吨，对外依存度达到 80% 以上。受全国煤炭去产能影响，煤炭产量由之前的过剩转为当前的紧平衡，资源开采和供应逐步向晋陕蒙地区集中，煤炭资源竞争加剧，对山东省采购省外电煤带来一定影响，尤其是迎峰度夏、度冬用煤高峰时期，外煤入鲁将面临更大压力。

今后一个时期，要坚持新发展理念，坚持以供给侧结构性改革为主线，大力实施煤炭生产和消费领域革命，加快构建“1236”长效管控工作体系，推进山东省煤炭清洁高效利用，提升高质量供给能力，是控减煤炭消费总量的有效路径和现实选择，也是助力新旧动能转换、实现高质量发展的重要保障。

1. “1”是围绕一个中心

即围绕贯彻落实习近平总书记关于打赢蓝天保卫战的生态文明思想，“既要绿水青山，也要金山银山；绿水青山就是金山银山”，系统解决大气污染物排放问题，有效保护和改善生态环境。

2. “2”是树立两大观念

一是树立“清洁煤炭就是清洁能源”、“清洁能源主要是清洁煤炭”的观念。能够达到国家规定的超低排放标准的能源都是清洁能源，清洁能源的主体是清洁煤炭。比如，兖矿集团实施“清洁型煤＋环保炉具”民用取暖技术、“煤粉（水煤浆）＋锅炉”等工业煤炭清洁利用技术路线，不仅排放指标能够达到国家环保标准，相较电能、天然气、生物质能具有明显的成本优势，能够真正实现环境有改善、群众喜欢用、企业用得起、政府补得起的目标。

二是树立用改革发展的办法破解当前“能源安全保障”和“大气污染治理”难题的观念。依靠科技创新和技术转化，加快推进煤炭清洁高效利用，改变现行的某些罚、关、停“一刀切”式的“去煤化”做法。

3. “3”是落实“三口”责任

从源头抓起，全过程管控，严把煤炭生产消费“坑口、炉口、烟口”三关，全力推进煤炭清洁高效利用。“坑口”：深入推进供给侧结构性改革，加强清洁煤炭生产加工管理，加大煤炭深加工力度，提高供给质量，培植一批清洁煤炭生产、加工、配送核心服务商。“炉口”：加大科技研发力度，加强质量监管，提高燃煤炉具产品质量和高效环保性能。加大“清洁煤炭＋高效环保炉具”推广力度，实现“好马配好鞍、好煤配好炉”。“烟口”：强化检测监控、环保设备设施升级改造和联合执法，确保清洁燃煤达标排放。强化“三口”联动，清洁煤炭完全可以实现超低排放或近零排放。

4. “6”是构建六大体系

一是质量标准体系。以大气排放控制标准为基准，倒推燃煤和炉具标准，抓紧民用清洁煤炭以及节能环保炉具技术、检测方法等系列地方标准的编制和实施，解决生产和管理标准缺失问题。

二是政策法规体系。制定、修订煤炭清洁高效利用、商品煤质量管理、煤炭经营储煤场地管理等方面的法规规章，编制实施新一轮农村散煤清洁化治理行动方案，提高法治化、规范化管理水平。

三是省市县三级清洁煤炭加工储备配送体系。依托省级煤炭应急储备基地、大型煤炭企业、煤炭物流园区、清洁煤炭配送网点，建立政府主导下的省市县三级清洁煤炭加工储备配送体系，提高煤炭精细加工与统一配送一体化水平。定期发布“清洁煤炭＋高效环保炉具”政府推广目录。

四是质量检测监控和联合执法体系。依托专业科研机构，整合有关力量，增强质量检测监控能力。建立部门协同配合的联合执法体系，实现产供储销燃排全面监管。

五是科技装备支撑体系。以大型国有煤炭企业和科研院所为依托，大力开展清洁煤制品、清洁燃煤、高效炉具等技术攻关，强化创新引领与支撑。与全国知名院士、“千人计划”专家建立深入合作关系，建立清洁煤炭领域“政产学研金服用”创新共同体。

六是综合保障体系。在组织领导、工作指导、财政支持、责任考核、社会监督等方面，形成全社会整体推进合力。

B.12
兖矿集团高质量发展的实践与探索

李　伟*

摘　要： 本报告介绍了兖矿集团的基本情况和近年来高质量发展情况，明确高质量发展已成为煤炭产业转型升级的主攻方向和发展战略，建议煤炭产业和国家有关部门在资金、政策、机制等方面加强顶层设计，制定具有针对性、可操作性强的政策措施。

关键词： 兖矿集团　高质量发展　“四增八优”

一　兖矿集团基本情况

兖矿集团有限公司（以下简称“兖矿集团”）以矿业开采、高端化工、现代物流及工程技术服务为主导产业，是我国唯一一家拥有境内外四地上市平台的煤炭企业。经过四十多年开发建设，现已形成山东本部、陕蒙、澳洲、上海“四大核心基地”发展格局。2018 年进入世界 500 强，全年完成煤炭产量 1.61 亿吨，居全国煤炭产业第三位；营业收入 2571 亿元，利税总额 216 亿元，年末资产总额 3074 亿元，提前两年完成“十三五”目标。先后获得第二届中国工业大奖、全国“走出去”先进企业、全国优秀企业（金马奖）等荣誉。

兖矿集团认真贯彻习近平新时代中国特色社会主义思想和全国“两会”

* 李伟，兖矿集团总经理，工程技术应用研究员。

精神，明确未来五年总体目标：做强做优三大主导产业，力争煤炭产量超过2亿吨、化工产品产量超过1500万吨、资产总额超过5000亿元、营业收入超过5000亿元、盈利能力实现翻番，确保集团整体混改率、资产证券化率达到两个90%，加快建设全球一流矿业集团和绿色能源服务商。

二　近年来兖矿集团高质量发展情况

我国经济已由高速增长阶段转向高质量发展阶段，正处在转变发展方式、优化经济结构、转换增长动力的攻关期。近年来，面对宏观形势复杂多变、煤炭产业深度调整、安全环保约束增强的机遇挑战，兖矿集团认真贯彻习近平总书记关于能源“四个革命、一个合作”的重要论述，按照“国有企业走在高质量发展前列”的要求，明确“优化煤、延伸煤、超越煤”的发展思路，强力实施一系列超常规、颠覆式、突破性的工作举措，大力实施自主创新、布局调整、动能转换、体制变革、人才强企、精益管理“六大战略”，办成了一批事关全局、影响长远的大事难事，企业迈入高质高效发展的历史新阶段，整体工作呈现“四增八优”的良好态势：规模增大、发展增速、效益增质、亮点增多；区域结构优化、产业结构优化、产品结构优化、投资结构优化、资产结构优化、负债结构优化、组织结构优化、人才结构优化。回顾兖矿集团近年来的发展历程，主要有以下六个方面的体会。

（一）聚焦前沿实施自主创新战略，是煤炭企业高质量发展的强劲引擎

科技创新是国家赖之以强的利剑重器，是企业赖之以优的定海神针。增强自主创新能力是提高煤炭企业综合竞争力的基本方略，是传统产业变革转型升级的重要根基。“十三五”以来，兖矿集团坚持自主创新、重点跨越、支撑发展、引领未来的方针，投入科研经费143亿元，建成国家级技术中心、国家工程中心、国家重点实验室和院士工作站，获得20余项国家科技奖项，技术中心跃居全国煤炭企业国家级技术中心首位。

1. 建井开采技术保持世界一流水平

创新应用全球领先的建井施工、综采放顶煤和一次采全高核心技术，研发世界第一套两柱掩护式综采放顶煤液压支架。有偿输出综放核心技术设备，向美国博地能源公司实施技术许可。研制应用世界首套 8.2 米超大采高综采装备，达到年产 1500 万吨的能力。露天开采技术世界一流，3 对矿井位居澳大利亚前十大矿井行列；莫拉本煤矿年产 2100 万吨，成为澳大利亚产量最大的露天煤矿之一。下一步，兖矿集团将着力突破自动化充填开采成套技术、重大灾害治理防治关键技术、三化融合发展技术，力争露天开采和地下开采人工效率均达到行业领先水平。

2. 煤炭气化技术打破西方国家垄断

成功研发水煤浆气化、粉煤加压气化、煤气化发电与甲醇联产、煤基多联产集成等关键技术。其中，日处理 3000 吨煤的大型高效水煤浆气化过程关键技术，荣获国家科技进步二等奖；日处理煤 4000 吨级超大型气化技术列入“十三五”国家重点研发计划，示范装置在荣信二期投用。

3. 煤炭液化技术填补国内发展空白

着眼于保障国家能源战略安全，累计投入资金 10 亿元，掌握了我国自主知识产权的煤间接液化制油核心技术。先后承担国家重大课题 6 项，取得发明专利 33 项，攻克铁基催化剂、低温费托合成和高温费托合成“三大技术”，能源利用率达到国际先进水平。

4. 数据信息技术保持行业领先地位

率先实施能源企业数字化转型，加强与 IBM、SAP 公司合作，建立大数据平台和 ERP 系统，建设智能矿山、智能化工园区和智能制造工厂。建成投用全国能源行业首家共享中心，财务共享平台工作效率提升 50%，业务人员精简 80%。推进信息化与工业化融合发展，被评为国家级两化融合示范单位。

（二）围绕主业实施布局调整战略，是煤炭企业高质量发展的制胜关键

习近平总书记强调，凡是成功的企业，要攀登到事业顶峰，都要靠心无

旁骛攻主业。[①] 只有做优做强做精主业，才能在激烈的市场竞争中立于不败之地。近年来，兖矿集团充分发挥技术、品牌、管理等比较优势，突出“存量变革”和“增量崛起”并举，持续推动人才、资金等优势资源向“三大主业”集中，形成主业突出、多点支撑、风险对冲、融合发展的产业体系。

一是推动煤炭开采“增量拓效”。煤炭是能源安全的“稳定器”和“压舱石”，在今后一个时期作为主体能源和基础性能源的核心地位不会改变。兖矿集团在国内外拥有在产矿井 30 对，资源储量 460 亿吨，年煤炭产能 1.7 亿吨。本部基地深入实施“三减三提”，稳定现有生产规模，加快信息化、自动化、智能化“三化”融合发展，实施智能化少人工作面建设，骨干矿井效益支撑作用充分发挥，兴隆庄、东滩煤矿成为全国“机械化换人、自动化减人”示范矿井。陕蒙基地建成四对“千人千万吨”安全高效示范矿井，具备年产煤炭 5000 万吨生产能力。澳洲基地通过股权融资、资本运作方式收购力拓公司优质煤炭资源，这次并购成为全球煤炭产业近 5 年来最大的兼并重组，2018 年实现盈利 59 亿元。兖煤澳洲在香港联交所挂牌上市，成为首家在澳洲和香港两地主板上市的国有控股公司。

二是推动化工产业“高端集群”。发展化工产业是延伸煤炭产品产业链条、实现煤炭洁净转化利用的重要途径。我们坚持以大型化、园区化、高端化、终端化为发展方向，实施化工产业安全生产转型升级专项行动，建成鲁南化工、未来能源煤制油、鄂尔多斯荣信化工、榆林甲醇厂、新疆醇氨联产“五大精细化工园区”，形成年产 100 万吨油品、900 万吨甲醇、醋酸、尿素及下游产品生产能力。建成国内首套百万吨级煤间接液化工业示范装置，煤制油实现规模化生产。稳步发展煤制油一期后续项目，加快建设荣信化工、榆林甲醇厂二期项目，延伸产业链条，提高产品附加值，着力培育高端化工产业集群。

三是推动物流贸易“优化整合”。现代物流贸易产业作为商流、资金

---

① 《习近平：“功成不必在我”意在打基础、谋长远》，新华网，2018 年 3 月 8 日。

流、信息流高效链接的新型产业，具有重要的溢出效应、协同效应，是煤炭企业延伸产业链、拓展供应链的重要支撑。坚持“质量第一、量效并重、风险可控”原则，组建兖矿国贸公司作为统一运作管理平台，围绕煤焦钢建“四大领域”，做优做强实体贸易，产业规模和创效能力显著提升。聚焦物流贸易产业国际化、智慧化、规模化、园区化发展，加快与华能集团联合建设海南国际能源交易中心，构建供应链一体化贸易、期现结合等高端贸易模式，实现由单一环节贸易商向供应链综合服务商转变。

（三）平稳接续实施动能转换战略，是煤炭企业高质量发展的必由之路

实施新旧动能转换重大工程，是实现高质量发展的战略支点，是推动产业转型升级的关键之举，必须突出新兴产业培育壮大、传统产业改造提升“两手抓、两手都要硬”，实现接续平稳转换。兖矿集团积极践行新发展理念，编制新旧动能转换规划，2018 年“四新”业务收入达到 375 亿元，企业高质量发展蓄势待发。

一是四个示范园区强劲起势。园区化、集群化是加快新旧动能转换的发展方向。科学统筹“当前”和“长远”的关系，培育一批全国一流乃至有世界影响力的集群基地。

①煤炭清洁高效利用示范园区取得突破。认真贯彻中央打好“蓝天保卫战”、推进北方地区清洁供暖的重要指示，把清洁高效利用作为煤炭产业转型升级的主攻方向，着眼于解决我国每年 7.5 亿吨工业与民用散煤污染问题，深入实施“蓝天工程”，建成洁净型煤厂和环保炉具厂“两个产业实体”，形成居民生活清洁供暖、小区域煤炭清洁集中供热和工业锅炉节能超低排放“三套治理方案”；在邹城市、河北省承德市推广应用洁净型煤和环保炉具。国家生态环境部在承德召开评估会，认为民用燃煤清洁取暖关键技术达到国际领先水平。

②鲁南高端化工示范园区初见成效。强化煤炭“原料”功能，弱化煤炭“燃料”功能，规划投资 224 亿元，建设 30 万吨己内酰胺等 6 个项目，4

万吨高端聚甲醛项目开工建设。组织高效制氢、煤制烯烃、煤气化合成气生物法制乙醇等关键技术研究，加快构建煤基多联产和产品高端化发展模式。

③新型装备制造示范园区改造升级。实施装备制造三年提升工程，推动煤机高端装备制造脱胎换骨、环保设备制造进军高端锅炉配套市场，实现“兖矿制造”向“兖矿智造”转变。液压支架产品成为卡特彼勒全球供应商。

④环南四湖塌陷地治理示范园区规划启动。履行企业社会责任，委托同济大学，形成整体概念规划；以邹城兖州成片83平方千米塌陷地为核心，辐射南四湖自然保护区生态修复治理，打造全国塌陷区治理成果展示基地和生态修复示范样本。

二是五项重点工程蓄势待发。聚焦前沿业态模式，培育壮大新动能，推动核心资源要素向具有前瞻性、颠覆性的新技术聚集，向能够发挥市场空间大的新模式、新业态聚集。

①促进军民融合创新发展。北斗天地突破定位系统、信息传输、芯片制造、无人机反抓捕等技术，首创研发北斗+自组网系统列入军委装备2018年重点科研项目，高科技信息化产品参与朱日和军演、上合峰会等重要活动，获得全国军民融合大赛三等奖。规划投资5亿元，开拓北斗发展路径和军民融合专业市场，拟在青岛西海岸军民融合示范区设立全资子公司，打造北斗产业链；积极参与拉美、中亚等国家在北斗卫星应用、数字信息等领域的深度合作，加快建设天地一体智能化综合服务商。

②促进煤电一体综合利用。开工建设鲁西发电2×600兆瓦热电联产项目，项目总投资56.2亿元，着力建设世界一流、技术领先、环保高效的花园式工厂；项目建成投产后，可实现年发电量60亿千瓦时。着眼于优化能源结构、保障电力供应，实施10000MW蒙电输鲁项目建设。

③促进新型能源加速突破。成立新能源事业部，启动新型能源突破工程。编制氢能源产业三年行动方案，与东芝能源系统株式会社签订战略合作协议，与山东国惠、山东重工联合成立氢能源产业联盟，与北京氢璞创能科技公司、武汉氢阳能源公司合作氢能项目，规划投资60亿元，依托国内领

先的煤气化技术，探索氢能源提纯、存储和运输技术，积极参与济南氢谷建设，建设氢能源汽车使用示范区，构建智慧氢能产业链。

④促进型材加工提质增效。成功开辟韩国、日本、印度等海外市场；加强与中车等集团合作，成为复兴号高铁型材主力供应商和比亚迪第四代“云巴”车体型材独家供应商，中车四方市场份额突破60%。聚焦军工航天、轻量化应用、轻金属材料等研发领域，规划投资8亿元，实施轻合金公司三年升级工程，延伸轨道交通上下游产业链，加快军工产品科研试制，培育行业领先的高端型材研发制造和集成服务基地。

⑤促进有色金属综合开发。创新“技术换矿权”模式，在厄瓜多尔获取520平方千米金属采矿权，金矿资源品位10~50克/吨，估算金资源量255吨，潜在价值800亿元；铜矿资源品位最高5.00%，估算铜资源量150万吨，对于煤炭企业抵御大周期市场风险具有极其重要的战略意义。

三是四个层面合作全面深化。牢固树立世界眼光、全球视野，创新“资源+资本”发展模式，加强与世界500强企业、中央企业、科研院所、地方政府“四个层面”合作。与济南、青岛、深圳、海南、内蒙古自治区等签订战略合作协议；与美国空气产品公司签订35亿美元合作协议，建设煤制合成气装置；与阿里巴巴合作，引入阿里云ET工业大脑，打造荣信化工“智慧化”工厂；与建信金融投资公司、中国信达公司签订战略合作协议，引进战投布局南美开发项目。

（四）靶向发力实施体制变革战略，是煤炭企业高质量发展的内生动力

唯改革者进，唯创新者强，唯改革创新者胜。兖矿集团把改建国有资本投资公司作为涅槃重生、变革转型的难得机遇，发扬敢“啃硬骨头”、敢于“涉险滩”的精神，科学设计体系框架，制定“1+4+N”实施方案，解决了多年没有突破的难题，形成国有资本投资公司新模式。体制机制改革获得国务院国资委充分肯定。

一是以国投公司改建提升管控效能。在山东省率先完成实体企业改建国

有资本投资公司试点。健全公司治理结构，董事会呈现“441”格局；经理层实现契约化管理，形成“1+7”工作格局。修订《公司章程》，编制管控事项清单，建立30项制度性文件，科学界定三级职责权限，人事管理、投资管理权限全面下放。

二是以机关机构改革推动瘦身健体。着眼解决机构臃肿、效率低下、行政色彩浓厚等“大企业病”，实施瘦身健体行动。划分7个机构类型，实现实质性管理层级控制在三级以内。累计完成两轮机关机构改革，开展“五项整顿”和“六定工作”，总部机关机构由48个减至10个，整体机构由2590个减至1300个；管理技术岗位减少5000个，降幅25%，累计清理规范用工3.57万人，实现境内在岗员工8万人的控制目标。

三是以产权制度改革放大资本功能。混合所有制改革是国有企业改革发展的重要“突破口”。遵循“市场运作、依法规范、增量优先、一企一策”原则，坚持国企体制、民营机制，聚焦高科技型、成长型、高端化工型、经营亏损型“四类企业”，采用引进战略投资者、股改上市、兼并重组、骨干员工持股等方式，分层分类推进混合所有制改革，累计完成93户企业混改，占集团公司权属企业的65%，资产总额占比89%。国有资本的影响力、辐射力和带动力显著提升。混改经验被新华社内参刊发。

四是以资本运营改革促进产融协同。金融是实体经济的血脉，金融活经济活，金融稳经济稳。实施“产融结合、双轮驱动”战略，培育财务公司、期货公司、融资租赁公司等投融资企业。推动资产资本化、资本证券化，加快构建“1+N”上市格局。增资临商银行21.5亿元，并列成为第一大股东。增持浙商银行4.2亿股股份，参与齐鲁银行定向增发4.3亿元。国拓科技完成新三板挂牌，新风光转板上市稳步推进。上海中期完成新三板挂牌，在期货行业风险管理公司中营业收入排名第三、利润排名第九。

五是以三供一业移交退出社会职能。兖矿集团使用中央财政补助到账资金8.4亿元，投入资金8.25亿元，积极推动三供一业分离移交；投入资金12.16亿元，加快社会保险职能移交。采取超常规措施，强化对接协调，三供一业、市政设施、社区管理职能、社会保险职能全部移交，三供一业维修改造工程基本完成，教育医疗机构改革有序推进，分离移交工作走在全省前列。

（五）筑巢引凤实施人才强企战略，是煤炭企业高质量发展的根本支撑

人才是煤炭产业实现高质量发展的第一资源，是企业核心竞争力的关键要素。兖矿集团实施“人才强企”战略，规范选拔任用程序，激发选人用人活力，形成以“外部引进、内部培养、择优推荐、横向交流”为主的人才工作格局。

一是强化机制创新，公平公正选贤任能。修订《人才工作三年行动计划》《选人用人工作手册》等12项制度文件。健全管理、技术人才“双通道”晋升机制，畅通人才成长渠道。创新实施人才库建设，变“伯乐相马”为“赛场选马”，建立16个专业技术管理人才库，入选山东省人才创新优秀案例。启动“狮子型”干部培育选拔工程，使一批德才兼备、敢于担当、业绩突出的80后干部走上中层管理岗位。

二是科学选人用人，畅通引才用才渠道。坚持引进一个人才、培养一个团队、带动一个产业，成立以李静海院士、张锁江院士、李洪钟院士为首的科学技术委员会，先后引进煤间接液化研发团队、国家“千人计划”专家团队、锅炉超低排放研发团队，带动一批国际先进、国内领先的煤炭转化产业项目落地实施。与国内三大猎头公司签订战略合作协议，引进金融投资、物流贸易等中高级管理人才78人、专业人才管理团队100余人。

三是注重树人育人，搭建成长培养平台。开展全员素质三年提升工程，形成中层干部、管理人员、技术人才、技能工人全方位培训体系。2018年组织85人赴清华大学、浙江大学等院校集中培训。截至2019年6月，拥有享受国务院颁发政府特殊津贴专家25人、山东省泰山学者特聘专家2人、泰山产业领军人才2人、山东省有突出贡献的中青年专家9人、山东省首席技师16人、煤炭行业技能大师19人。

（六）提质增效实施精益管理战略，是煤炭企业高质量发展的基础

管理是企业发展的基石，是企业永恒的主题。落实国家供给侧结构性改革部署，坚持以管理强化应对形势变化，实施精益管理工程，推动机制转换、管理升级、提质增效。

一是亏损僵尸企业治理完成出清。坚持把亏损“僵尸”企业治理作为推进供给侧结构性改革的“牛鼻子”，坚持一企一策，逐户制定实施治理方案，累计完成71户“僵尸”和拟退出亏损企业治理任务。

①关闭退出一批。果断关停产能落后、扭亏无望的北宿煤矿、吉新煤矿、电解铝厂、峄化公司和炭素公司，退出煤炭产能160万吨、电解铝产能14万吨，电解铝产能指标交易价格14.02亿元，创出国内新高；依靠企业自身分流安置7700余人，实现政府零负担、干部有职务、职工不下岗，保持了企业大局稳定。

②治理整顿一批。兖煤澳洲公司通过实施改革整顿、优化调整、转型发展“三步走”战略，相继实施凤凰项目、大圣项目，资产结构得到优化，盈利能力大幅提升，2018年实现营业收入232亿元人民币，完成税后利润41亿元人民币，累计偿还贷款94亿元人民币，全年派发股息24亿元人民币，向煤炭市场、资本市场、海外资源市场、股东及贷款人交付了满意答卷。

③改制重组一批。开阳化工完成股权退出，每年减少损失5亿元。国际焦化改制重组后产品质量、经营管理、盈利能力显著提升，2018年销售收入、利润总额、职工工资同比分别增长11.93%、1237%、41.32%。化工公司所属单位历史性全部盈利，一举扭转长期亏损的被动局面，2018年实现利润10.85亿元。

二是企业资产结构得到持续优化。建立资产负债率“硬约束”制度，从严控投资、优化负债结构等方面着手，提升国有资产运营质量，2019年资产负债率降至70%以下，力争二年内降至65%。实施资金计划总额控制，按照“急需、一般和暂缓”进行分类管理。国有土地作价出资获得省政府批复，增加国有资本资本金注入44.15亿元。发挥财务公司和结算中心“资

金池”作用，提高资金使用效率和资金集中度。扩大直接融资和股权融资比例，实现多渠道低成本融资，直接融资比例达到50%。

三是内部监督制约机制全面覆盖。借鉴巡视经验做法，制定督导调研制度，采取查摆问题、反馈建议、列出台账、全面验收“一体化模式”，构建组织监督、纪检监察、综合评价、内部巡察、职工代表民主评价“五位一体”监督制约机制，实现多种监督形式优势互补、共同发力、全面覆盖。创新开展职工代表民主评价工作，健全职工代表专家库，对建设项目、驻外开发单位、采购销售业务等进行民主评价。

四是本质安全企业建设持续夯实。发展绝不能以牺牲安全为代价，安全生产是煤炭企业必须承担的职责使命。我们牢固树立以人民为中心的发展思想，倡导树立“隐患就是事故、防治胜于救灾、健康价值至上”的理念，健全双重预防机制，实施煤矿、化工单位安全评价全覆盖，成立冲击地压防治、地质灾害防治、智能开采试验“三个中心”，突出抓好冲击地压、水、火、瓦斯等重大灾害防治。落实国家煤监局“一优三减”要求，实施“三化”融合，加快智能化少人化采掘工作面建设，通过“机械化减人、自动化换人”实现无人则安、少人则安，加快本质安全数字矿山、智慧矿山建设，安全工作保持总体稳定。

五是环保治理实施两轮三年行动。生态文明建设是最普惠的民生福祉，更是企业高质量发展的重要前提。我们认真贯彻习近平生态文明思想和“四个一”新论断，紧紧围绕生态文明示范企业创建目标，实施环保“三年行动”，累计投资12.83亿元，实施215个重点环保项目，提前两年达到国家大气污染物超低排放治理要求。2018年启动新一轮环保三年行动，规划投资44亿元，加大废水、锅炉烟气、扬尘治理力度，荣获2018年度全国节能减排先锋企业称号。

三　瓶颈制约和意见建议

高质量发展已成为煤炭产业转型升级的主攻方向。推动煤炭企业更好地实施六大战略，实现创新发展、持续发展、领先发展，亟须煤炭产业、国家有关部门在资金、政策、机制等方面加强顶层设计，制定针对性强、操作性强的政策措施。

1. 强化淘汰落后产能政策支持

国家着眼于推动煤炭产业供给侧改革，制定实施减量化生产和去产能的一系列政策措施，有力推动了煤炭产业结构调整和转型升级。建议进一步加大淘汰落后产能工作力度，对资源条件好、安全生产有保障特别是稀缺煤种的矿井，发挥先进产能作用，实现均衡高效生产。

2. 给予新旧动能转换支持政策

煤炭产业亟须通过实施新旧动能转换，加快推动传统产业“改造提升”，四新产业“提速扩容”。建议深化煤炭产业供给侧结构性改革，加大企业新旧动能转换项目支持力度，协调对接相关产业发展规划和地方政府新旧动能转换规划，协调项目审批（备案）、用地、环保、节能等手续办理工作。鼓励大型企业实施兼并重组，以重点国有资本投资公司为平台、以重点扶持产业为方向，加快培育有市场话语权和影响力的优势企业集团。

3. 健全混合所有制改革有关政策

国企混改推进过程中，合作对象的选择、合作方式的确定、制度体系的设计、风控体系的建立没有操作性强的落地政策。员工持股政策限制较多，鼓励性操作政策较少，不能有效激发微观主体内生动力。建议适当放宽骨干员工持股比重限制，细化混改企业治理结构、经营权、人事权、绩效考核等方面政策，出台鼓励企业推行混改的优惠政策，对企业接收安置离岗人员给予一定政策奖励。

4. 出台有关改革后资产处置方案

由于僵尸企业低效无效资产大、变现能力差，兖矿集团通过清算、转让、注销等方式，实现了处置出清，但给企业带来了大额处置损失，且按照目前资产核销政策，需对有关损失进行责任界定。建议出台有关政策，对不良资产进行剥离、出表；制定有关改革后资产处置详细方案，便于企业操作，确保国有资产不流失。

5. 支持企业进行债转股和去杠杆

银行实施债转股条件苛刻，真正需要资金的企业难以获得认可；在逐渐打破刚兑的市场中，各类违约事件或违约风波会提高信用债的信用利差补偿。建议尽快出台有关政策，鼓励商业银行对目前资产质量不优但发展潜力大的企业实施债转股政策。加大扶持力度，增加稳定的银行授信额度，统一洽谈、统一协调争取更加优惠的融资，降低融资成本。

6. 加快推进各类涉煤税费优化

据统计，各类涉煤税费一般占企业营业收入的25% ~35%，煤炭企业需缴纳各类税费近30项。由于煤炭开采业是上游产业，设备、原材料采购在企业成本中占比较小，煤炭企业进项抵扣低，煤炭实际增值税税率约为工业行业平均水平的2倍左右。建议国家有关部门对涉煤税费进行全面统计、归类和测算，参照其他行业税费水平，根据煤炭产业特点确定合理税费负担水平，并以此划定涉煤税费调整的最高总量控制水平线。扩大煤炭增值税抵扣范围，针对煤炭开采的特殊性和煤炭增值税过重的实际，允许矿业权价款、水资源补偿费、矿山环境治理保证金、村庄搬迁、青苗补偿、土地塌陷补偿费等抵扣进项税。

B.13 兖矿集团济宁三号煤矿高质量发展的实践与探索

兖矿集团有限公司*

摘　要： 本报告介绍了济宁三号煤矿发展情况，特别是积极创新安全管控模式、着力破解治理难题、大力实施科技兴矿战略，注重生态文明建设，加强党建引领作用，实现矿井安全高质量发展路径；客观反映了继续高质量发展面临的难题；提出做好员工转型转移衔接工作、与地方政府协商解决“三下”压煤、审慎推进自然保护区矿权清理等相关建议。

关键词： 济宁三号煤矿　高质量发展　“一化五园”

我国煤炭企业高质量发展，通过不断深入的改革创新、技术创新，驱动工艺技术、安全生产、投入产出、产品服务、环境保护、履行社会责任等方面质量的不断提高。近年来，济宁三号煤矿不断转变发展观念、创新发展模式、提升发展质量、追求卓越发展绩效，实现了矿井安全、高效、生态发展。安全生产4831天；全员效率最高达到35吨/工；建成“一化五园”生态矿井。矿井建设发展历程，集中展现了兖矿集团在行业中的领先优势和独

* 课题组组长：李伟，兖矿集团总经理，工程技术应用研究员。副组长：张海军，兖矿集团投资发展部部长，高级会计师。成员：周剑波，兖矿集团决策咨询中心副主任，高级经济师；肖耀猛，济宁三号煤矿矿长兼党委副书记，工程技术应用研究员；郑有雷，济宁三号煤矿总工程师，高级工程师；田德凤，兖矿集团决策咨询中心业务主管，经济师；陈飞，济宁三号煤矿综合办公室文字秘书，助理政工师。

特魅力，体现了现代煤矿科学技术和成熟管理经验，是煤矿高质量发展的典范。

一　济宁三号煤矿发展情况

济宁三号煤矿位于济宁市太白湖新区，南有微山岛，北依济宁市，西邻南阳湖，东望孔孟之乡曲阜、邹城。距济宁市区20公里、兖矿集团总部45公里，是一座“独具特色、安全高效、生态文明、和谐美丽”的现代化矿井。

（一）发展历程

济宁三号煤矿是国家“八五”重点建设项目，也是兖矿集团在本部建设的最后一对特大型现代化矿井。1993年12月开始建设，2000年12月28日投产，采用立井开拓方式，井田面积110平方千米，地质储量8.8亿吨，可采储量5.3亿吨，设计服务年限81年，核定年生产能力700万吨，建设有与矿井生产能力相配套的选煤厂、装机容量27万千瓦的煤矸石热电厂、设计年吞吐量500万吨和远期规划1000万吨的济宁泗河口煤港，拥有水路、铁路、公路多种煤炭运输优势，是国内第一座集煤、电、港于一体的特大型现代化井工煤矿。煤种主要为优质气肥煤，低灰、低硫、低磷，高发热量、高挥发份。

济宁三号煤矿在国内立井中最早使用井下无轨胶轮车运输，实现了远距离快速运输。2003年产煤1008万吨，创造了世界上第一座年产千万吨的立井煤矿，被上海大世界吉尼斯总部授予大世界吉尼斯之最——济宁三号煤矿年产量最高的井工煤矿。

2001年10月17日，时任中共中央政治局委员、国务院副总理吴邦国，在国家劳动和社会保障部部长张左儿，山东省省长李春亭、副省长韩寓群的陪同下莅临视察。吴邦国评价“济宁三号煤矿在国内是最高水平，在国际上也是最好的煤矿之一”，并为矿井亲笔题词：为建设独具特色、全新模式现代化矿井而努力。

2010 年 2 月 8 日，时任中共中央政治局委员、国务院副总理、国务院安委会主任的张德江一行 15 人，在省委书记、省人大常委会主任姜异康，省委副书记、省长姜大明等陪同下，莅临济三煤矿视察，并要求“坚持预防为主，加强区队班组建设，确保安全生产”。

（二）当前概况

济宁三号煤矿，2015 年新核定生产能力为 650 万吨/年，自投产以来，累计产煤过 1 亿吨，上缴税金超 120 亿元，实现连续安全生产十三周年，连续 11 年达到“安全与职业卫生评估”A 级。近三年来产量和利润屡创新高，其中 2016 年、2017 年、2018 年产量和利润分别为 604 万吨、591 万吨、630 万吨和 11 亿元、15.6 亿元、16.5 亿元。现有在册员工 6096 人。

矿井先后荣获全国煤炭工业“两化融合”示范煤矿、全国煤炭工业“双十佳”煤矿、首批中国最美矿山、首批国家级绿色矿山、全国文明煤矿、煤炭工业最高奖“太阳杯”等荣誉称号，同时被命名为全国第一批一级安全生产标准化煤矿和首批“冲击地压防治示范矿井”，是全国煤炭产业唯一一家“经典矿山”。

二 矿井高质量发展路径

济宁三号煤矿积极创新安全管控模式，着力破解灾害治理难题，大力实施科技兴矿战略，注重生态文明建设，加强党建引领作用，以实现矿井安全高质量发展。

（一）创新安全管控模式

“安全”始终是煤矿发展的第一要务，济宁三号煤矿坚持“创新机制、提升素质、加强基础、着重预控”的思路，构建安全管控、教育培训、技术管理、安全监察、绩效考核、安全协管“六大责任体系”，持续夯实安全质量基础，从多方面、多层次、多角度探索实施了具有济三特色的安全管控模式，截止到2019年6月30日，矿井实现安全生产4831天。

一是构建安全责任体系。矿井精准界定生产区队、生产辅助、技术管理、行政管理、党群组织等六大安全职责定位。围绕制度保障，建立涵盖管理人员、单位部门、岗位工种的安全生产责任制614项，明确各专业、各部门、各岗位的责任，使安全责任层层分解到个人，提高各级人员的安全责任心。明确职工责任同时，更加注重责任的考核，使各级人员权责分清，强化岗位责任心。

二是完善安全管理制度。创新安全特殊管理制度，制定实施了领导干部下井带班“三位一体”安全检查、“一班三汇报”安全信息调度、现场安全不放心人排查帮教等制度，增强了现场安全管理的针对性和实效性。为确保特殊作业安全，出台了《安全环保绩效考核办法》，对安全管控实行过程化、流程化、规范化监管，对现场易出现的重大隐患、特殊施工、突发情况等安全难点重点，分专业、分系统动态管控。分专业制定了机电设备管理制度、设备及设施起吊拖运吊挂管理规定等技术性制度规定，夯实了业务保安基础。在建立新制度的基础上，动态修订完善各类规章制度。

三是夯实安全管理基础。注重教育培训，充分利用矿、区队、班组“三级”培训基地、劳模（技能大师）创新工作室、新媒体课堂“三个”学习平台，针对性开展事故模拟、干部上讲堂、专业技术、导师带徒“多元化”培训。注重区队班组安全自主化管理，大力推进专业、区队、班组、岗位“四级”安全诚信体系建设，依托“五型”班组①、“六好”区队②创

① “五型”班组即技能型、效益型、管理型、创新型、和谐型班组。

② “六好”区队即班子素质好、队伍作风好、安全生产好、经济效益好、政治工作好、民主管理好的区队。

建，创新班组安全自主化管理机制，运用区队班前“八步流程”[①]、班后“五步评估”[②]，促进区队班组安全自主化管理。

（二）破解灾害治理难题

济宁三号煤矿在冲击地压、水害、地温等自然灾害防治方面，研究应用了一系列关键性技术，特别是在冲击地压防治上，应用的坚硬顶板水力致裂、微震监测、应力在线监测系统等成套技术，达到行业先进水平，被列为全国首批“冲击地压防治示范矿井”。

一是加强冲击地压治理。矿井已经建立了“合理设计、专家评估、综合监测、科学治理、注重防护”五位一体的冲击地压防治体系，目前，矿井主要采用钻屑法、应力在线监测法和微震监测法进行冲击地压的监测。同时，结合矿井实际主要采取大直径卸压钻孔、底板卸压爆破、坚硬顶板高压水力致裂、顶板深孔卸压爆破等有效的卸压措施。2019 年将加强双震源弹性波应力反演技术研究，进一步探索沿空掘进工作面冲击危险区域超前探测技术，提前探明沿空掘进工作面前方的应力集中区。并加快研究煤体高压水射流旋转切割主动卸压技术，以代替大直径钻孔被动卸压，提高卸压施工的效率。

二是加强高温热害治理。目前，矿井采掘深度已经达到了地下 800 米水平，煤层地温在 31℃到 37℃之间，已经成为制约深部矿井安全高效生产的突出性问题。矿井主要采取全风量降温和局部降温相结合的方式，进行热害治理。投入使用井口全风量降温及余热利用一体化系统，既可实现夏季制冷，又可实现冬季制热。机组运行后，井口进风空气温度保持在 20 ~ 25℃，副井下井口、井底车场湿度保持在 60% ~ 75%，有效改善了井下作业环境。

---

① 班前“八步流程”即在班前会上固化八步流程：点名；不放心人排查及包保措施安排；上级文件、会议精神传达；安排当班具体工作；针对当班工作进行针对性的隐患排查、安全工作布置及重点措施强调；当班班长工作分工；跟班管理人员、班长及职工意见建议；集体安全宣誓，会议结束。

② 班后“五步评估”即班后实施梳理、签字、汇报、确认、闭环，确认本班升井人数、安全生产情况。

同时，在矿井深部采区个别高温采掘工作面，增设移动式局部制冷设备。应用该系统后，工作面温度可降低 2～4℃，湿度可降到 80% 以下，有效改善了现场作业环境。

三是加强防灭火技术研究。为更好地对矿井的自然发火进行预测、预防、治理，矿井对自然发火进行预测预报，对自然发火隐患地点全部埋设束管，利用监测束管进行实时监测，定期分析自然发火风险；工作面回风流安设 CO 传感器，利用 KJ 95X 型安全监控系统，进行自然发火的早期预测预报；工作面采空区停采前，在采空区两顺槽氧化自燃带预埋测温光纤，利用 ZWX 型光纤测温系统对温度的变化进行监测以识别采空区内自燃氧化状态等。采煤工作面开切眼预埋注浆管路和监测束管，利用埋设的束管对采空区的气体进行监测，工作面末采期间配备完善的注浆（胶）系统、压风供水系统，备足注胶设备、钻机、钻具、防灭火材料，对工作面注胶封堵漏风通道。发生自然发火隐患后，对已经封闭的区域进行压注氮气，对自然发火地点进行惰化处理等，对未封闭的区域，进行喷涂赛福特、压注凝胶、永久密闭施工等。

四是加强水害防治。主要采取了“探、放、排、用”综合治理措施。根据不同类型、时段、位置的水质化验资料，编制水化学 pipev 三线图，为快速、准确判断涌水水源提供了基本依据。矿井实现了含水层水位、水温、降雨量、涌水量、井壁应力应变卸压槽变形监测及松散层注水量、变化量实时在线监测，提高了水害预测精度和综合预警。对受煤顶板水、红层水影响较大的工作面，回采前采用音频电透、直流电法等物探手段，查清水文地质和富水分区情况，并钻机验证疏放。

（三）实施科技兴矿战略

济宁三号煤矿大力推进科技兴矿战略，加快信息化、工业化、智能化“三化融合”，推进“智慧矿山”建设。

一是注重技术装备升级。将具有自主知识产权的兖矿集团综采放顶煤核心技术创新应用于采煤工作面，投用可视化安全监控系统，实现一站式集中监控；综掘工作面推广应用 CMM 2 - 21 型液压锚杆钻车，配合大功率综掘机使用，实现综掘迎头掘、支、锚一体化作业，将综掘工作面人数降至 7 人以下。矿井全员效率最高达到 35 吨/工，被评为煤炭产业特级安全高效矿井。

二是注重信息化建设。依托千兆工业以太网、安全监测、调度通讯、办公等网络，建成自动化综合调度、经营管控、防冲监测“三大”信息平台；建成集安全监测、生产集控、工业电视、可视化监控、通信网络、自动化办公于一体的综合信息化系统。应用井下无轨胶轮车调度管理系统，实现井下车辆的定位跟踪、交通指挥。

三是注重智慧矿山建设。开展“机械化换人、自动化减人”科技强安专项活动。安装应用集电控技术、视频监控技术等于一体的可远程、可视化遥控的皮带机，实现矿井掘进施工由机械化向现代化飞跃。2019 年计划新安装的 3 个工作面，投入资金 3719 万元升级为自动化工作面，装备 2 个智能化掘进工作面。

（四）控制成本创新效益

济宁三号煤矿树立大成本管控意识，强化源头控制，突出预算管理；倡导全生命周期理念，依托精益系统，突出精细管理；建立材料信息反馈制，加强监督把关，突出质量管理；完善市场化管理流程，立足定额源头，突出考核管理。

一是突出预算管理。矿井每年组织各专业经营技术人员成立材料费测算小组，采用“自下而上编制、自上而下审核”手段，依据年度生产经营计划及近几年实际消耗规律，对全年材料费预算指标进行测算分解，并且根据材料费可控性分级承包，细化到月度、季度，日常审核中严格执行预算控制流程，对无预算超预算计划严格控制，从计划源头控制费用发生，使材料费用始终处于可控范围内，保证矿井大成本的完成。

二是突出精细管理。通过细化完善材料精益管理系统，提高材料精细化管理水平。通过近几年的不断摸索，建立一套完善的材料全生命周期精益管理系统，实现材料管理从计划编报、计划审核、库存平衡、领用审批、消耗核算、交旧领新、修旧利废等业务全生命周期过程闭环管理，通过系统运行进一步提升矿井材料精益水平、规范管理流程、明确责任等级、提高工作效率。

三是突出质量管理。建立实施材料质量“3S”（即索赔、索责、索酬）管控机制，建立一套由使用单位、职能科室、供应部门共同参与的材料质量信息反馈、处理解决、责任追究流程。重点材料制定针对性验收标准，明确责任，规范流程，提高合格率，降低损失。通用材料建立质量收集反馈机制，提高信息反馈效率，加大质量分析索赔力度。将定制检查和动态抽检作为常态机制，扎实把好材料物资入矿“五关”，即入站关、领用关、暂放关、下井关、使用关，确保到货材料质量动态得到管控，出现不合格材料对供应商加倍索赔，对屡次出现不合格材料的供应商，应通知物资供应部门更换，明确各个环节担当把关责任，督促供应商更加重视产品质量，更有效地避免不合格材料下井使用。

四是突出考核管理。进行市场化管理，细化材料单耗、定额，严考核结算。运用经验估算法、统计分析法、技术测定法、标准实验法、对标先进法等方法制定，制定实施采煤消耗定额、掘进消耗定额、巷道修复消耗定额、钻孔消耗定额、油脂消耗定额、皮带消耗定额等不同消耗定额，在日常实施过程中不断修订完善。通过不断深化实施市场化管理，细化材料费用结算考核，将材料消耗与区队收入充分结合起来，100%考核结算。

（五）注重生态文明建设

济宁三号煤矿坚持绿色发展理念，创新“绿色开采、资源节约、环保友好”发展模式，大力发展循环经济，积极建设和谐生态文明矿井。

一是绿色生态发展。矿井探索实施生态文化、绿色洁净生产园、循环利用产业园、青山绿水工业园、低碳发展示范园、平安富美和谐园“一化五园”生态文明矿井建设模式，推动矿井可持续发展。创新应用污水综合利用、煤炭副产品发电、电厂废渣废气综合利用等技术，形成工业“三废”

资源化利用的内部循环链。

二是守住环保底线。目前，正在建设高盐水综合处理系统，设计处理能力为600m^3/h，采用“三级反渗透+蒸发结晶”工艺技术，处理后产品水供济三电厂使用，剩余部分达标外排。投资约2000万元的矿井水处理系统，采用“絮凝沉淀+过滤”的处理工艺，处理水质稳定，处理能力为1000m^3/h。

三是建设环保工程。2018年投资1.725亿元对煤、矸石堆场实行全封闭改造，建成东部矸石堆场煤泥气膜棚和钢架结构矸石棚、码头煤场筒仓。投入使用后，煤炭储、装、运“三个环节”全部实行封闭式管理，实现“产煤不见煤”，扬尘零污染。

四是发展循环经济。积极推行清洁生产，大力发展循环经济。井下采用全煤巷道开拓布局，矸石排放量少，对地面环境污染小。井下开展充填开采技术研究应用，采用综采工作面综合机械化固体充填采煤工艺，部分开拓矸石实现就地置换充填。开展矸石、煤泥等煤炭副产品综合利用，将洗矸、煤泥等洗煤副产品输送到内部煤矸石热电厂就地转化。利用原有矸石山实施表层覆土生态修复，采用堆放—压实—覆土—护坡—绿化一体化技术工艺，形成了独具特色的生态景观，充分展示了“国家级工业旅游示范点”全新形象。

（六）加强党建引领作用

济宁三号煤矿把党建工作打造成引领矿井改革发展的新航标，推动改革发展的新动能，支撑改革发展的新引擎，保障改革发展的新名片。

一是把关定向指引化。矿井进一步明确党委的主要职责和保证监督的重点内容，制定“三重一大”① 实施细则，列出“三重一大”事项明细，规范决策程序，明确“为什么、由谁办、怎么办、如何办”的问题，确保决策科学有效，确保矿井发展始终沿着正确的方向。

---

① “三重一大”即重大问题决策、重要干部任免、重大项目投资决策、大额资金使用。

二是安全宣教立体化。矿井党委创新“学宣树”“看算悟”“查帮促”等特色载体，开展“再算五笔账”①、“严抓安全为了谁、出了事故害了谁”安全大讨论、“班前小课堂”事故案例展播等活动，干部职工安全意识明显增强。

三是技能培训实效化。矿井党委搭建了“三级”培训中心、劳模创新工作室实训基地、新媒体课堂“三个”学习平台。开展首届十大工匠评选和技能传承活动，带动了职工队伍素质提升。

四是创新创效多元化。矿井党委把市场化理念和做法引入合理化建议活动，加快金点子、银点子等成果转化应用，全年共征集合理化建议500余条，命名金点子、银点子48项，现场实施57项，预计创效2000余万元。

三　高质量发展过程中面临问题

近年，伴随矿井的开采水平加深、开拓距离加大，矿井的开采条件变得复杂多样，水害、断层、高温、冲击地压等灾害制约了矿井发展。同时，随着矿井正常块段逐渐开采，“三下”压煤块段占比逐渐增大，加之国家出台煤矿退出自然保护区的规定，矿井可采储量大幅下降，影响矿井正常生产接续，严重制约矿井可持续发展。

（一）开采条件日益复杂

在矿井开采过程中，大多伴随水害、落差较大的断层、冲击地压、高温等影响，使开采条件变得复杂。

一是水文条件复杂。矿井部分采区存在孙氏店断层（落差大于350m），这类断层造成采区煤系地层与奥灰对接，采区水文地质条件较为复杂，存在侏罗系和奥灰水害问题。相邻煤矿曾发生过陷落柱突水事故，矿井与该煤矿属于同一水文地质单元，水文地质条件相似，有底板隐伏构造影响的水害

① “再算五笔账”即细算安全生产政治账、经济账、社会账、生命账、家庭账。

可能。

二是地质条件复杂。据现有地质资料，今后矿井地质条件更趋复杂，回采过程中实际揭露隐伏断层数将远远超过预计，落差5米左右的断层将会导致煤层大部错断或全层断失，生产难度加大，落差大于7米的断层将会严重影响工作面的连续生产，制约矿井正常接续和生产组织。

三是冲击地压加重。矿井目前已经回采的三个采区均发生过不同程度的冲击地压显现。随着矿井向西区开拓延伸、采深逐渐增大、开采范围越来越大、地质开采条件日趋复杂，冲击地压危险性越来越大，势必影响矿井开拓掘进及原煤生产。

四是西区开拓较远。在西区井筒短期内无法开工建设的情况下，西区开拓掘进只能利用现有井筒，接续的采区西北部最长进回风路线达17千米、最远供电距离8.5千米、单向主要运输距离长达6.5千米。存在供电、通风、运输距离远，系统复杂，安全出口距离远等诸多问题，难以保证安全。

（二）“三下”压煤逐渐增大

随着矿井正常块段逐渐开采，“三下”压煤块段占矿井剩余块段比例逐渐增大。另外，济宁市城市建设项目大量压覆煤炭资源，造成新增“三下”压煤量，严重制约矿井正常生产接续。

一是“三下”压煤占比较大。截至2018年底，济宁三号煤矿“三下”压煤资源储量14000多万吨，占矿井资源储量的19%左右；“三下”压煤基础储量为10000万吨，占矿井基础储量的42%左右。

二是矿井周边村庄密集。矿井陆地范围内村庄稠密，村庄压煤面积约占陆地面积的80%左右；村庄压覆基础储量6800多万吨，占矿井基础储量的29%左右。

三是新增市政工程压煤。因济宁市政工程建设，矿井新增两处永久压覆共计4000多万吨，其中南二环路跨洸府河大桥1400多万吨、环湖大道互通立交大桥及泗河大桥2600多万吨。

（三）生态保护区禁止采煤

山东省南四湖自然保护区与井田范围重合面积达 58.5 平方千米，资源储量 4.6 亿吨，其中特殊稀缺煤种接近 6000 万吨，2020 年以后自然保护区禁止开采。

一是缩短服务年限。截至 2018 年 12 月 31 日，济宁三号煤矿保有资源储量约 7.7 亿吨，储量（可采及预可采储量）约 1.2 亿吨，剩余服务年限 13.3 年。其中，与南四湖省级自然保护区重叠部分资源储量约 4.6 亿吨，储量（可采及预可采储量）约 8000 万吨。扣除与南四湖省级自然保护区重叠部分，剩余保有资源储量 3 亿吨左右，储量（可采及预可采储量）约 4000 万吨，剩余服务年限 4.3 年，缩短了 9 年。

二是压减矿井产能。2015 年，矿井新核定生产能力为 650 万吨/年。如果退出自然保护区，矿井产量将降至 300 万吨/年左右。2021 ~ 2025 年矿井产量规模将下降至 350 万 ~ 400 万吨/年，2026 年以后矿井产量规模将下降至 200 万吨/年。

三是减少经济效益。2018 年，矿井煤炭产量 630 万吨，实现产值 34.87 亿元，自然保护区域内退出开采后，矿井服务年限缩短和产量大幅下降。根据矿井生产接续规划，如果自然保护区域内退出开采，济三煤矿原煤产量减少 300 万吨/年，预计营业收入减少 600 亿元、利润减少 200 亿元。

四是增加资产损失。矿井固定资产净值 14.31 亿元，其资产规模是与 600 万吨以上的商品煤产量相匹配，矿业权退出将大幅减少商品煤产量，造成资产价值大幅缩水，预计会带来超过 5 亿元的资产减值损失。且矿井自然保护区内生产系统已形成，累计投入资金 3.5 亿元，矿业权退出后，此项新投入也将造成损失。

五是增加富余人员。矿井现有职工 6000 人，将有 3400 余名富余人员需重新安置，目前公司本部生产矿井资源枯竭，无法接收分流人员，且富余人员中大多为“40、50”人员，存在学历层次低、技能单一等问题，社会就业能力差、适应和融入社会慢。矿井如将富余人员予以裁减并推向社会，势必造成就业、治安、信访等一系列社会问题。

四　有关建议

针对阻碍矿井高质量发展的问题，提出如下相关建议。

（一）做好员工转型转移衔接工作

一是矿井与政府协调安置方式。矿井与地方政府应详细规划内部安置、外部分流、转移就业、创新创业、自主择业、培训转岗、内部退养、灵活就业、公益性岗位托底安置等分流安置方式。在确定矿井主体责任的同时，应突出政府部门的帮扶作用。

二是加大资金支持力度。除中央专项奖补资金和省配合奖补资金外，还应从就业专项资金和失业保险基金中支出部分资金，用于支持矿井内部转岗安置、对外转移就业、职工创业就业等。申请资金由矿井向济宁市人力资源社会保障、财政部门提出申请，由两个部门按规定程序审核后从就业专项资金中支出。

三是矿井内部分流。矿井支援集团公司外部开发建设，向集团新建单位转移人员。根据退出南四湖自然保护区压覆资源范围内采掘活动计划，在确保非压覆区域正常生产的情况下，有序开展人员向外部开发矿井分流安置工作。

四是实施内部退养。对符合条件的职工实行内部退养，对距离法定退休年龄5周岁以内的职工，依据个人意愿及身体情况，按照个人申请、组织研究批准程序办理内部退养手续并发放生活费，达到退休年龄时正式办理退休手续。

（二）与地方政府协商解决“三下”压煤

一是济宁市政府及各管理部门要在压煤村庄搬迁工作的每个环节、每个步骤上注重研究和落实矿井利益与诉求，优化搬迁工作环境。

二是建立“政府主导、乡镇主办、部门协调、企业配合、村民参与”的工作机制和“重大问题市长协调机制”，对压煤村庄搬迁及安置过程中存在的问题和矛盾，市委、市政府定期进行专题研究，及时出台实效性、可操作性较强的办法和措施。

三是加大对塌陷地域治理的力度。在压煤村庄搬迁工作的同时，要建立矿山环境治理和生态恢复责任机制，坚持合理开发煤炭资源与保护生态环境并重，在开发中保护、在保护中开发，促进采煤塌陷区的复垦治理工作有序开展。

四是对于取得采矿权早于城市建设规划的资源，建议分类提出差别化的补偿方案，以保证矿井合法权益，避免国有资产流失。

（三）审慎推进自然保护区矿权清理

一是对所压覆资源进行补偿或置换资源，加快集团后备井田、接替矿井的开发审批。同时，结合资源赋存实际情况，尽快明确各级自然保护区的边界范围和功能区划，最大限度解放煤炭资源。

二是处于自然保护区核心区和缓冲区的矿业权在进行价值评估并依法补偿后退出，且退出前应留一定过渡期。处于自然保护区实验区和外围保护地带的矿业权应经政府绿色矿山建设论证通过后予以保留。

三是切实发挥政府主导作用。政府制定出台相关政策，对矿井资产评估作价以解决企业债务问题，专门设立矿业权退出补偿资金，弥补矿井退出采矿权的经济损失。

B.14

伊泰集团高质量发展实践与探索

内蒙古伊泰集团有限公司*

摘　要： 本报告以伊泰集团的发展为例，介绍了伊泰集团在高质量发展过程中取得的成绩以及采取的主要措施，分析了影响煤炭企业发展的主要因素，并提出了支持煤炭企业高质量发展政策层面的建议。

关键词： 高质量发展　聚焦主业　科技创新

一　企业基本情况

内蒙古伊泰集团有限公司（以下简称“伊泰集团”）创办于1988年3月，是以煤炭生产、运输、贸易为基础，集铁路、煤化工于一体，房地产开发、生态修复及有机农业等非煤产业为补充的大型清洁能源企业。伊泰集团连续17年跻身中国企业500强，2018年列第214位，在中国煤炭企业50强中排名第16位，是“4+1”下水煤企业协调机制、“7+2”大型煤炭企业沟通机制成员单位，在内蒙古地方煤炭企业中排名首位。

* 课题组组长：张双旺，内蒙古伊泰投资股份有限公司董事长，高级经济师，全国劳动模范。副组长：张东海，内蒙古伊泰集团有限公司党委书记、董事长、总裁，高级经济师，全国劳动模范。成员：刘春林，内蒙古伊泰集团有限公司党委副书记、副总裁、总会计师；李俊诚，内蒙古伊泰集团有限公司副总裁；刘向华，内蒙古伊泰集团有限公司董事会秘书；王春迎，内蒙古伊泰集团有限公司副总经济师；吕贵良，内蒙古伊泰煤炭股份有限公司财务总监；杨海军，内蒙古伊泰集团有限公司行政管理部副总经理；王新民，内蒙古伊泰集团有限公司行政管理部总经理助理。

截至2018年底，伊泰集团拥有总资产超过1100亿元，员工7300多人，直接、间接控股子公司79家，其中伊泰煤炭股份有限公司为煤炭产业首家B+H股上市公司。公司拥有大中型生产矿井11座，总生产能力超过6000万吨/年，控股并运营铁路超过500千米，2018年运量突破亿吨；拥有我国首个完全自主知识产权16万吨/年煤制油示范项目和120万吨/年精细化学品示范项目，煤化工产量2018年突破百万吨。

伊泰集团经济贡献率连续多年位居鄂尔多斯市地方企业之首，经济效益、安全生产在行业中名列前茅，被原国家煤炭工业部评为“现场管理最佳企业”，荣获全国煤炭工业优秀企业“金石奖”；被中华全国总工会、劳动和社会保障部、全国工商联联合评为“全国就业与社会保障先进民营企业”；被中华全国总工会、劳动和社会保障部、中国企业联合会联合评为“全国模范劳动关系和谐企业”；被中央文明办评为“全国文明单位”；被国务院授予“全国民族团结进步模范集体”荣誉称号；是全国首批通过两化融合管理体系评定的企业；五次荣获“中华慈善奖”，并获得“第四届中国工业大奖表彰奖”和内蒙古自治区首届“主席质量奖”。

二　高质量发展情况

党的十九大后，在以习近平同志为核心的新一届中央领导集体的带领下，我国经济在由高速增长转向高质量发展的同时，转变发展方式、优化经济结构、转换增长动力的步伐不断加快。伊泰集团主动适应供给侧结构性改革、高质量发展的政策要求，“去产能”“降成本”“去杠杆”“抓转型”，推进新旧动能转换，产品结构优化升级，效益不断提升，发展质量显著提升。

特别是2018年下半年以来，中央及各级党委、政府对民营经济发展的支持力度空前。习近平总书记专门主持召开民营企业座谈会，为促进民营企业发展送来了“春风”、开出了“良方”。国家有关部委相继出台支持民营企业发展的一系列政策措施，支持民企发展的政策红利正在逐步释放。伊泰集团抓住机遇，大力推进能源产业质量变革、效率变革、动力变革，在推进煤炭产业转型升级、实现高质量发展的道路上进一步迈进。

（一）聚焦主业提质增效，是实现高质量发展的根基

煤炭主业的健康发展是伊泰集团实现可持续发展的基础。伊泰集团一直坚持“以煤为主、多元互补”的一体化发展战略，逐步发展成为内蒙古自治区最大的地方能源企业。30 年来，伊泰集团累计生产煤炭 6 亿吨、铁路运输 7 亿吨、销售 8 亿吨。煤炭销售收入及利润占公司营业总收入及总利润的比重超过 95%；煤炭主业成为伊泰的利润之源、发展之本，是伊泰得以长足发展的基础保障。

建设千万吨级矿井，煤炭主业发展质量得到全面提升。伊泰集团积极响应国家号召，坚定不移地贯彻去产能的政策，先后淘汰 300 万吨落后产能，通过资源整合，利用国家产能置换政策，先后投资 150 多亿元进行现代化矿井建设，形成了以红庆河、酸刺沟和塔拉壕 3 座千万吨级大型矿井为核心的煤炭产业格局。同时，伊泰集团严格按照建设国内一流的现代化矿井的目标要求对矿井规模、回采工艺、生产系统、采面参数等重要矿建指标进行了精准定位，实现了高起点、高标准矿井建设一步到位。截至 2018 年底，伊泰集团拥有生产矿井 11 座，总产能超过 6000 万吨/年，其中先进矿井产量占比超过 90%，引领了鄂尔多斯地方煤炭企业走上新型工业化道路，实现了煤炭生产“安全、绿色、高效、集约化”。矿井装备技术水平的极大提升，为安全生产与产能扩张提供了可靠保障，2015～2018 年，原煤生产百万吨死亡率为零，为煤炭主业的高质量发展奠定了基础。

注重新技术、新设备推广应用，提高煤炭产业科技水平。在煤炭生产领域，加强产学研用结合，注重新技术、新工艺、新材料、新设备推广应用，重点开展数字化煤矿、煤巷锚杆支护、回采巷道围岩及煤柱稳定性研究。“浅埋深大采高大巷煤柱综采回收技术应用研究”“综放工作面水力压裂初次放顶技术研究与应用”两项科技成果，通过了内蒙古自治区科学技术厅组织的成果鉴定，分别认定为国内先进、国内领先水平。“数字煤矿安全生产综合管理系统关键技术的

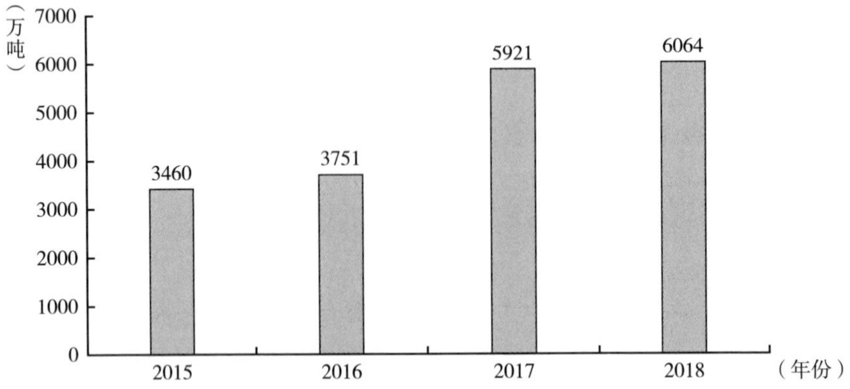

图1　2015～2018 年伊泰集团商品煤产量

资料来源：伊泰集团统计数据。

研究与应用”项目在生产矿井顺利运行，构建了公司内部生产板块各类专业数据共享及信息发布平台，实现了煤矿管理的纵向到底、扁平化和精细化，不仅保障了煤矿的安全生产，还提高了矿井生产工效，降低了成本。其中，煤矿井工开采条件下地质模型的动态构建技术成果达到国际领先水平。

建设创新研发平台，推进产、学、研合作模式，提高创新能力。公司申报并建成“无煤柱自成巷技术研究与推广院士工作站”“煤矿开采与岩层控制技术及应用院士工作站”，组建了煤炭开采及煤基油基合成工业研究院等技术研发平台。以创新平台为载体，以全面提升技术创新能力为主线，以解决制约生产经营的重大瓶颈问题和关键技术为重点，形成了技术的带动与辐射效应，提升了创新资源整合能力，取得了一批高水平技术创新成果。截至 2018 年底，煤炭板块已完成重点科研项目 50 项，小改小革 300 多项，获自治区科技进步二等奖 3 项、三等奖 1 项；煤炭工业协会科技进步二等奖 1 项，解决了生产运行中的重大技术难题，提升了煤炭主业的科技水平。

（二）加快新动能转换，围绕煤化工实施创新驱动是实现高质量发展的战略方向

伊泰集团在做强煤炭优势产业的同时，积极贯彻落实国家煤炭清洁利用

和内蒙古自治区促进煤炭资源就地转化的相关政策，紧紧围绕煤间接液化制油产业开展技术攻关和自主研发，先后投入100多亿元用于技术研发及示范项目建设。

积极培育新动能，推进煤制油技术产业化放大。以煤化工为战略方向，伊泰集团积极培育发展新动能，打造增长新引擎。依托自主知识产权的煤间接液化技术，伊泰集团在内蒙古自治区准格尔旗建设了16万吨/年煤间接液化工业化示范项目。项目自2009年3月顺利产出我国煤间接液化工业化第一桶合格成品油以来，已经连续9年实现“安稳长满优”运行。截至2018年底，项目累计生产产品163万吨，实现营业收入88.74亿元，净利润3.54亿元，缴纳税费13.67亿元（见表1）。

表1 伊泰煤制油公司2010～2018年产品销售收入及上缴税费统计情况

年份	产品销量（万吨）	产品产量（万吨）	销售收入（万元）	利润总额（万元）	缴纳税费（万元）
2010	9.67	9.67	149	198	2933
2011	15.17	15.17	64955	2652	16577
2012	17.19	17.19	122057	14147	22882
2013	18.16	18.16	129336	19313	32353
2014	17.83	17.83	114114	17420	10747
2015	20.2	20.2	91134	1087	10618
2016	19.4	19.4	81810	1252	8260
2017	18.92	18.92	89767	-722.90	6363
2018	19.43	19.43	89396	3312.87	5253

资料来源：伊泰集团统计数据。

为了进一步加快公司转型升级和产业结构调整的步伐，推动煤制油产业可持续发展，2009年，伊泰集团开始在新疆和内蒙古实施百万吨煤制油商业化项目。其中，位于内蒙古自治区杭锦旗的120万吨/年精细化学品项目于2013年5月奠基开工。项目总投资168亿元。2016年底，项目主装置全部建成中交，2017年7月7日顺利产出合格产品，产品包括稳定轻烃、费托重烃、轻重质液体石蜡、费托粗液蜡、费托软蜡等十多种。截至

2018 年底累计生产产品 89.4 万吨，实现营业收入 39.2 亿元，缴纳税费约 3 亿元。

围绕 120 万吨/年精细化学品项目，通过资本合作、产业延伸合作等方式引入合作项目 17 个，如正构烷烃项目、润滑油基础油项目、乙二醇项目、稳定轻烃及液化气改质项目、食品级二氧化碳项目、烷基苯项目等，新增投资共计约 40 亿元，预计可增加产值 80 亿元，上缴税费约 12 亿元，为当地新增 3000 多个就业岗位。

目前，在煤间接液化领域，伊泰集团已经形成了从技术研究、工程设计、催化剂产品生产和大型化工装备制造的产业化支撑体系，打破了国外技术垄断，在催化剂成本、油品产率、能效等方面均已经达到了国际先进水平。

加强科技创新，延长产业链。在煤化工领域，伊泰集团集中优化科技创新资源，构建科技创新平台，组建了内蒙古伊泰煤炭开采及煤基油基合成工业研究院，建设了煤间接液化技术实验大楼、煤基合成精细化学品研发中心、气化用煤评价实验室，总面积达到 2 万平方米，科研人员 200 多人，被认定为“煤间接液化国家和地方联合工程研究中心”“自治区煤间接液化工程技术研究中心”，完成科技成果转化 41 项，自主研发成果 97 项。伊泰煤制油公司先后被认定为国家级高新技术企业、国家技术创新示范企业。同时，依托煤化工领域的创新平台，公司正在开展基于模拟移动床的费托直链烃分离精制、基于固体酸催化剂的费托烯烃制烷基苯、混合低碳醇分离、基于氢甲酰化的长链合成脂肪醇、稳定轻烃脱芳、费托氧化蜡等项目的攻关，并取得了一定的成效。

（三）探索发展环保产业优化产业布局，是实现高质量发展的战略补充

伊泰集团坚持“绿水青山就是金山银山”的环保理念，确定了“百年伊泰、绿色能源、节能增效、持续发展”的环境能源方针，探索以能源产业为基点的环保产业发展方向，努力做好产业链条的纵向延伸和横向拓展，

形成垂直分工衔接、水平分工互补、机制关联共生的产业体系。已经在配套相关产业如煤矿生态保护及环境修复、煤化工环保以及生态农业、太阳能光伏发电和精准扶贫等方面，做了大量工作，取得了良好效果。

以“打赢蓝天保卫战”为指导思想，探索精准扶贫新模式，治沙造林造福一方。伊泰集团不断追求绿色发展，以植树减碳为路径，深入实施生态保护建设工程，累计投资4亿多元，在库布齐沙漠完成50万亩碳汇林建设工作，造林34万余亩，封沙育林面积约10.97万亩，湿地保护面积约0.71万亩，沙障治理面积约4.74万亩，防风固沙达到86万亩，为鄂尔多斯地区搭建了绿色生态屏障，以实际行动践行习近平总书记对内蒙古生态安全建设的指示精神，为“库布其模式”的探索实践提供重要支持。2012年以来，伊泰集团将碳汇林林权补贴约1400万元的补贴款全部赠送当地农牧民，直接带动2个嘎查78户农牧民脱贫致富；本着“驻村和村、驻邻和邻”的原则，伊泰在矿区积极开展“精准扶贫”活动，不断捐资改善矿区居民的生产、生活环境，仅2018年用于精准扶贫的资金就达2638万元。2018年，公司被授予“福布斯中国荒漠化治理绿色企业榜优秀企业”称号。

以“绿色、清洁、低耗”为目标，积极推动环保技术实践，解决化工产业环保难题。联合北京高能时代与东华工程成立科领环保公司，实施工业危险废弃物处置项目的建设和运营，极大地改善了地区的生态环境；还联合上海晶宇、深圳能源开发工业浓盐水零排放技术及工业化示范，该技术通过中国环境保护产业协会的技术成果鉴定，已在伊泰120万吨精细化学品项目中推广应用，为我国打通煤化工废水零排放最后一公里贡献力量。2018年，伊泰集团煤化工板块投资1.8亿元进行水处理改造，对废水处理工艺进行优化，产生的废水全部回收利用，通过分盐技术最大限度地回收净水，实现了煤化工废水“零排放”。2018年，共计回收利用912万吨回用产水，部分用于第三循环水场补水，部分送至气化用作激冷水，部分送至化水单元制备脱盐水，节省原水用量921万吨。通过浓盐水深度处理技术的实施，实现煤化工单位产品水耗降至6.03吨，处于行业领先水平。

（四）改造创新提升管理优化运行机制，是实现高质量发展的体制保障

伊泰集团在30年的发展进程中，不断总结经济发展和多结构、多产业格局管理的规律性认识，用创新的思维在改革中发展、在发展中改革，探索适应经济新时代下伊泰发展模式和发展速度的现代化企业管理体制机制，形成了完整、科学、有效的管理体系和运行机制。

坚持战略导向，逐步向战略管控转型。伊泰集团作为以煤炭为经营主业的传统企业，一直以生产管理为主导模式。但随着公司发展、多产业格局的形成，以及"建设具有国际竞争力清洁能源和化工产业集团发展战略"的提出，"一抓到底、事无巨细"的生产管理模式已经不相适应，应加快向战略管控模式转变。以战略引导改革，伊泰已经探索多年，初见成效。公司聚焦产业链核心价值，有效整合资源，构建强强联手的合作平台，通过资源共享、机遇共享、发展共享构建共赢的未来。提高深度运营、差异化竞争、科技创新的能力，构建清洁能源与现代煤化工"研、产、运、销"一体化实业平台、"产、融、投"一体化产业经营平台。特别是十八大以来，伊泰加快了转型升级的步伐，按照"轻资产、重资本"的发展理念，已经建立了开放、合作的大产业平台，吸纳、引进了一批具有相当竞争力的优秀企业，形成优势互补、风险共担的新发展业态，大大降低了公司发展风险，提高了重大项目投资回报率。

深化管理改革，优化组织结构、提升组织效率。伊泰集团自创立以来始终坚持"四个不变"的办企原则①和"不违规、不违法、不打擦边球"的工作纪律，始终坚持"资产大而优、人员少而精、获利能力强而稳"的发展模式不动摇。根据这一指导原则和思想，探索实施了一条特色鲜明的管理之路。按照"轻资产、重资本"发展理念，先建市场营销体系，后建配套

① "四个不变"的办企原则，即坚持加强党对企业的领导，集团公司党委是领导核心不变；坚持合法经营，照章纳税，两个文明协调发展的方向不变；坚持依靠广大职工，充分尊重广大职工的主人翁地位的宗旨不变；坚持为地方和国家的社会主义建设积极做出贡献的思想不变。

的生产设施，不走企业办社会的老路，利用社会资源，解决煤炭采掘、运输作业，避免了冗员多、包袱重的问题；将非核心专业或部分服务专业划分出去，实现了公司化独立运营，经过实践全部自负盈亏运营，大大提高了积极性和经营效率，降低了公司运营成本；完善健全的层层授权体系，匹配和优化适应战略落地的制度流程体系，同时深入推进“放、管、服”改革，把权力下放到生产基层；建立利益共享机制，把集团公司打造成合作方共创和利益共享的平台，调动各方的创效积极性。

（五）广纳英才实施“人才强企”战略，是实现高质量发展的重要支撑

伊泰集团发展 30 年，人才是实现跨越发展的关键。突破传统思维束缚，打破常规用人机制，建立了完善的人才考核、激励、评价体系，搭建了培育创新创业团队和科技创新平台，激发人才创新活力。

筑巢引凤，吸纳优秀人才。2005 年，伊泰在实施内蒙古自治区“煤炭技改三年攻坚”以及推进产业转型中吸引了大批煤炭、煤化工领域优秀人才。目前，拥有采矿、地质方面专业技术人才 236 人，煤化工方面专业技术人才 1264 人，煤炭、煤化工等博士、硕士学历的专业技术人才超过 170 人，建成煤基新材料研究院 1 个中心、3 个实验室；煤矿开采技术应用 2 个院士工作站，为产业发展和转型提供了有力的人力资源支撑。

知人善任，搭建人才梯队。根据“以价值创造者为尊”的人才管理理念，伊泰集团大力推进人力资源改革，逐步形成集战略目标、管控模式及外部经营环境需求为一体的人力资源管理体系。通过探索建立企业大学，重点加强青年管理人才的梯队建设，持续优化薪酬体系、职业发展体系。不拘一格用人才，通过公开竞聘选拔任用优秀人才，通过“育鹰”计划，让大批有能力、有本事的年轻人走上管理岗位，形成了尊重知识、尊重人才、尊重能力的干事创业氛围。

创新机制，定向培养人才。近年来，围绕人才“引得进，留得住，用得上”，积极推行员工股权激励，完善按劳和按资相结合的收入分配机制，激发和调动了广大专业技术和管理人才的工作积极性。秉承“不裁员、不

减薪”的理念，探索建立了科学的薪酬增长机制，使广大职工合理分享企业发展成果。员工收入由创业初期平均不足2000元/年，提高到最高15万元/年，增长了74倍。

（六）加强两化融合，是实现高质量发展的技术保障

伊泰集团在发展过程中，稳步有序地推进“两化融合”工作，主动利用信息化解决企业发展和管理中各类问题，逐渐形成了一套行之有效的企业信息化治理体系，为传统煤炭及煤化工企业的信息化探索出了一条新路。

加大基础设施投入，提高信息化管理水平。近年来，公司投入近亿元资金用于信息化建设。伊泰集团是首批入选国家《信息化和工业化融合管理体系要求》贯标试点企业，也是全国首批200家之一、内蒙古地区首家通过两化融合管理体系评定的企业。在信息化建设中，加强了基础设施和应用系统建设。采用自主产权的传输通信网络（MSTP）、服务器虚拟化系统、入侵检测等基础设施，有效保证了公司两化融合工作的开展；建立起跨板块、跨业务的协作平台，加快了信息传递的速度和共享程度，强化了公司管控的力度；建立起财务业务一体化的集成平台，实现了信息流、资金流、物流的统一，提高了企业的财务风险控制能力；建立了物资集中采购管理、销售管理、工程项目管理、设备资产的全生命周期管理体系；各系统应用集成，数据充分共享，业务人员手工操作和参与环节逐步减少，岗位工作简单化、效率提高、差错率降低；运用数据仓库及BI分析系统充分挖掘数据的隐形价值，为公司管理及决策所用。

实施数字化矿山，提高安全生产水平。公司投资近5000万元完成了“数字煤矿安全生产综合管理信息系统关键技术的研究与应用”项目，取得四项软件著作权。项目搭建了以各煤矿为主体的综合展示界面，能够实时掌握煤矿六大系统①、综合自动化等安全监测信息，并且将隐患管理、预测预

① 煤矿六大系统：监测监控、人员定位、紧急避险、压风自救、供水施救和通信联络等井下安全避险六大系统。

警与应急演练有效结合，保障了煤矿的安全生产，实现了公司内部生产板块各类专业数据的共享。数字化矿山信息系统建设成果经内蒙古自治区科学技术厅鉴定，认为项目技术成果整体达到了国际先进水平，煤矿井工开采条件下地质模型的动态构建技术达到了国际领先水平。

三　存在问题及原因分析

（一）科技创新能力不足，难以找到新的盈利点

我国煤炭产业仍缺乏技术创新，从整体上看，我国大多数煤炭企业，仍以劳动密集型为主，科技引进程度低，缺少先进技术的支持，有关数据表明，我国煤炭企业的总体研发支出仅占所有支出的5%左右。以伊泰集团为例，2018年公司研发投入11.45亿元，仅占销售收入的2%左右。

现阶段煤炭在我国能源结构中仍占有重要地位，但煤炭开发利用方面的创新能力并没有完全释放，煤炭企业技术创新还有很大的投入空间；煤炭产业及下游仍然存在固守传统模式、盈利能力差等一系列问题。另外，产学研方面的合作仍不够紧密，创新成果的转化率较低，产学研之间的人才互动交流也需要加强。

煤化工产品同质化严重、竞争力不足问题，其核心也是创新问题。高质量发展的根本就是靠创新、改革。产业结构在变革，经济体系在改革，消费在迅速升级，在这样的大背景下，现在我们加快培育、释放新动能，就需要一套环节完整度高、支撑体系完善、评价指标合理、激励机制健全的全生态系统，这更需要在顶层设计、体制构建、管理矩阵建设方面下功夫，尤其在“互联网+”时代和工业3.0时代，不适应新业态的管理模式，无法在瞬息万变的市场环境下生存。未来即便是传统的能源行业，也要遵守这一法则。从社会资源整合和优化角度来说，也需要以更大力度改革和创新。我们在这方面正在努力探索和尝试。

（二）历史信贷负担过重，资本市场融资困难

煤炭行业是重资产行业，同时，大部分煤炭企业将产业结构调整锁定在与煤炭相关的重资产行业。每个项目投资少则百亿元、多则千亿元，高强度的投资直接推高了企业的杠杆。另外，项目建设过程中很多企业存在短融长投的现象，民营企业在这方面尤为突出。伊泰鄂尔多斯杭锦旗 120 万吨/年精细化学品项目总投资 168 亿，由于贷款落实难，企业只能通过短期搭桥贷款和自有资金支撑，不仅加重了杠杆还增加了运营风险。伊泰集团近年来相继参股了蒙冀铁路、新包神铁路、南部铁路、准朔铁路、蒙西华中铁路等的建设，累计投资近 44 亿元，目前仅收回 1 亿多元。

随着国家煤炭产业去产能政策的推进，各金融机构对煤炭企业进行内部重新评估，推行白名单准入管理，部分金融机构已将煤炭企业纳入维持类或退出类，并采取大户集中管控措施，新增贷款不予支持，存量贷款难以接续，煤炭企业在发展转型的关键时期无法对资金进行长期规划，影响企业战略实施。

四　下一步思路及政策建议

（一）以高质量发展为切入点，实施创新驱动

一是毫不动摇坚持把煤炭主业做强，为高质量发展打好基础。充分利用千万吨级矿井的优势，发挥先进的技术和管理手段实现资源利用最大、成本效益最优，创造更好的经济效益，支持公司结构转型和产业升级。二是毫不动摇地沿着煤基产业链走下去，推动新动能发展壮大。坚持“宜油则油、宜化则化、油化并举、价值最大”的原则，以价值链中高端为目标，加快煤化工下游产业延伸，完善产品结构体系，增强抗风险能力。在已形成 1.0 版煤基清洁油品和 2.0 版煤基化工品的基础上，伊泰集团加大科技创新力度，建立煤基新材料研究院，正在向以 3.0 版煤基精细化学品及新材料为主

的阶梯化、一体化产品格局迈进，在国际市场打响“伊泰化学”品牌。三是加大科研投入，加强研发规划与体系建设，在全球范围内整合资源，逐步明确核心的研发方向和产品，组建团队进行自主研发，形成储备一批、研究一批、转化一批的研究开发体系，提升伊泰核心竞争力。

（二）进一步深化管理改革，激发组织活力

实现战略目标最重要的就是人才队伍建设。一是通过优化管理人员年龄结构，形成老中青的合理搭配，补充新鲜血液，让有能力、有动力的年轻人充实到干部队伍中来，进一步完善人才梯队建设，扩大人才储备库的建设范围，形成系统的、覆盖各个层级的人才池，使人才的选拔、评价和任用工作更加科学、合理、有序。二是加大对员工的培训力度，有针对性地设置培训课程，重点从管理技能和专业技术方面进行提升，对管理人员强化创新思维模式，打开视野，勇于创新，善于创新。三是深入推进“放、管、服”改革，把权力放到生产一线，把管理改进、降本增效与员工收入紧密结合，激励员工充分发挥主观能动性。四是继续抓好利益共享机制的优化，把伊泰集团打造成合作方共创和利益共享的平台，调动各方的创效积极性。

（三）推动股权合作、资本运作，提高资产运营效益

一是多措并举，在加强应收款管理的同时，抓住国家解决民营企业融资难的支持政策，统筹煤矿、煤化工及铁路整体融资，推动股权融资、债权融资，拓宽融资渠道。二是以更加开放、灵活、务实的措施，推进铁路、煤化工项目及下游产业合作。三是进一步借助专业化团队和职业经理人，稳妥探索股权、基金等金融投资，提高资产回报率。

（四）构建符合公司实际的高质量评价体系

2018 年中央经济工作会议明确提出，必须加快形成推动高质量发展的指标体系、政策体系、标准体系、统计体系、绩效评价、政绩考核。当前和

今后一个时期，伊泰集团加快新旧动能转换、推动高质量发展，也需要从资产、资源、审批、研发、工程、产品、融资、考核等角度出发，包含评价制度、评价方法以及结果反馈几个方面，谋划和设计科学的高质量发展评价体系，从而为推动伊泰集团加快实现高质量发展提供有效制度保障。高质量发展评价体系的建设面临综合性、多维度、难度量等诸多挑战，因此推进高质量评价体系建设需要自上而下，进行顶层设计。

习近平总书记在参加十三届全国人大二次会议内蒙古代表团审议时强调，保持加强生态文明建设的战略定力，探索以生态优先、绿色发展为导向的高质量发展新路子。对此，我们提出如下建议。

1. 落实政策，支持企业高质量发展

近年来，国家有关部委、自治区政府相继出台支持民营企业发展的一系列政策措施，一定程度上解决了民营企业发展过程中的融资难等问题，但是在煤炭产业去产能政策的推进过程中，融资贵、大项目建设融资难依然是制约民营煤炭企业发展的重要因素。建议国家实施差别化信贷政策，支持传统煤炭企业培育“新动能”，另外，加强国家支持民营企业高质量发展相关配套金融政策的落实力度，进一步拓宽企业融资渠道，降低融资成本。

2. 取消铁路建设基金，提高中西部煤炭企业竞争力

1991 年，国家决定开征铁路建设基金，在“运价”中计提，征收标准经过四次调整，由 0.002 元/吨·千米增加到 0.033 元/吨·千米。由于地理位置偏远和政策方面的原因，使中西部地区煤炭企业相比处于十分不利的竞争地位。2015 ~2017 年，伊泰集团缴纳铁路建设基金的额度分别为 10.47 亿元、8.55 亿元、8.81 亿元，2018 年大约 9 亿元。“铁路建设基金”曾发挥过它应有的历史作用，但已收取了 28 年，各方面情况都已发生了很大变化，不应再延续下去。如果一次性取消造成铁路建设基金缺口较大，难以解决，也应降低收费或规定运距，如 500 千米以内收费，超过 500 千米的不收费，这样可以减轻中西部煤炭企业的负担。

3. 实施差别化的消费税政策，支持煤制油产业发展

我国煤制油产业发展刚刚起步，开展煤制油技术研发和工程示范是基于较高的国际油价。煤制油项目投资较高，原料价格对项目经济性影响不敏感，而产品价格对项目经济性影响十分敏感。建议国家在不同原油价格情况下，对煤制油项目消费税实行分段减免政策。

B.15

河南能源化工集团有限公司高质量发展实证报告

河南能源化工集团有限公司*

摘　要：　本报告简要介绍了企业概况，分析了由高速增长阶段转向高质量发展阶段的客观性、面临的困难和挑战，提出了充分研究国家“政策导向、创新引领、绿色循环、低碳高效、争创一流”的高质量发展目标、路径和相关政策诉求。

关键词：　河南能源　高质量发展　战略方针

一　企业概况

河南能源化工集团有限公司（以下简称“河南能源”）是经河南省委、省政府批准，分别于2008年12月、2013年9月经过两次战略重组，成立的一家国有独资特大型能源化工集团，产业主要涉及能源、化工、现代物贸、金融服务、智能制造和合金新材料等产业，主要分布在河南、新疆、青海、贵州、内蒙古、陕西等省（自治区）。其中，煤炭产业拥有资源储量318亿

* 课题组组长：刘银志，河南能源化工集团党委书记、董事长。副组长：田富军，河南能源化工集团总经理、副董事长、党委副书记；宋录生，河南能源化工集团常务副总经理、教授级高级工程师；盛天宝，河南能源化工集团副总经理。主执笔：李中超，河南能源化工集团战略发展部总经理；张坤，河南能源化工集团战略发展部科长。成员：江琳洁，河南能源化工集团战略发展部部长助理；禹前，河南能源化工集团战略发展部科长；张付民，河南能源化工集团战略发展部科长；徐卫平，河南能源化工集团战略发展部副科长；牛刚，河南能源化工集团战略发展部主管。

吨，年产能近1亿吨；化工产业拥有义马、鹤壁、安阳、濮阳、永城等化工循环经济园区，已建成高性能碳纤维生产基地和全国最大的煤制乙二醇生产基地，化工产品产能合计1000万吨；智能制造和有色金属产业拥有钼金属资源储量近150万吨、国内铝土矿资源量1亿吨，拥有氧化铝产能90万吨/年，拥有1000万只/年铝合金轮毂生产线等；同时还拥有大有能源、九天化工和濮阳绿宇新材料3家上市公司。截至2018年底，河南能源拥有资产总额2700亿元，完成煤炭产量7366万吨，实现营业收入1705亿元、利润总额16.96亿元，上缴税费100.52亿元。2019年预计完成煤炭产量近8000万吨，实现营业收入1600亿元、利润总额2亿元。

二　高质量发展的必要性和客观性

（一）从宏观经济分析

随着国家整体经济已由高速增长阶段转向高质量发展阶段，随着产业结构逐渐由资源密集型、劳动密集型向技术密集型、知识密集型转变，能源消费总量和结构也将发生变化。并且近年来，我国与“一带一路”沿线国家签署了一系列合作框架协议，在电力、油气、核电、新能源、煤炭等领域开展了广泛合作。其中，中俄原油管道、中国－中亚天然气管道保持稳定运营，中俄天然气管道东线将于2019年12月部分实现通气，2024年全线通气。这就意味着新能源和清洁能源代替煤炭的步伐加快，煤炭需求增长趋势放缓，煤炭消费总量减量化会越来越明显，煤炭企业将面临巨大的挑战。因此，煤炭企业转型和高质量发展迫在眉睫。

（二）从产业发展趋势分析

改革开放以来，我国煤炭产业经历了近35年的快速增长期，需求过快增长也催生了先进与落后产能并存、管理水平参差不齐、资源环境破坏严重、安全风险居高不下等现象。近年来，煤炭产业不仅经历了“黄金十年”

盲目扩张的痛，也经历了“寒冬四年”的伤。随着国家高质量发展推进，特别是对安全、环保、职业健康的要求越来越高。这对于煤炭产业来讲，必须走生命至上、安全第一、安全发展的“安全路”，必须走清洁开采、清洁运输、清洁利用的“环保路”，必须走节能减排、高效利用的“节能路”，必须走健康作业、舒适工作的“职业健康路”。并且随着煤炭运输“公转铁”实施，铁路运力逐渐增大，未来我国煤炭调出增量将进一步向“三西”地区集中，煤炭产业发展也正由粗放式向集约化、高质量、高效益发展转变。因此，必须深刻汲取“市场好时无心转，市场差时无力转”的教训，下大决心转方式、调结构，坚持“走出去”的发展思路，拿出“断舍离”的勇气断腕重生走向高质量发展之路。

三　面临的困难和挑战

（一）去产能矿井处置方面

一是去产能矿井金融性债务分割难，去产能矿井的债务绝大部分为内部金融性债务，按照金融机构“集团授信”要求，河南能源采取统借统还的方式从金融机构融资投入到关闭退出的煤矿上。虽然《关于进一步做好“僵尸企业”及去产能企业债务处置工作的通知》（发改财金〔2018〕1756 号）对统借债务清分提出相关方案，但操作难度大，难以落地，只能由企业承担。二是煤炭企业去产能矿井各类资产损失数额巨大，按照财政部、国务院国有资产监督管理委员会《关于钢铁煤炭行业化解过剩产能国有资产处置损失有关财务处理问题的通知》（财资〔2018〕1 号）规定，全部冲减企业所有者权益，会大幅推升集团型企业的资产负债率，将为企业发展带来新的负担。

（二）融资方面

国家三年内在化解 6.5 亿吨过剩产能的同时，批准新增产能 2.7 亿吨，这表明煤炭供求关系已有所改善。但金融机构仍将煤炭产业作为“两高一剩”压缩类行业，煤炭企业授信规模受限，多品种、长周期、低成本的债券发行困难，企业只能借助于融资租赁、信托等高成本融资，融资难、融资贵的状况没有从根本上改观。而企业转型和高质量发展需要大量资金支持，缺少了资金支持，企业在发展的道路上举步维艰。

（三）资源结构方面

河南能源煤炭企业主要分布在河南省、新疆维吾尔自治区、内蒙古自治区、陕西省、青海省、贵州省等。其中，河南省煤炭产量占总产能的65%左右，且河南省内矿井大多数随着开采深度不断增加，不仅安全威胁大、生产效率低，还造成开采成本持续增高，且无新资源可开发，省内煤炭产业可持续发展潜力明显不足。并且随着华北、华东等地区重点钢铁、化工以及民用市场需求萎缩，区域性煤炭销售也受到严重影响。同时，随着“三西”地区产能释放和铁路运力持续扩增，也势必对河南能源省内煤炭市场造成更大的冲击。

（四）安全环保方面

一是随着国家环保和安全方面政策的趋紧、趋严，尤其是河南能源主要矿区和化工园区均在京津冀“2＋26”城市范围内，煤炭生产、运输、销售以及化工园区生产、采购等均受到较大影响。二是受环保管控要求，固定床造气工艺限时淘汰影响，河南能源优势煤种无烟块煤市场需求持续萎缩，形势非常不利。

（五）人员安置方面

随着河南省内矿井产能逐步压减，落后产能矿井会逐步关闭退出，并且随着煤炭开采机械化、智能化的推进，逐步实现由劳动密集型向技术密集型转变，不仅需要对关闭矿井人员进行安置，还要对机械化减下来的人员进行安置，而河南能源省内矿区逐步趋于老化，安置能力非常有限，将会出现大量人员无法得到安置的现象。

四　高质量发展思路

随着近年来国内外经济形势复杂多变，给煤炭和煤化工企业带来巨大经营压力。河南能源积极应对当前发展挑战，充分研究国家政策导向，通过采取“产业布局调整、产品结构调整、人力资源结构调整、公司体制变革、管理机制变革、技术创新变革”等一系列战略举措，以“创新引领、绿色循环、低碳高效、争创一流”为目标，强力推进企业高质量转型发展。

（一）产业布局和产品结构调整

1. 分类整合煤炭产业

煤炭产业“省内优化整合、做精做优增效益，省外释放优势产能、就地转化上台阶”，坚持“减、进、稳、退”的战略方针。一是“减”，针对省内矿井安全威胁大、生产效率低、开采成本高、难以可持续发展的情况，逐步压减省内产能产量，同时把省内发展重点转移到改造提升、提质增效上来。二是“进”，以新疆、陕西、内蒙古为发展重点，争取获得相关优质资源，同时配套就地转化项目。三是“稳”，鉴于当前青海煤炭供给不足但环保政策趋紧和贵州开采条件较差等因素，今后将稳定青海、贵州地区煤炭生产，总体维持现有规模。四是“退”，考虑到山西煤炭整合政策风险，安徽煤炭开发面临核准手续、地面压覆等障碍，以及新疆伊犁南岗煤电矿井处于天山保护区等不利因素，这些地区以退为主。

2. 做精做强化工产业

化工产业“资源利用清洁高效化、产业发展集约化、大力发展新材料和精细化工产品，着力培育氢能源等新兴产业”，坚持“进、退、补、转”的战略方针。一是“进”，对标巴斯夫、拜耳、英威达、陶氏化学、杜邦等化工巨头先进工艺、技术与产品，发展高端化学品。二是“退”，一方面对于没有边际效益的 PVC、电石等装置坚决关停退出或处置；另一方面逐步压缩或退出中低端化工产品产能，逐步调整产品结构。三是“补”，一方面补齐发展、技术短板，对现有装置升级换代，提高运营质量，如安阳、濮阳园区的原料路线优化；另一方面是补链延链，发展下游耦合度高的产品，充分发挥园区化优势，提升企业盈利能力。四是“转”，一方面大力实施化工产业转型发展，建设一批如PET纤维、乙撑胺等高精尖项目，提升产品附加值，提高新材料和高端产品占比，促进产品结构调整；另一方面逐步实施煤化工产业的战略转移，结合哈密煤电化综合示范园区的建设，将部分煤化工装置搬迁到具有煤炭和电力成本优势的新疆地区，如搬迁乙二醇、聚甲醛等装置。

3. 培育发展新兴产业

一是工业物流产业。整合集团现有铁路、仓储等资源，按照现代物流模式，组建信息化、智能化工业物流服务平台，提升物流效率，降低物流成本。二是新材料产业。依托甲醇、乙二醇等基础化工产品，通过延伸产业链，开发可生物降解高分子材料、高性能聚酯、差异化聚酯纤维产品。三是新能源产业。依托现有输气管道和煤制天然气资源，整合布局天然气产业，牵头整合省内产运储销资源。四是环保产业。围绕内部化工三废治理，打造环保产业平台，提升技术服务水平，实现近零排放、绿色发展。五是康养产业。依托集团内部医疗机构，利用符合条件的采煤沉陷区去产能矿井闲置土地、房产等存量资源，引入优势战略投资者，组建康养产业平台，围绕焦作、鹤壁、永城、义马四大区域，建设医养结合产业基地。

（二）人力资源结构调整

河南能源以坚持总量和效率双控为原则，始终围绕生产经营各个环节，构建生产、技术、安全、经营等多部门协调联动机制，全方位做好“效率提升”工作。一是在“优化”上下功夫，重点优化工作机构和劳动组织，并通过优化矿井生产系统和工艺、提升装备水平等措施，实现安全、效率、效益同步提升。二是在“提效”上出成效，首先坚持目标导向，着眼效率、效益提升，畅通井下减人和地面减人的“两个出口”；其次不断补充高素质人员，优化矿井人员的存量结构；同时，还要持续开展劳动组织整顿，依法实现“瘦身健体”。三是加强员工培训，提高全员素质，不仅要坚持干什么学什么的原则，分类分岗位分层级分类层开展培训，着力提升集团公司现有员工总体素质；还要从源头准入提升员工素质，持续推行变招工为招生，强化用工管理和培训管理。

（三）公司体制变革

一是加快推进国有资本投资公司改革试点，围绕授（放）权经营、管理职能重塑、完善治理结构、优化运行模式、健全监督体系等方面，提高国有资本的运作效率和水平。二是持续推进产权结构改革，加快产权梳理和资产重组，推动煤炭等核心资产证券化工作；按照“能混则混”“宜混尽混”的原则，深化混合所有制改革，放大国有资本功能，实现保值增值。三是持续推进组织结构改革，结合国有资本投资公司改革试点，科学界定河南能源与权属企业权责边界，加快建立定位清晰、权责对等、监控有力的授（放）权经营体系，全面激发基层活力。并在总结供应链公司、三门峡戴卡轮毂等综合改革试点的基础上，进一步选择具备条件的单位，调整管控模式，建立权责利相统一的授权链条，赋予试点企业更多的经营自主权。四是持续推进治理结构改革，在河南能源机关、二级单位和三级矿（厂）全面推行企业经营管理人员任期制与契约化。同时按照“市场化选聘、企业化管理、差异化薪酬、市场化退出”原则，加快推进职业经理人制度建设。

（四）管理机制变革

一是持续全面推动契约化管理。经过近年来的契约化管理试点，极大地激发了管理团队的积极性、主动性和创造性，同时也极大地提升了企业的效率效益。目前河南能源已与国务院国资委职业经理人研究中心签订战略合作协议，基层调研工作已结束，职业经理人有关制度正在制定。逐步通过开展职业经理人选聘与契约化管理，改变目前经理层选聘方式单一、机制不灵活、能上不能下等问题，最终要在河南能源建立“市场化选聘、契约化管理、差异化薪酬、市场化退出”机制和“权责明晰、奖惩分明、特点突出、流动有序”的职业经理人管理模式。二是全面开展对标管理。首先是选标，坚持高标准选准标，管理上必须在行业内处于领先地位，技术上必须能引领产业发展，煤炭板块要主动和国能、中煤，化工板块要和巴斯夫、华鲁恒升、心连心，重装公司要和郑煤机等先进企业去对标；其次是全方位、全要素对标，做到能对则对、能对尽对，既可以综合对标，又可以单项对标，既要和自己的历史数据纵向对标，增强发展信心，同时要和行业先进企业对标，看到差距加快提升；最后是树立标杆，河南能源各板块定期选树好本板块内的先进标杆单位，动态管控，不断拉高标杆，推动板块管理持续提升，同时加强经验交流，发挥标杆的引领示范作用。三是全面开展作业成本法的推广和应用。按照作业成本法的要求，对各项生产经营指标进行测算和分解，并选择合适试点单位进行试行，逐步提高全员成本管控意识。

（五）技术创新变革

一是推动工艺升级。首先是加快淘汰落后的采煤工艺，逐步提升回采工作效率；其次是持续在采煤工作面超前段实验推广锚索或注浆锚索支护为主体的主动超前支护方式；最后要继续推广沿空留巷技术工艺和全煤锚网支护技术，提高支护质量和采掘效率，降低成本。二是推动装备升级。持续推动采掘装备重型化、规范化，尤其要重点关注 TBM 盾构机和 EBZ－318（H）型掘进机等开拓机械装备情况，确保尽快谋划、尽快投运、尽快见效，实现单产单进水平再上新台阶。三是推动系统优化，大力抓好煤流、矸石储运系统改造，消除运输瓶颈，为进一步提升单产单进水平并逐步实现取消采掘夜班生产奠定基础。四是持续大力推进煤矿智能化改造升级，全面提升矿井智能化水平。首先要加快推进智能化工作面及智能矿山建设，依靠现代化信息技术大幅提高生产和安全管理效率和效果；其次要在实现异常上报和重点监测基础上，逐步在各化工园区开展“智慧工厂”建设，分厂区、分系统、分装置有计划地推进。

（六）牢筑安全环保基础

随着国家和社会文明程度的高度发展，对安全和环保的重视程度越来越高。企业要想发展，尤其是高质量发展，就必须牢固树立“发展决不能以牺牲安全为代价”的思想和“绿水青山就是金山银山”的理念。一是持续加快推进双重预防体系建设，通过双重预防体系建设试点和示范单位建设，以“标杆示范”为引领，逐步实现矿井、化工园区全覆盖，然后在全集团范围内推广，从源头上有效化解各类安全风险。二是持续提升安全生产标准化水平，逐步规范每一项管理、每一项操作，真正实现把标准当习惯的质的转变，以过硬的安全生产标准化作为基础强化安全管理。三是牢固树立安全管理零理念，通过严格兑现考核奖罚、制定末尾排名单位追究办法等手段，推动各项安全管理制度和各级安全岗位责任制的落实，筑牢安全管理底线，坚决遏制各类事故发生，形成良性的安全管理运行机制。四是持续抓好环保治理工作，紧紧围绕“绿色化改造”积极开展工作，从生产环节、厂区管理、材料和产品运输、各类废弃物排放处理等方面进行再安排、再部署，坚决杜绝环保事件发生。五是在安全投入方面要遵循“足额提取、足额使用、确保需要安全”的要求，为持续抓好安全生产打下坚实的基础。

五　相关政策和建议

（一）恳请国家发改委适时明确将煤炭行业从“两高一剩”压缩类行业移出，为金融机构在资金方面支持煤炭行业发展提供政策支持。近年来，按照《国务院关于煤炭行业化解过剩产能实现脱困发展的意见》（国发〔2016〕7号）精神，全国煤炭行业积极化解过剩产能，推动煤炭企业实现脱困发展、转型发展，全国三年内化解了6.5亿吨煤炭过剩产能，同时已批准新增产能2.7亿吨，这表明煤炭供求关系已得到有效改善，不再属于过剩产能序列。并且目前多数煤炭企业已不再是传统意义上单一的煤炭企业，以河南能源为例，煤炭资产和营业收入占比仅有30%左右，现代精细煤化工及先进装备制造等产业占比达60%以上，同时这些产业均属于国家大力支持的战略性新兴产业。但是当前金融机构仍将煤炭行业作为“两高一剩”压缩类行业，在信贷政策上进行控制和压缩，多品种、长周期、低成本的债券发行困难，企业只能借助于融资租赁、信托等高成本融资，不仅融资难、融资贵的状况没有从根本上改观，还无形中增加了企业的债务负担，尤其是在当前国有企业深化改革的关键时期，非常不利于企业轻装上阵加快实现高质量发展。恳请国家发改委适时明确将煤炭行业从“两高一剩”行业中移出，在融资方面给予煤炭企业，特别是去产能重点煤炭企业积极的政策支持，提高煤炭企业集团授信规模，做到不抽贷、不断贷、能续贷，同时将融资成本降至银行基准利率。

（二）恳请国家有关部委研究出台相关政策，区别对待大型煤化工企业所用的原料煤和燃料煤指标，支持达标排放的企业正常生产。近年来河南能源始终贯彻习近平总书记关于绿色发展的理念和要求，在经营比较困难的情况下累计投入10多亿元对煤矿、电厂、化工等企业锅炉实施高标准环保治理改造，目前全部实现了超低排放。但进入冬季之后，受大气综合治理以及用煤量指标等方面影响，多数企业被迫停产、限产，生产装置不能实现长周期稳定运行，不仅增加了企业成本，还增加了安全管理难度。并且一些地方政府在给企业分解下达的“十三五”煤炭消费总量控制目标不仅与企业实际生产需求差距较大，不能满足企业正常生产需要，还包含煤化工企业所使用的原料煤，而原料煤在生产过程中仅仅是转化而不产生污染物排放，属于煤炭的清洁利用。

根据第三方专业机构现场测试，锅炉排放烟气中的二氧化碳、氮氧化物和二氧化硫经过超低排放设施处理后，虽然可实现达标（氮氧化物≤$100mg/Nm^3$，二氧化硫≤$35mg/Nm^3$，烟尘≤$10mg/Nm^3$）排放，但仍有一定的污染。燃煤发电锅炉燃烧1吨燃料煤会排出10000标准立方米的烟气，按照目前超低排放标准，燃烧1吨煤最终排放二氧化硫0.35千克、烟尘0.1千克，并产生2.4吨二氧化碳。而采用新型煤气化技术将原料煤转化为合成气进行化工品生产时，则基本没有烟尘、二氧化硫的排放，污染相对要小很多。转化1吨原料煤最终排放的二氧化硫仅仅是转化1吨燃料煤排放量的1/10，排放的灰尘量仅仅是燃料煤的1/5。同时1吨原料煤最终排放的二氧化碳（温室气体）更是比燃料煤要小得多。鉴于上述情况，恳请协调呼吁国家有关部委研究出台相关政策，区别对待大型煤化工企业所用的原料煤和燃料煤指标，大幅压减电煤的使用量指标，大力发展风电、光电、水电等新能源，同时保证新型煤化工产业原料用煤量指标，确保煤炭资源高效利用，保证新型煤化工行业良性发展。

（三）恳请为去产能重点煤炭企业资产处置和化解债务提供政策性支持。受历史原因影响，河南省国有企业存在较多“僵尸企业”，由于拟关闭退出企业的资产总量较大，如果按现有制度进行清算，将导致主体企业严重亏损，净资产大幅度下降，进一步快速推高企业本身较高的资产负债率；同时因退出企业对外借款多为主体企业统借统贷或提供担保，巨额的损失、高企的资产负债率和连带还款，将成为企业优质资产的沉重负担。以河南能源为例，目前集团 56 家“僵尸企业”涉及资产总额 130 亿元，负债总额 153 亿元，在册职工 5600 多人。同时加上我们为了支持和保障河南煤矿安全生产，2010 年政策性兼并重组了大量地方小煤矿，这些产能关闭退出后形成大量资产和债务无法处置。按照河南能源拟退出的“僵尸企业”情况，如果不核销金融机构债务，由于这些企业的银行借款多为上级公司担保或转贷，相应的银行贷款将由上级公司承担，预计会形成损失上百亿元。鉴于上述情况，第一，在资产处置方面，建议参照财政部《中央国有资本经营预算支出管理暂行办法》（财预〔2017〕32 号），对省属煤炭企业因化解煤炭过剩产能而产生的自身资产损失，采取中央财政转移支付方式予以解决，增加对省属煤炭企业的国家资本金；第二，在金融性债务化解方面，借鉴国家开发银行所属的国开发展基金有限公司设立“化解过剩煤炭产能脱困发展基金”，向去产能和“僵尸企业”处置任务重的煤炭企业提供专项资金，用于置换存量借款，期限不低于 20 年，年化投资收益率最高不超过 1.2%，以时间换空间，助力煤炭企业脱困发展、转型升级。

B.16

适应新常态　聚焦新目标　推动煤炭企业高质量发展应具备的基本要素

刘万波*

摘　要： 本报告就全面推动煤炭企业高质量发展，顺应新时代经济发展的规律，跟上我国能源革命的步伐应具备的八大基本要素（即高质量理念、高资源利用、高安全基石、高科技引领、高能力治理、高效率支撑、高素质队伍和高和谐氛围）做了系统阐述。

关键词： 煤炭企业　高质量发展　基本要素

党的十九大报告指出，"我国经济已由高速增长阶段转向高质量发展阶段"，这一判断既指出了新时代我国经济发展的鲜明特征，也为今后的经济工作指明了主攻方向。全面推动高质量发展，积极顺应新时代经济发展的规律，跟上我国能源升级与结构调整的步伐，是煤炭产业做强做优做大的本质要求和必然趋势。

改革开放以来，煤炭产业整体面貌发生了巨大变化，煤炭供应保障能力有效提升，产业结构、体制机制、安全生产、科技创新、绿色开采、市场化程度、文化建设、矿区和谐等方面都取得了显著成效。但是由于历史原因，

* 刘万波，四川省煤炭产业集团党委副书记、总经理、副董事长。

煤炭产业依然还存在集中度低、产业结构不合理，经济增长方式和管理模式简单粗放、重规模数量型扩张、轻质量效益型发展，资源回采率和利用率低、资源浪费严重，产业发展机制不活、人才队伍素质偏低，企业研发和创新能力弱、产品技术含量低等问题，导致煤炭企业缺乏公平参与市场竞争的能力。在经历了2012～2016年产能严重过剩，几近全产业亏损的煤炭产业“隆冬季”后，在供给侧结构性改革、环保高压限产、鼓励新能源等宏观政策下，煤炭市场严重过剩局面得到有效遏制，煤炭有效供给质量大幅提高。当前，能源革命进入新时代，煤炭产业站在了新的历史起点上，正处于“转型升级、创新发展”的关键时期，进入新常态，正在孕育新机遇和新动力。

煤炭产业如何推动高质量发展，这是一个战略性的系统工程，笔者认为必须以习近平新时代中国特色社会主义思想为指导，贯彻落实“创新、协调、绿色、开放、共享”的新发展理念，坚持稳中求进的工作总基调，深化供给侧结构性改革，打好“三去一降一补”攻坚战，调整优化产业结构，转变经济发展方式，积极推动质量变革、效率变革、动力变革，走“有资源、有效益、能发展、可持续”的绿色、低碳、安全、高效发展之路。

推进高质量发展应该具备八大基本要素：高质量理念、高资源利用、高安全基石、高科技引领、高能力治理、高效率支撑、高素质队伍和高和谐氛围。

一是高质量理念。煤炭产业能否真正实现高质量的发展，很大程度上取决于能否转变观念、锐意创新，主动迎接经济发展的新形势。当前，中国特色社会主义进入新时代，建设现代化经济体系开启了新征程。煤炭企业应以党的十九大精神为引领，以实现煤炭产业由生产型向生产服务型转变、由传统能源向清洁能源转型为目标，始终坚持“安全为天、质量第一、效益优先、以人为本”的原则，打破长期以来粗放式发展的固有思维，按照安全有保障、经营有效益、创新有动力、体制有活力、发展可持续的路径，推动煤炭产业和企业自身实现更高质量、更有效率、更可持续的发展。

二是高资源利用。牢固树立和深入践行“绿水青山就是金山银山”的发展理念，加快煤矿充填开采、保水开采等绿色开采技术和装备的推广应用。优化井下选煤工艺，合理搭配开采，降低原煤灰分，提高产品质量。加强煤矿井下生态环境建设，优化井下通风防尘和降噪系统，推进煤炭开发利用全过程的节能减排。科学高效利用煤炭及其伴生资源，推广全产业链的综合利用，积极发展循环经济，加大瓦斯抽采与利用力度，做好矸石和矿井水的处理利用，加快煤层气的开发利用，减少无效浪费，实现对煤炭资源的榨干吃尽。加大原煤入洗比例，实现煤炭的高效转化和清洁利用，最大限度提高资源回采率和回收率。全面实现煤炭生产的集中化、集约化、绿色化、智能化，利用的清洁化、低碳化。

三是高安全基石。发展是硬道理，安全的发展才是科学、和谐的发展，没有安全就没有发展的基础、稳定的局面、效益的好转。煤炭企业应牢固树立“一切为安全开道、不安全不生产”的原则，坚守安全红线，不碰安全高压线，不越安全底线。确立高质量的“四零”安全目标，即“零轻伤、零重伤、零死亡、零容忍”，进一步强化企业安全生产主体责任和员工岗位安全责任的落实，切实履行安全工作“一岗双责”。强化煤矿双基建设，加强现场监督管理，实施“人、物、环境、管理”等诸多要素的本质安全耦合，彻底消除人的不安全行为和物的不安全状态，打造本质安全型的矿井。

四是高科技引领。充分发挥科技是第一生产力的作用，以煤炭安全、绿色、清洁、高效开发利用为主攻方向，健全和完善煤炭科技创新平台，加快以企业为主体的产学研用协同创新体系的持续优化建设。以科技创新为引领，改造提升传统煤炭产业，扎实推进先进适用技术，调整优化工艺流程，提高煤机装备水平，不断提高科技对煤炭经济的贡献率。以科技创新为支撑，积极培育和发展新兴产业和高技术产业，形成新的经济增长点，加快新旧动能的接续转换，推动企业转型升级。

五是高能力治理。煤炭企业一方面要积极适应市场的变化，另一方面要将眼睛向内向下，不断加强内部管理，科学精细苦练内功，努力走出一条内涵式的发展道路。要建立健全完善的企业法人治理结构，将管理与治理相结合，建立“产权清晰、责权明确、政企分开、管理科学”的现代企业制度。

要深化全面预算管理，按照“精测算、细分解、全覆盖、刚执行、硬考核”的原则，将全面预算管理常态化、制度化。深入开展修旧利废、回收复用、清仓利库和闲置设备物资调剂等降本降耗活动，切实降低生产成本和各项费用。要严格资金管控，严控预算外支出和非生产性支出，确保资金链条不断。要加大混合所有制改革，大胆引进外来资本和人才，努力推动管理模式、盈利模式、管控模式的创新。要依托信息化管理手段，不断提高管理效率、降低管理成本。要制定和调整好企业发展战略和经营策略，解决好历史包袱，更好地适应市场的变化。

六是高效率支撑。去产能留下的生产矿井是先进生产力的代表，要实施对标管理，成本和工效与全国同类型矿井的平均先进水平对标，实现成本控制和效率提升。依托机械化、信息化、自动化等技术手段，挖掘生产潜力，按照“四化”标准打造大工作面，开展综采工作面安全高效达标建设，不断提高综采产量和工效，着力提高人均产量、全员工效、回采工效、单产单进、人均产值、人均产量等指标，切实提高劳动效率。科学精准组织生产，加强生产过程中各类影响因素的预判和防控，管好用好设备，降低故障率，实现安全高效生产；按照“量质统一、整体有利”原则，合理安排开采时序，保证总体产量及煤质核心指标均衡、稳定，避免大幅波动，增强矿井煤炭生产综合效益。

七是高素质队伍。适应煤炭开采绿色化、智能化，利用清洁化、低碳化的要求，建立健全科学合理的选人、用人、育人机制，不断优化人才结构。引进、培养一批产业紧缺的经营管理、法律金融、资本营运和工程技术类人才，重点培养一批“专业化+技能型”复合型人才；加大高端人才和产业发展急需人才的引进力度。进一步理顺劳动用工管理机制，通过校企联合等方式，实现“变招工为招生”，强化人才后续保障。研究出台技能人员晋升职称的激励政策，加强科技攻关和基础技术研究，积极完善人才培养体系。研究出台加快年轻干部培养的指导性意见，解决干部人才短缺的“瓶颈”问题。努力建设知识型、创新型、技能型人才队伍，为企业转型升级和高质量发展提供有力的人才支撑。

八是高和谐氛围。构建以职工福祉为中心的理念，坚持企业得发展、员工得实惠的原则，在效益效率增长的前提下，实现职工收入稳步增长，让职工切实感受到归属感、获得感和幸福感。高举改革发展的大旗，围绕企业中心工作，积极开展形势任务教育活动，激发员工命运共同体意识。进一步转变干部作风，抓好班子建设，打造团结、协作、创新、有为的领导班子。加强廉洁文化“软实力”建设，巩固和强化“风清气正、廉洁和谐”的企业氛围。进一步强化干部的执行力、员工的凝聚力、团队的战斗力和文化的引领力，确保大局和谐稳定。

B.17
高质量发展三年行动计划

四川省煤炭产业集团有限责任公司*

摘　要： 为进一步适应资源型企业转型升级发展新形势，持续深化改革，加快结构调整，转变经济增长方式，切实加快高质量发展步伐，根据省委十一届三次全会精神、省委《中共四川省委关于全面推动高质量发展的决定》、省国资委《关于四川省属国有企业高质量发展的指导意见》和有关文件精神，结合川煤集团"十三五"发展规划中期评估情况和企业实际，特制订计划，包括总体要求、发展目标、重点任务、保障措施。

关键词： 川煤集团　高质量发展　行动计划

一　总体要求

（一）指导思想

以习近平新时代中国特色社会主义思想为指导，全面贯彻党的十九大精神、习近平总书记来川视察重要讲话精神、省委十一届三次会议精神、省委关于全面推动高质量发展的决定和省国资委关于省属国有企业高质量发展的

---

* 课题组组长：刘万波，川煤集团总经理、副董事长，党委副书记。副组长：郑和平，川煤集团董事、副总经理，党委委员；王昌润，川煤集团副总经理，党委委员。主执笔人：郑清，川煤集团运营管理部工作人员，经济师。成员：吕志刚，川煤集团投资发展部部长；张邦永，川煤集团运营管理部部长；梁洪，川煤集团投资发展部工作人员。

指导意见，牢固树立、深入践行新发展理念，牢牢把握高质量发展内涵要求，坚持以提高经济增长质量和效益为中心，不断提升企业综合实力，为四川经济社会发展提供能源支撑保障。

（二）基本原则

质量第一、效益优先；
使命引领、问题导向；
深化改革、转型升级；
突出主业、多元发展；
以人为本、和谐稳定。

（三）内涵要求

决策科学、运行高效、创新发展、控放有度、效益良好、和谐稳定、持续健康。

（四）发展思路

以深化供给侧结构性改革、转变经济发展方式为主线，把债务化解作为首要破解难题，把转型升级作为主攻方向，把创新作为引领发展的第一动力，把现代企业制度作为保障基础，坚定不移走创新、优质、安全、清洁、高效、可持续发展的现代化煤炭企业发展之路，构建安全有保障、经营有效益、创新有动力、运转有活力、发展有后劲的长效机制，努力实现产业单一向以煤为基相关多元发展转变、股权单一向股权多元混合所有制经济结构转变、煤炭生产商向煤炭生产服务商转变、经济增长由粗放型增长方式向集约型增长方式转变，全面实现高质量发展目标。

二　发展目标

到 2020 年，债务风险有效化解，主体融资功能基本修复；煤炭主业呈现“有资源、有效益、能发展、可持续、后劲足”的良好局面；非煤产业均衡协调发展，收入和利润占企业总体比重达到合理区间；对四川煤炭市场控制权和话语权显著增强；复杂煤层开采技术处于国内领先、国际先进水平，成为国内复杂煤层开采领军企业，成为国内领先的复杂煤层开采技术、治灾技术服务提供商，建成西南地区一流的大型能源综合企业集团。

（一）高质量发展理念牢固树立

深入领会、深刻把握新时代的发展新要求，积极转变发展理念。到2019年，牢固树立“市场导向、问题导向、价值导向、创新发展、绿色发展、和谐发展”的高质量发展新理念。

（二）债务有效化解、信用等级逐步提高

力争用一至两年时间将债务风险有效化解，使主体融资能力基本恢复。到2020年，资产负债率控制在管控线75%以内，主体信用等级提高至CC级。到2022年，资产负债率控制在预警线70%以内，主体信用等级力争提高至CCC级。

（三）高产高效及标准化建设取得明显成效

矿井全面实现机械化、信息化，部分矿井实现自动化、智能化，生产效率明显提高。到2020年，采煤机械化率达到95%，掘进机械化率达到75%，辅助系统智能化、服务管理和监控信息化率达到90%，一级标准化矿井率达到50%，按照“四化”标准打造大工作面，开展综采工作面安全高效达标建设，推行“一矿一策、一面一策”精细、精益生产管理，实现大矿（60万吨/年及以上）“一区两面”达产、小矿（60万吨/年以下）“一区一面”达产，全员平均劳动生产率达到700吨/（人·年）以上，有条件的达到800～1000吨/（人·年）以上。

（四）绿色低碳开采水平显著提升

建立贯穿“设计到现场”全流程绿色低碳开采体系，绿色低碳开采水平显著提升，矿区生态文明建设取得积极成效。到2020年，采区回采率达到88%，原煤入洗率达到90%，矿区沉陷区治理取得积极成效。

（五）资源综合利用水平显著提高

全方位延展煤矿循环经济产业链，不断提升循环经济产业链价值，资源综合利用水平显著提升。到2020年，瓦斯（煤层气）利用率达到70%，煤矸石利用率达到50%，矿井水利用排放达到国家标准。

（六）安全生产水平显著提升

推进本质安全型矿井建设，安全生产总体水平显著提升。到2020年，安全基础设施明显改善，安全生产条件明显提升，安全长效机制健全，职业病危害防治取得积极进展，本质安全型矿井建设取得阶段性成效，努力实现“五零”（零超限、零违章、零轻伤、零重伤、零死亡）目标。

（七）经济结构得到显著优化

加快经济结构优化调整，逐步解决发展“不平衡、不充分、不协调”问题。到2020年，煤炭经营单元全面盈利，资产利用效率显著提高，煤炭高附加值产品比重提高20%以上。

（八）科技创新取得显著成效

科技创新能力显著增强，复杂煤层开采及灾害治理难点问题有效突破。到2020年，完成科技成果100项以上，获省级以上科技奖励20项以上，获专利权100件以上，科技对煤炭经济的贡献率达到50%以上。

（九）人力资源开发与管理水平显著提升

管理有效、开发有力、战略导向的人力资源开发与管理体系健全完善。到2020年，三支人才队伍总量达到11000人以上，富余人员得到有效转移和妥善安置，职工总数控制在36000人左右。

（十）经营效益水平显著提升

企业经营指标稳中向好、持续提升。到2020年力争达到，营业收入275亿元，利润3.5亿元，预计净资产收益率为6.71%（含少数股东权益）。到2022年力争达到，营业收入320亿元，利润4.0亿元，预计净资产收益率为6.75%（含少数股东权益）。

（十一）现代企业制度基本健全

加快构建现代企业治理体系。到2020年，企业治理机制科学高效，产权结构实现多元化，管控体系简洁高效，管理与治理能力显著提升。

（十二）资本运营能力显著增强

到2020年，初步构建资本高效运营体系，完成资本运营平台搭建，金融服务功能显著增强，1~2家公司上市的前期工作有序稳步推进。

（十三）内控水平明显提升

到2020年，初步构建科学高效的企业管理体系，办公信息化、管理精细化、生产精益化、产品定制化、营销差异化、投资精准化等管理机制和“精测算、细分解、全覆盖、刚执行、硬考核”的全面预算管理指标管控体系在企业落地生根。

（十四）员工收入稳步增长，矿区和谐稳定

建立工资薪酬随效率、效益正常增长机制，在省企业工资指导线的基准

线内调控增长幅度，实现员工收入稳步增长，幸福感、获得感、安全感不断增强；员工个人才能得到充分发挥，有较强的归属感和认同感；矿区工作生活环境得到明显改善，职工文明素质普遍提高，矿区和谐稳定。

（十五）企业软实力明显增强

深入推进“文化川煤”系统工程建设，提炼形成川煤核心价值观、企业精神，打造具有川煤特色的企业文化；围绕集团高质量发展战略定位，打造“川煤品牌”，全面重塑川煤良好形象，企业软实力明显增强。

三　重点任务

（一）强化党建引领，推进廉政建设

1. 加强思想政治建设

深入学习领会习近平新时代中国特色社会主义思想及“四川篇”的丰富科学内涵和明确实践要求，认真学习贯彻中共四川省委十一届三次全会精神，准确把握新时代推动治蜀兴川再上新台阶的战略谋划，引导全集团广大党员干部自觉把习近平总书记对四川工作系列重要指示精神，作为指导川煤改革发展实践的强大思想武器，坚定用以统领川煤集团各项工作。

2. 加强党的建设

认真贯彻落实中央、省委决策部署，充分发挥党组织的领导核心和政治核心作用，切实履行把方向、管大局、保落实职责；将党建工作总体要求写入章程，将党的组织内嵌到公司治理结构之中，形成各司其职、各负其责、协调运转、有效制衡的现代公司治理机制；完善“三会”[①] 议事规则，进一步明确“三重一大”[②] 的具体内容和党委决策前置程序；认真履行国企社会

① 三会：股东会、董事会、监事会。

② 三重一大：具体内容是重大事项决策、重要干部任免、重要项目安排、大额资金使用。

责任，圆满完成省委、省政府安排部署的定点帮扶开江县脱贫攻坚工作任务；推进“互联网＋党建”工作，全面提升党建工作质量；进一步加强党的政治、思想、组织、制度、作风和反腐倡廉建设，为推动川煤集团高质量发展提供坚强政治保证。

3. 加强党风廉政建设

紧紧围绕企业改革发展中心工作，强化监督执纪问责，推进全面从严治党向纵深发展。着力完善企业监督体系和廉洁风险防控体系，着力构建“不敢腐、不能腐、不想腐”的长效机制，着力建设风清气正的良好政治生态，为川煤集团高质量发展提供坚强的政治和纪律保障。落实全面从严治党政治责任，健全反腐倡廉体制机制。注重标本兼治，深入推进系统化防治腐败工作。严明纪律加强监督，确保决策部署落实到位。加大纪律审查力度，营造风清气正的发展环境。适应新形势，聚焦职能职责定位，建设忠诚干净担当的纪检监察队伍。

（二）化解债务危机，实现轻装上阵

1. 稳妥化解债务风险

积极把握“政策支持、市场回暖”两个机遇窗口，有效降低债务负担，稳妥化解债务风险。通过增加注册资本、债转股、省内其他兄弟企业承接平移等多种方式，彻底解决债务融资违约问题；通过业务重组，综合运用债转股、留债、减免息等方式，解决债务问题；引进战略投资者，实施混合所有制改革，建立现代企业管理体制，实现市场化、专业化管理；适时借壳或其他方式实现上市融资，通过逐步减持上市公司股份清偿留债；在政府协调下与相关债权开展谈判，实施一揽子的化解方案，彻底解决去产能煤矿债务；采用多种措施降低债务负担，增强自身盈利能力和造血能力，使企业经营处在健康发展的轨道上。

2. 恢复性建设资信等级

聘请中介机构，制定切实可行的化解债务风险总体方案，一揽子解决债务等问题，为提升资信等级创造条件；引入战略投资人提供流动性解决债券

违约问题；积极争取配置煤炭、煤层气、光伏、土地等资源，扩展业务范围，进一步提升川煤集团的发展空间和市场估值水平；积极申请政府补充川煤集团注册资本金，降低资产负债率，提升评级机构及金融机构信心，为下一步融资打下基础。

3. 加快企业办社会职能分离移交

积极争取国家配套政策，加快剥离企业办社会职能。制定年度计划和推进措施，明确路线图和时间表，统筹推进、分步实施；加强沟通协调，完善企地联动机制，加大对分离移交企业办社会职能的推进力度。努力实现2019年底前基本完成“三供一业”、企业办市政、教育消防机构等职能分离移交工作，2020年底前基本完成退休人员管理移交、厂办大集体改革工作，实现不再以任何方式承担企业办社会相关费用。

4. 司法重组实现轻装上阵

若债转股和其他债务处置方案无法取得成功，争取政府支持，按照“政府主导、企业主体、市场导向、依法操作”的原则，通过法律途径走司法重组之路，从根本上解决企业的债务问题，实现轻装上阵。

（三）强化战略指引，优化规划布局

1. 构建专项战略体系

立足企业中长期发展战略，围绕高质量发展目标，结合“十三五”发展规划实施情况中期评估，构建高质量发展专项战略体系，分产业、分板块、分单位制定高质量发展分项行动方案，进一步明晰行动思路，找准行动路径，细化重点任务和重点项目，明确组织体系和相应的资源配置方案、短板克服方案、推进保障措施；强化战略实施的组织领导，建立专项战略实施及各分项行动推进机制，注重成效，加强考核，引领推进高质量发展。

2. 优化规划布局

在产业布局上，按照省国资委对川煤集团主营业务认定，优化调整产业布局；坚持以煤炭产业为基础，挖掘比较优势，提升煤炭产业的层次和能级，稳中做精，稳中做强；充分借力区位市场优势，搭乘区域发展便车，做大做强现代物流贸易，做优做强建筑施工，整合发展医疗康养和装备制造产业，培育发展金属矿产和新能源产业，多途径多方式盘活焦化产业，延伸延展煤炭循环经济产业链，促进企业转型发展。

在时间布局上，力争在2020年前完成债务风险化解，解除企业发展瓶颈，实现轻装上阵，从而进入稳定发展期。

在空间布局上，积极融入四川“一干多支、五区协同”① 区域协调发展格局，基本维持“中长期”战略确定的“四大区域、七大战略基地”的总体战略布局，加快推进四川本部煤炭开采及现代物流基地建设，根据企业投融资能力恢复情况择优启动、慎重推进外部基地恢复性建设。加快推进成都、川南、川东北物流基础设施的改造升级与建设；稳妥推进川西北金属采矿业基地建设，力争有实质性突破。

（四）聚力煤炭主业，增强竞争优势

1. 做好资源保障工作

围绕“保障生产、促进发展”目标，积极争取政策支持，做好煤炭、煤层气等资源的矿权申办工作。加快办理资源接替紧张矿区、矿井（攀煤公司宝鼎矿区、广旺公司本部四对矿井、达竹公司铁山南煤、柏林煤矿、广能公司李子垭南二井）深部探矿权及探矿权转采矿权手续，在2019年取得实质性进展，确保各矿井水平延深、采区接续不脱节，保障生产发展可持续。加快筠连、古叙矿区煤炭资源开发前期工作，力争2022年完成武乐、青山、洛表、洛亥等矿井的矿权申办工作。加快申办获取筠连、古叙等矿区

---

① 一干多支、五区协同：是《中共四川省委关于全面推动高质量发展的决定》和《关于四川省属国有企业高质量发展的指导意见》中的重要论述。“一干”是支持成都加快建设全面体现新发展理念的国家中心城市，充分发挥成都引领辐射带动作用；“多支”则是打造各具特色的区域经济板块，推动环成都经济圈、川南经济区、川东北经济区、攀西经济区竞相发展，形成四川区域发展多个支点支撑的局面。“五区协同”则是强化统筹，推动成都平原经济区（含成都和环成都经济圈）、川南经济区、川东北经济区、攀西经济区、川西北生态示范区协同发展，推动成都与环成都经济圈协同发展，推动“三州”与内地协同发展，推动区域内各市（州）之间协同发展。

的煤层气矿业权，力争2020年前启动两矿区内煤气一体化勘探、开发。

2. 推进高产高效矿井建设

按照“一优三减”“三提升”要求，做好矿井生产系统优化，减水平、减头面、减人员，提升矿井装备水平、提升煤炭科技水平、提升员工整体素质。大力推进生产矿井“五化”融合改造升级（机械化减人、自动化换人、标准化保安、信息化强管理、智能化提高系统安全保障度）。抓好安全生产标准化建设，夯实矿井本质安全基础；抓好综采、综掘“双达标”建设，全面提升机械化、自动化水平；强力提升单产、单进水平，实现大矿（60万吨/年及以上）“一区两面”达产，小矿（60万吨/年以下）“一区一面”达产；加快智能化综采的建设，2019年上半年在龙滩煤矿建成第一个智能化工作面，先行先试、先易后难、以点带面，在全集团逐步推行；到2022年，各煤炭子公司至少形成一个智能化工作面，并配套建成与之适应的高素质员工队伍。

3. 推进绿色开采和矿区生态文明建设

建立贯穿“设计到生产现场”全流程绿色开采体系，从生产组织源头带动矿井绿色低碳开采；推进资源高效利用，提高煤炭资源开采率、选煤回收率和综合利用率；推行“瓦斯与煤一体化开采”技术，降低煤炭开采及瓦斯抽采的成本，提高瓦斯抽采效率；推行沿空留巷和采空区填充技术，提高采空区上覆岩体及地表稳定性，创造环境保护和高效回采的双赢局面；加强矿区生态保护、修复，促进矿区生态文明建设。

4. 延展煤炭循环经济产业链

推进资源综合利用，延展煤炭产品上游、下游产业链，发展煤炭循环经济，做到“能延尽延、吃干榨尽、产品升华、提升价值”，不断提高煤炭经济“最大值”。加大回收并循环再利用煤矸石以及矿井水等煤炭生产过程中的废弃产物，有效提高经济效益；提升瓦斯民用规模，加大建设分布式瓦斯发电机组，不断拓展瓦斯利用方式，提高瓦斯利用率，提升瓦斯综合利用价值；拓展“煤矸—电”“煤矸—建”产业链，通过争取上网指标，深挖矸石电厂潜力，提高矸石利用量和发电效率；利用矸石煅烧形成砂石及骨料替代品，进入建材市场；矿井水实现蓄能发电或其他途径利用；积极探索煤矸石山的治理方式，努力盘活煤矸石资源；推进矿区“三废”及生产余热组合式循环利用，推动矿区循环经济多维、深度发展，促进矿井可持续发展。

5. 推进煤炭产品精细加工

不断加强煤炭产品管理，优化煤炭生产工艺和洗选工艺，从生产源头、运输过程和洗选加工环节全面加强煤质管理，不断提高产品质量；根据市场导向，合理产品定位，适时调整产品结构；全面推进煤炭分质分级梯级洗选加工，实现产品结构主要由动力煤、冶金煤，向化工用煤、建材用煤、民用块煤等全类型覆盖，不断提高产品竞争力；进一步挖掘、释放现有洗选厂加工能力，加大外购煤炭量并实现全部入洗，充分发挥质量升级及产品组合效应，实现产品综合效益最大化。

6. 推进安全生产保障建设

坚定不移践行安全发展理念，强化安全红线意识，科学防范安全风险，全力推进安全生产保障能力建设。全面落实安全生产相关法律法规，严格依法依规进行科学有序组织生产，坚决杜绝违法、非法生产行为。合理加大投入，弥补安全投入欠账、设备更新欠账、掘进脱节欠账，力争在2020年完成相关补欠工作，达到“三尺合理、四量合规”[①] 的基本要求，实现采掘接替正常，促进矿井可持续发展。严格落实各级安全责任，强化规程、措施的规范编制及现场落实，杜绝一切违章指挥和违章作业行为，保障现场安全生产。加快打造智能化综采工作面，配套建成与之适应的高素质职工队伍；构建“三位一体”的煤矿安全管控体系，深入推进双重预防机制建设，大力提升安全生产水平。2019年实现瓦斯零超限，坚决遏制较大事故发生，2020年完成本质安全型矿井建设，初步实现“五零”目标：零超限、零违章、零轻伤、零重伤、零死亡。强化干部作风建设，严格领导带班、值班制度，集中精力抓好安全工作，安全生产向零奋进。

① 三尺合理、四量合规：三个进尺即开拓进尺、准备进尺、回采进尺，四个煤量即开拓煤量、准备煤量、回采煤量、安全煤量。

7. 培育释放优质产能

贯彻好煤炭供给侧改革政策，优化产能布局，对于优质煤矿或优质新建项目，加快培育、建设，释放优质产能；对于落后矿井或落后项目，加快退出关闭，减轻企业负担，腾出产能指标和生存空间。加快推进金刚煤矿、斌郎煤矿、铁山南煤、石洞沟煤矿、叙永煤矿、威鑫煤矿等释放存量优质产能；根据市场行情和企业资金筹措情况，加快恢复新维煤矿二期（维新井120万吨/年）建设，择机启动洞口煤矿建设；对于多年持续亏损且难以扭亏的煤矿，加快关闭退出。到2020年，煤炭产能达到1600万吨，原煤产量达到1250万吨，产能利用率稳步提高；到“十四五”中后期，煤炭产能保持在1800万吨左右，原煤产量稳定在1400万吨左右。

（五）抓住发展机遇，推进转型发展

1. 做大做强现代物流板块

以国新联程物流集团公司为平台，进一步做优做强煤炭贸易，加快建设川内“五个”洁净煤储配基地，积极推进成都物流园区和四川省煤炭交易中心项目。到2020年，完成川东（高兴）储配煤基地、广安八一桥和峨眉山洁净煤储配中心建设。加强与省外大型优质煤炭生产企业合作，巩固川煤集团洁净煤供应来源。积极推进综合物流建设，打造区域物流品牌。多渠道打造产融结合平台，保障物流产业的资金需求。加强物流金融风险管控，利用合理的金融手段，有效防范金融风险。构建全产业链供应模式，在煤炭物流贸易的基础上，拓展汽车运输、冷链物流、矿石、焦炭、钢铁、建材贸易和加油站、充电桩、金融租赁等业务，形成多业态、综合性的现代化物流集团。

2. 做优做强现代建筑施工板块

以鼎能公司为平台，实施人才强企和科技兴企两大战略，做强“地产+”板块，做大施工板块，拓展融资板块，优化建材板块，做实现代物业板块，打造“1+4+N”的产业格局和建设体系。在攀西经济区实施房产+阳光康养新型住宅模式，精心打造“房产+阳光”“房产+旅游”

“房产+康养”品牌。在川东北经济区和资阳打造装配式建筑基地，重点做好川煤六建达州杨柳垭基地及周边的搬迁改造。在川南经济区发展壮大房建与路桥市政业务，重点做好兴文县农村“十三五”农村公路、宜叙高速局部段、宜宾中心城区风貌整治工程（南岸片区）长江桥亮化标段等项目。

3. 整合发展医疗康养和装备制造行业

以泽润健康管理公司为平台，积极引进战略投资者，对集团内医疗、酒店、旅游资源逐步整合，拓展养老、医养、养老产品加工销售、文化娱乐、护理培训等业务。加大康养产业拓展力度，推动“康养+”项目（养生、旅游、运动、餐饮农业）的落地生根，逐步构建集“医养结合、健康养老、酒店旅游”于一体的优势服务企业，打造川煤集团重要的经济增长点。

以广能嘉华公司为主体，力争在2020年前完成集团内机械制造整合，同时引进战略投资者，加强技术交流和合作，实现优势互补，大力提升机械制造和集成水平。提高产品竞争力，扩大装备产品销售市场，以及复杂煤层开采技术服务市场，成为国内领先的复杂煤层开采装备及技术成套供应商，打造川煤集团重要的经济增长点。

4. 推进电力产业转型升级

依托煤矸石发电、瓦斯发电以及具有的售发电资质，利用国家能源能政策和电力改革政策，引进社会力量，通过对电网和发电机组进行升级改造，由与发电为主向输供电为主进行转型。积极申报矿区存量电网转增量配电试点项目，依法申办各矿区电网电力业务许可证，将各矿区电力公司组建成发供售一体化的省属电网企业；积极推进矿区电网类售电公司组建工作，大力发展规模化直购电业务，推进电力产业转型升级。

5. 壮大发展科装研发和技术服务

以恒升公司和科建公司为平台，做大科装研发和安全技术服务，构建安全技术与生产服务产业体系，突出抓好监控系统升级改造、隧道安全装备及施工、公交车灭火、安全生产信息管理等业务；进一步做精检测检定业务，推动资质增项升级，拓宽业务范围；做好川煤内部煤矿信息化、自动化等项目的建设和服务，拓展占领四川及西南煤矿市场；积极介入环境治理与生态恢复市场，拓展污水处理、环保设施建设运营等业务。成为国内领先的复杂煤层灾害治理及地下工程安全技术服务商。

6. 培育发展新能源和金属矿产

利用国家能源政策和电力改革政策，引进社会力量，通过对电网和发电机组进行升级改造，由以发电为主向输供电为主进行转型。利用攀枝花地区的阳光资源和矿区复垦的土地资源，加快推进攀煤公司6MW分布式光伏发电项目，与外部能源企业合作，扩大集中式光伏发电规模。抓紧获得筠连、古叙矿区煤层气探矿权，加大与中石油西南油气田公司、四川煤炭地质局、高县人民政府的合作力度，引进战略投资者联合开发，实现煤层气商业化开发。

以金升矿业公司为平台，利用川煤集团井下开采的人才和技术优势，积极开发利用非煤矿山资源。以贵金属采矿业为突破口，控制一批储量大、品位高、具有中型规模以上的贵金属矿产项目。集中力量推进松藩县东北寨金矿、木里县菜园子铜金矿等项目，积极开拓理塘县日乃金矿、青海都兰银矿等项目。

（六）推进改革改制，打造现代企业

1. 推进治理体系建设

规范公司法人治理结构，厘清治理主体权责边界，形成相对独立、相互制衡、权责明确、运转协调的体制机制。把坚持党的领导和完善公司治理统一起来，把党的领导内嵌于公司治理结构中。加强董事会自身建设，切实发挥董事会对重要事项的把关定向作用。强化监事会职能，严格对董事会、经理层成员的职务行为进行监督。经理层依法由董事会聘任或解聘，接受董事会管理和监事会监督。总经理对董事会负责，依法行使生产经营管理、组织实施董事会决议等职权，向董事会报告工作。

2. 构建现代化管理体制

优化顶层设计，继续巩固和加强“四四三”管理体制[①]，厘清集团、公司、矿厂三级权力清单和责任清单，构建分类分级、授权受控的管理机制，建立职责清晰、精简高效、运行规范的管控模式。按照市场化运作、专业化重组的原则，加快集团煤炭、新能源、煤机、煤矿技术服务等产业的整合重组步伐，减少管理耗损，提高管理效率。推进扁平化管理，优化管理流程。精简集团三级机关机构设置，严格定编定员，实现“小机关、大服务”的管理格局。完善运销管理体制，优化营销流程，建立和完善市场快速反应的运行机制；改进物资供应管理模式，建立招采分离和采管分离管理体制。

3. 推行市场化经营机制

完善集团混合所有制企业“国有市营”[②] 的体制机制，明晰公司法人的市场主体地位，完善市场化经营机制，建立良性发展机制。推行集团二三级混合所有制企业职业经理人制度，建立市场导向的选人用人和激励约束机制，通过市场化方式选聘职业经理人，畅通现有经营管理者与职业经理人的身份转换通道。严格职业经理人任期管理和绩效考核，加快建立退出机制。建立与企业领导人员分类管理相适应、选任方式相匹配的差异化薪酬管理制度。对采用市场化选聘的职业经理人，实行任期制和契约化管理，按照市场化原则决定薪酬，采取多种方式探索中长期激励机制。

4. 推进产权结构变革

根据子分公司的功能定位，逐步调整国有股权比例，形成股权结构多元、股东行为规范、内部约束有效、运行高效灵活的经营机制。以促进国有企业转换经营机制，放大国有资本功能，提高国有资本配置和运行效率，实现各种所有制资本取长补短、相互促进、共同发展为目标，稳妥推动企业混

① “四四三”管理体制：川煤集团 2015 年调整后的集团运行管控模式，集团总部“战略投资、资本运营、人事考核、投资收益”四个中心，子公司“安全生产、经营利润、成本控制、矿区稳定”四个中心，煤矿（车间）“安全生产、成本核算、矿区稳定”三个执行主体，简称“四四三”模式。

② 国有市营：国有资产市场化运行。

合所有制改革。采用并购重组、发行可转股债券和整体上市等途径，吸纳战略合作方资本、员工资本和社会资本，优化产权结构。积极引入投资基金等机构投资者，推动权属公司重组整合、对外并购、新兴产业投资等。

5. 继续深化三项制度改革

结合矿区劳动力结构调整的实际，再加压力，进一步控制用工人数，切实提高劳动效率；根据企业效益适度提高整体薪酬水平，并以结构调整为主，按照“稳一线、控二线、限三线”的策略，优化分配流向，合理设置工资分配结构及工资水平结构。其中：以本单位在岗职工人均工资为基准，采煤工人均工资水平不能低于 1.2 倍，掘进工人均工资水平不能低于 1.1 倍，从事井下作业的辅助工人均工资水平不能低于 1.0 倍。用薪酬杠杆解决好用工“一线缺、二线紧、三线臃”的现象，保障职工队伍的稳定。引进、培养一批行业紧缺的经营管理和工程技术类人才，重点培养一批“专业化 + 技能型”复合型人才；加大高端人才和行业发展急需人才的引进力度，为转型升级提供有力的人才支撑；在新成立的公司和具备条件的单位继续推行经理层市场化选聘和契约化管理，明确责任、权利和义务，严格任期管理和目标考核。

6. 推进风险防控体系建设

坚持依法治企、合规经营，企业改革改制和经营管理要依法依规、严格程序、公开公正，建立健全流程化、制度化、标准化和常态化的风险控制制度，构建全面风险管理体系，切实保护企业各类出资人的权益，防范国有资产流失。坚持有资源、有效益、能发展的原则，积极、审慎推进集团新产业、新业态、新项目的发展，科学做好项目技术、经济、市场等前瞻性研究，强化资金、人才等保障。列入集团各级规划中或启动实施的新项目，项目投产必须实现盈利，最大限度地规避和减少投资风险。

（七）加强创新驱动，增强发展动能

1. 推进科技创新

结合复杂煤层开采工艺、煤炭循环经济产业链、本质安全矿井建设开展

科技创新，在改进工艺、提升效率、科技治灾、科技扭亏、科技降本方面，走出一条适合川煤发展的特色之路。以科技创新为支撑，积极培育和发展新兴产业和高技术产业，形成新的经济增长点，加快新旧动能的接续转换，推动企业转型升级。加大科技攻关和推广应用力度，研究采掘新技术，攻克复杂难采煤层开采技术难题；努力开发科技治灾新技术，为瓦斯防治、防灭火、防治水提供新的技术手段；全面推广沿空留巷系列技术，创造更好的经济效益，缓解矿井采掘接替紧张局面；积极推广“四新”技术①，淘汰更新落后。加大科技投入，巩固国家级技术中心等科技创新平台；坚持三级创新体系②，完善科技创新体制机制，提升科技对经济的贡献率。着力完成川南地区火灾防治成套技术、矿井瓦斯“零超限”技术及管控体系、南方复杂煤层智能化综采技术、薄—极薄煤层综采技术、大倾角—急倾斜煤层综采技术、岩巷掘进的自动化、煤矿巷道长钻孔施工技术及工艺等关键技术研究。到2020年，完成科技成果100项以上，获省级以上科技奖励20项以上，获专利权100件以上，确保科技对煤炭主业经济贡献率达到50%以上。

2. 推进管理创新

以信息化推动企业组织变革和流程再造，实现企业管理的精准化和高效化。积极应用互联网+、物联网、云计算、大数据等先进适用技术，搭建互动平台，积极推进煤矿智能化、自动化、无人化开采。以全面预算管理为抓手，把“精测算、细分解、全覆盖、刚执行、硬考核”抓深抓细、落到实处，深入推动企业提质增效、降本控费。推行“一矿一策、一面一策”精细管理，建立弹性生产机制，提高综采产量和工效。按照“量质统一，整体有利”要求，优化“区、段、面”划分部署，合理开采时序安排，保证总体产量及煤质核心指标均衡、稳定，避免大幅波动，增强矿井煤炭生产综合效益。在资产与资金运行安全、监控到位的前提下，推进实施国有市营的托管经营或承包经营模式，多措并举盘活存量资产，提高企业经济运行质量

① “四新”技术：主要是指在行业内采用新技术、新工艺、新材料、新设备的技术。

② 三级创新体系：集团、子（分）公司、矿（厂）三级创新体系。

和效益。实施“工资 = 收入 - 非工资性支出 - 目标利润”的激励机制，实现以利润为核心的工资结算模式，倒逼企业提质增效。创新辅业管理体制机制，试点探索煤业子公司部分辅业单位部门化运行模式，减少核算单位，降低企业支出。

3. 推进人才队伍创新建设

进一步理顺劳动用工管理机制，通过校企联合等方式，实现“变招工为招生”，强化人才后续保障。研究出台技能人员晋升职称的激励政策，大力培养引进高技能人才，各类技能人才（高级技师、技师、高级技工）总量达到 1800 人，重点产业技能人才占普通员工比例 10% 以上或达到行业较高水平，高技能人才数量突破 50 人，达到技能人才总量的 3%。积极完善人才培养体系，建立健全科学合理的选人、用人、育人机制，重点培养一批复合型人才；培养造就高素质职业经理人队伍，企业各级职业经理人才达到 300 名以上；以能力建设为核心，稳步扩大各类专业技术人才队伍，引进紧缺或急需专业技术人才 700 名以上，专业技术人才总数达到 6200 名以上。

研究出台加快年轻干部培养的指导性意见，实施后备干部培养计划，推行青年英才计划，形成梯次、年龄、专业结构合理的后备干部人才队伍，解决干部人才短缺的“瓶颈”问题。加大高端人才的引进力度，采用项目合作、技术咨询、短期聘用、人才租赁等柔性引才模式，解决急需短缺的高端人才引进难题，为可持续高质量发展提供有力的人才支撑。围绕高质量发展目标，建立考核评价结果与人才培养、使用、激励挂钩的人才评价机制。坚持激励与约束并举，突出业绩导向，建立与市场接轨的激励约束机制。加大各类人才工作投入力度，保障各类人才教育培训经费支出，足额提取并投入三支人才①队伍培训使用，加快人力资源向人力资本转化。

4. 推进营销模式创新

以高质量营销理念为统领，坚持市场、效益、用户“三位一体”，牢固树立质量、效益、品牌营销理念，为客户提供川煤智慧和煤炭消费方案；精

① 三支人才：专业技术、经营管理、技能人才三支队伍建设。

准研判市场形势，合理调整销售流向，实现以销定产、以产促销、以销保产、产销平衡；实施多渠道销售策略，灵活价格策略，完善定价机制，争取利益最大化；坚持大客户战略，强化与重点用户的长期协议合作；积极拓展省外煤炭市场，大力拓展建材煤、冶金煤和化工煤市场，实现增销增收；加强产地联盟，主动与互补性企业、同类产品企业以及上下游企业开展合作，共同开发市场；抓好煤炭贸易物流工作，提高区域煤炭市场控制力与话语权。

（八）加强文化建设，提升企业软实力

1. 推进企业文化工程建设

在深入挖掘整合、广泛征求意见基础上，逐步形成规范的、广大员工认同的川煤核心价值观、企业精神；突出安全文化建设重点，狠抓安全文化制度建设，广泛开展群众性安全特色活动，大力营造和形成“行政主导、党组织管教、工会管网、共青团管岗”的齐抓共管、全面参与工作格局和良好氛围；发挥各级“文体联”作用，提升《川煤文艺》的办刊质量，每年组织开展1~2次重要文体活动，广泛开展各类贴合矿区职工实际的小型多样的文体活动，努力丰富职工精神文化生活。

2. 推进川煤品牌工程建设

制作川煤宣传画册、宣传片和微动漫形象片，展示川煤近年来改革脱困、转型发展所取得的成效，达到总结工作、鼓舞士气、重塑形象的效果；围绕企业生产经营中心工作，针对不同的受众群体，以门户网站、微信公众号、电视、报纸等平台为依托，着力塑造川煤企业形象品牌。通过建立与各类媒体、上级信息平台的良性互动工作机制，进一步建立健全各种宣传考核、激励制度，加大内外宣传工作力度，着力巩固和扩大川煤品牌效益；加强舆情应对工作，建立信息发布机制，围绕集团公司改革发展的重点、难点问题以及重大突发事件，及时做好正面宣传引导工作，营造良好舆论环境。

四　保障措施

（一）思想保障

认真贯彻落实中央、省委关于加强和改进新形势下思想政治工作的总体部署和相关要求。突出重点，以抓好社会主义核心价值体系教育、形势政策教育、法律法规教育、企业文化建设、维护员工合法权益、人文关怀、理论研究为主要内容，在推动川煤高质量发展、促进矿区和谐稳定中充分发挥思想政治工作的优势。坚持广泛深入开展形势任务教育，统一思想，提高认识，主动作为，引导党员干部、员工群众增强对川煤集团“解危脱困、转型升级”紧迫性重要性的认识，增强对走高质量发展之路的必要性重要性的认识，从而自觉对焦发展方向，找准实施路径，利用好国家的政策优势和自身条件，坚定不移地走“有资源、有效益、能发展、可持续、后劲足”的绿色、低碳、安全、高效发展之路，科学有序地把高质量发展抓紧、抓好、抓落实。

（二）组织保障

集团公司成立高质量发展三年行动领导小组，集团公司董事长、总经理为领导小组组长，集团公司领导班子其他成员为领导小组副组长，总部各部门负责人、各公司董事长、总经理为成员。下设高质量发展三年行动指导办公室于投资发展部，投资发展部负责人兼任办公室主任。领导小组职责为指导、协调、督促和考核高质量发展工作，研究决定高质量发展的总体部署和推进方案，协调解决工作中的重大问题，明确责、权、利、时间和目标要求，对高质量发展行动落实情况进行检查监督和考核评价，确保高质量发展各项任务按期保质完成。

（三）人力保障

结合高质量发展任务要求，按照集团“四四三”的管理架构，进一步完善人才工作目标责任制；建立科学的激励政策，以优惠的激励政策激励创新人才。对领军人才和创新团队实行特殊的优待政策，对各类紧缺人才实行重用政策。逐步建立市场化的考核体系，强化以能力和业绩为导向的评价体系。建立一套能够体现人才真正价值的完善机制，为各类人才构建全方位、多层次、广角度的服务体系。积极营造良好的舆论环境，大力营造尊重劳动、尊重知识、尊重人才、尊重创造和有利于人才健康成长的良好环境。为集团公司高质量发展提供坚强的人才保障和智力支持。

（四）宣传引导

着力提升新闻宣传工作者队伍整体素质，进一步调动广大新闻宣传工作者的积极性，加强宣传载体建设，发挥宣传载体的宣传鼓劲作用，为川煤集团高质量发展营造良好的舆论氛围，塑造良好的企业形象；加强政研会的相关工作，围绕推进企业高质量发展，抓好优秀理念成果的评比和推广工作，充分发挥“智囊团”“思想库”作用，更好地服务企业改革发展稳定大局；注重正面宣传，通过报刊、网站、电视、广播等媒介，加大对川煤高质量发展的重大意义、基层实践、典型做法和重要成效等的宣传力度，动员广大员工积极参与，心往一处想、劲往一处使，形成群策群力推动企业向更高质量发展迈进的良好环境。

B.18
参考文献

1. 中共中央马克思恩格斯列宁斯大林著作编译局:《资本论》，人民出版社，1975。

2. 许涤新:《政治经济学辞典》，人民出版社，1980。

3. 中共中央马克思恩格斯列宁斯大林著作编译局:《马克思恩格斯全集》，人民出版社，1985。

4. 毛泽东:《毛泽东选集》，人民出版社，1991。

5. 中共中央文献编辑委员会:《邓小平文选》（全三卷），人民出版社，1995。

6. 江泽民:《江泽民文选》，人民出版社，2006。

7. 胡锦涛:《胡锦涛文选》，人民出版社，2016。

8. 人民日报评论部:《习近平用典》，人民日报出版社，2015。

9. 中共中央文献研究室:《习近平关于社会主义经济建设论述摘编》，中央文献出版社，2017。

10. 习近平:《决胜全面建成小康社会　夺取新时代中国特色社会主义伟大胜利——在中国共产党第十九次全国代表大会上的报告》，2017 年 10 月 18 日。

11. 习近平:《在第十三届全国人民代表大会第一次会议上的讲话》，2018 年 3 月 20 日。

12. 李克强:《在中央经济工作会议上的讲话》，2017 年 12 月 18 日。

13. 李克强:《2018 年国务院政府工作报告》，2018 年 3 月 5 日。

14. 李克强:《2019 年国务院政府工作报告》，2019 年 3 月 5 日。

15.《财政部企业经济效益评价指标体系（试行)》［失效］（财工字

〔1995〕7号），1995年1月9日。
16.《国务院关于积极有效利用外资推动经济高质量发展若干措施的通知》（国发〔2018〕19号），2018年6月10日。
17.《国务院关于推动创新创业高质量发展打造“双创”升级版的意见》（国发〔2018〕32号），2018年9月26日。
18.《关于做好2019年重点领域化解过剩产能工作的通知》（发改运行〔2019〕785号），2019年4月30日。
19.《煤炭采选业清洁生产评价指标体系》（中华人民共和国国家发展和改革委员会　中华人民共和国生态环境部　中华人民共和国工业和信息化部公告2019年第8号），2019年8月28日。
20.〔英〕大卫·李嘉图：《政治经济学及赋税原理》，郭大力、王亚南译，商务印书馆，1972。
21.〔英〕亚当·斯密：《国民财富的性质和原因的研究》，郭大力、王亚南译，商务印书馆，1974。
22.〔美〕查尔斯·P. 金德尔伯格、布鲁斯·赫里克：《经济发展》，张欣、陈鸿仪等译，上海译文出版社，1986。
23.〔美〕约瑟夫·熊彼特：《经济发展理论——对于利润、资本、信贷、利息和经济周期的考察》，何畏、易家详等译，张培刚、易梦虹等校，商务印书馆，1990。
24.〔英〕约翰·穆勒：《政治经济学原理及其在社会哲学上的若干应用》，朱泱等译，商务印书馆，1991。
25. 岳福斌主编《政治经济学原理》，中国物价出版社，1993。
26. 岳福斌：《制度创新：中国式市场经济大思路》，中国物价出版社，1995。
27. 辞海编辑委员会：《辞海》，上海辞书出版社，1999。
28. 邹东涛、岳福斌主编《经济中国之〈资本论〉与中国》，中国经济出版社，2004。
29.〔美〕曼昆：《经济学原理》（原书第3版），梁小民译，机械工业出版社，2005。

30. 促进煤炭工业健康发展编写组：《促进煤炭工业健康发展》，煤炭工业出版社，2005。

31. 岳福斌：《现代产权制度研究》，中央编译出版社，2007。

32. 张五常：《中国的经济制度》，中信出版社，2009。

33. 商务印书馆编辑部：《辞源》，商务印书馆，2010。

34. 岳福斌主编《煤炭蓝皮书·中国煤炭工业发展报告（2010）：全面提升煤炭企业综合竞争力》，社会科学文献出版社，2011。

35. 〔法〕克洛德·热叙阿等主编《经济学词典》，李玉平等译，社会科学文献出版社，2012。

36. 张军扩等：《追赶接力：从数量扩张到质量提升》，中国发展出版社，2014。

37. 任保平：《经济增长质量的逻辑》，人民出版社，2015。

38. 岳福斌主编《煤炭蓝皮书·中国煤炭工业发展报告（2015）：煤炭产能新常态与落后产能退出新机制》，社会科学文献出版社，2015。

39. 岳福斌主编《煤炭蓝皮书·中国煤炭工业发展报告（2016）：煤炭产业脱困发展与供给侧结构性改革》，社会科学文献出版社，2017。

40. 岳福斌主编《煤炭蓝皮书·中国煤炭工业发展报告（2017）：积极稳妥降低煤炭企业杠杆率》，社会科学文献出版社，2018。

41. 国务院发展研究中心课题组：《迈向高质量发展：战略与对策》，中国发展出版社，2017。

42. 洪银兴、任保平：《经济新常态下发展理论创新》，经济科学出版社，2017。

43. 岳福斌主编《煤炭蓝皮书·中国煤炭工业发展报告（2018）：煤炭产业供给侧结构性改革降成本研究》，社会科学文献出版社，2018。

44. 迟福林主编《动力变革：推动高质量发展的历史跨越》，中国工人出版社，2018。

45. 刘俏：《从大到伟大2.0：重塑中国高质量发展的微观基础》，机械工业出版社，2018。

46. 李凌：《创新驱动高质量发展》，上海社会科学院出版社，2018。
47. 夏春玉：《中国高质量发展：基于新发展理念的指数评价与比较分析》，东北财经大学出版社，2018。
48. 刘世锦主编《中国经济增长十年展望（2018～2027）：中速增长与高质量发展》，中信出版社，2018。
49. 广东省社会科学院：《跨越关口——在构建推动经济高质量发展的体制机制上走在全国前列》，广东人民出版社，2018。
50. 国家发展和改革委员会产业经济与技术经济研究所：《中国产业发展报告2018：迈向高质量发展的产业新旧动能转换》，经济科学出版社，2018。
51. 王一鸣、陈昌盛等：《高质量发展：宏观经济形势展望与打好三大攻坚战》，中国发展出版社，2018。
52. 孙冶方经济科学基金会、浙江财经大学主编《经济高质量发展——内涵与动力》，经济科学出版社，2018。
53. 牛犁：《供给侧结构性改革推动我国经济高质量发展》，《全球化》2017年第12期。
54. 杨伟民：《深入学习习近平新时代中国特色社会主义经济思想　推动高质量发展　建设现代化经济体系》，《时事报告》（党委中心组学习）2018年第2期。
55. 郭占恒：《推动高质量发展的深刻背景和政策取向》，《浙江经济》2018年第2期。
56. 任保平、文丰安：《新时代中国高质量发展的判断标准、决定因素与实现途径》，《改革》2018年第4期。
57. 郭春丽、王蕴、易信、张铭慎：《正确认识和有效推动高质量发展》，《宏观经济管理》2018年第4期。
58. 王靖华：《我国经济转向高质量发展的现实背景与路径抉择》，《黑龙江社会科学》2018年第4期。
59. 金碚：《关于“高质量发展”的经济学研究》，《中国工业经济》2018年第4期。

60. 何立峰：《深入贯彻新发展理念　推动中国经济迈向高质量发展》，《宏观经济管理》2018年第4期。

61. 邵彦敏：《新发展理念：高质量发展的战略引领》，《国家治理》2018年第5期。

62. 陈昌兵：《新时代我国经济高质量发展动力转换研究》，《上海经济研究》2018年第5期。

63. 师博、张冰瑶：《新时代、新动能、新经济——当前中国经济高质量发展解析》，《上海经济研究》2018年第5期。

64. 王显政：《构建现代化煤炭经济体系　促进煤炭工业高质量发展》，《中国煤炭工业》2018年第8期。

65. 陈文玲：《高质量发展的战略意义及策略建议》，《债券》2018年第8期。

66. 闫楠：《煤炭产业的环境保护问题及建议》，《中国环境管理》2018年第10期。

67. 王雷、吴璘：《新时代我国煤炭产业高质量发展初探》，《煤炭经济研究》2018年第10期。

68. 王震：《改革开放40年煤炭市场发展历程与成就》，《煤炭经济研究》2018年第11期。

69. 张立宽：《改革开放40年我国煤炭工业实现三大科技革命》，《中国能源》2018年第12期。

70. 刘卫红：《经济高质量发展的时代背景与着力点》，《党政论坛》2018年第12期。

71. 李彩华：《中国经济转向高质量发展阶段的历史必然性》，《中南财经政法大学学报》2019年第1期。

72. 胡鞍钢等：《高质量发展：历史、逻辑与战略布局》，《行政管理改革》2019年第1期。

73. 李金昌等：《高质量发展评价指标体系探讨》，《统计研究》2019年第1

期。
74. 中国煤炭工业协会：《2018 煤炭行业发展年度报告》，2019 年 3 月。
75. 《卜昌森：走过黄金十年和寒冬四年，煤炭行业的转型已是迫在眉睫!》，中国煤炭网，2017 年 3 月 7 日，http：//www. ccoalnews. com/xmt/201703/07/c6690. html。
76. 周跃辉：《以供给侧结构性改革引领中国经济高质量发展》，《辽宁日报》2017 年 12 月 26 日。
77. 林兆：《关于我国经济高质量发展的几点认识》，《人民日报》2018 年 1 月 17 日。
78. 马名杰：《对高质量发展的几点思考》，《中国经济时报》2018 年 3 月 26 日。
79. 任保平：《高质量发展需要正确处理十大关系》，《经济参考报》2018 年 11 月 28 日。
80. 国家煤矿安监局办公室：《煤矿安全生产工作取得历史性成就——改革开放 40 年我国煤矿安全生产领域改革发展综述》，《中国煤炭报》2018 年 12 月 13 日。
81. 《魏礼群：新时代高质量发展的制胜法宝》，中宏网，2018 年 12 月 18 日，https：//www. zhonghongwang. com/show – 94 – 119884 – 1. html。
82. 《吴吟：我国煤炭工业实现十大历史性转变》，搜狐网，2018 年 12 月 20 日，https：//www. sohu. com/a/283232197_ 825427。
83. 《国家能源局局长章建华谈“推动新时代能源高质量发展”》，人民网，2019 年 3 月 12 日，http：//energy. peopk. com. cn/n1/2019/0312/c71661 – 30972074. html。
84. 濮洪九等：《煤炭：70 年发展的强劲动力》，《中国能源报》2019 年 9 月 23 日。
85. 武强、张立宽：《新中国煤炭工业 70 年辉煌成就透视》，中国能源网，2019 年 10 月 11 日，https：//www. china5e. com/news/news – 1072220 – 1. html。

86. Robert J. Barro, Xavier Sala-i-Martin. *Economic Growth*, The MIT Press, 2004.

87. Michael Spence. *The Next Convergence: The Future of Economic Growth in a Multispeed World*, Farrar, Straus and Goroux, 2011.

88. Ruchir Sharma, *Breakout Nations: In Pursuit of the Next Economic Miracles*, W. W. Norton & Company, 2012.

89. Brink Lindsey, *Reviving Economic Growth*, Cato Institute Press, 2015.

90. International Energy Agency, *World Energy Outlook 2018: Gold Standard of Long-term Energy Analysis*, 2018.

91. International Energy Agency, *Coal Information 2019*, 2019.

Abstract

This Blue Book was compiled by the China Blue Book of Coal Industry Compilation Committee, established and headed by the China Institute of Coal Economics Research of China University of Mining and Technology, Beijing. It is the eleventh volume of the "Blue Book of Coal Industry" .

This Blue Book consists of a general report, and several empirical reports. The general report was written by the research group from the China Institute of Coal Economics Research, expounds the presentation, background and significance of high-quality development, start with the connotation of high-quality development, discusses the objective requirement of high-quality development of coal industry, puts forward the measurement index system of high-quality development of coal industry, analyzes the factors that affect the high-quality development of the coal industry and puts forward policy suggestions on promoting the high-quality development of China's coal industry in an active yet steady way. Each empirical report was written by a research group headed by the main person in charge established by CHN Energy, Shaanxi Coal and Chemical Industry Group, Yankuang Group, Datong Coal Mine Group, Shanxi Coking Coal Group, Yangquan Coal Industry Group, Lu' an Group, Shanxi Jincheng Anthracite Coal Mining Group, Inner Mongolia Yitai Group, Henan Energy and Chemical Industry Group, Sichuan Coal Industry Group and other enterprises. The research groups of partner enterprises introduce the basic situation of high-quality development of each enterprise, measures taken and achievements achieved, difficulties and put forward some ideas, condition requirements as well as policies needed for high-quality development.

This Blue Book combines knowledge, theory, practice and policy all in one. It is explicitly focused on solving the key problems in the development of coal industry and distinguishes itself by taking the combination of Marx's Theory and

Western economic theory as its theoretical guidance. It also places a special emphasis on the new development concept put forward by the Party Central Committee with Xi Jinping as the core. It highlights the basic requirements from high-speed growth to high-quality development of the coal industry. This book has made the innovation under the guidance of Marx's economic development theory: This book puts forward the high-quality development measure index system of coal industry economy and it is the first time to define the high-quality development of coal industry. This book provides detailed and accurate data, advanced research methods, rich contents and distinctive views and it has great reference value for policy making, implementation, estimation and improvement in regarding to reduce institutional and policy costs, as well as for universities, research institutes and coal enterprises.

Keywords: China's Coal Industry; High-quality Development; The Measurement Index System

Contents

Ⅰ General Report

Abstract: The report expounds the requirements, background and significance of high-quality development requirements, starts with the connotation of high-quality development, discussing the objective requirements for high-quality development of China's Coal Industry, analyzing the factors, problems, difficulties and challenges affecting the high-quality development of the China's Coal Industry economy, puts forward the measurement index system of the high-quality development of the China's coal industry economy, and puts forward policy recommendations to actively and steadily promote the high-quality development of the China's Coal Industry.

Keywords: The Coal Industry; High-quality Development; The Measurement Index System

Ⅱ Empirical Reports

Abstract: Based on the brief introduction to the basic situation of CHN

Energy, this report takes Shendong Coal Group Co. , Ltd. , a key coal producer as an example, makes a specific introduction to the understanding, difficulties, practices and achievements of the shift from high-speed growth to high-quality development of the coal industry. It also puts forward relevant policy recommendations in terms of relevant regulations and standards on ecological environment, coal resource planning, support for the training of coal talents, application of new technologies and materials, and sustainable development fund for coal enterprises.

Keywords: CHN Energy; Shendong Coal Group; High-quality Development

Abstract: In order to thoroughly study and implement Xi Jinping's new era of socialism with Chinese characteristics and the party's 19 major spirits, Shaanxi Coal and Chemical Industry Group has taken "cultivating world-class enterprises with global competitiveness" as the new direction and new goal of reform and development. Based on the development laws and trends of the energy and chemical industry and the development status of Shaanxi Coal and Chemical Industry Group. This report analyzes the connotation and characteristics of world-classenterprises, further analyzes the advantages and gaps of Shaanxi Coal and Chemical Industry Group towards world-class enterprises, makes a judgment that Shaanxi Coal and Chemical Industry Group has the basic conditions to enter the world-class enterprises to a certain extent, it has specifically put forward the path of centralized scale, professional management, human capital, innovation and collaboration, information intelligence, and international operation. Continue to improve the company's core competitiveness and anti-risk capabilities, and help Shaanxi Coal and Chemical Industry Group become aworld-influential clean energy supplier, new material and high-end manufacturing service provider, accelerate its entry into the ranks of world-class companies.

Keywords: Shaanxi Coal and Chemical Industry Group; World-class Enterprise; High-quality Development

Abstract: This article introduces the basic situation of Huangling Mining (Group) Co., Ltd., discloses the high-quality development goals and achievements, summarizes the experiences of innovating safety management, laying a solid foundation, developing circular economy, transforming and upgrading, protecting ecological environment, protecting clear water and blue sky, insisting on scientific and technological innovation, and leading changes, etc., and expresses the determination to strive for first-class and make new contributions to the high-quality development of China's coal industry.

Keywords: Shaanxi Coal and Chemical Industry Group Huangling Mining Group; High-quality Development; "Three to Do and One to Build" Strategy

Abstract: Based on the understanding of the objective inevitability of high-quality development, especially the high-quality development of China's coal Industry, this research report introduces the active actions of the China's coal Industry in Shanxi Province and strives to promote the trend from high-speed growth to high-quality development. Take the initiative, work hard and compose the strategic measures for the high-quality development of Shanxi's coal industry.

Keywords: Shanxi Province; Coal Industry ; High-quality Development

Abstract: This report briefly introduces the basic situation and requirements of the Datong Coal Mine Group, including the objective inevitability, difficulties, problems and challenges of the transformation from the high-speed growth stage to the high-quality development stage; builds a strategic system to promote high-quality development stage; puts forward some suggestions, such as further improving the supporting policies for coal deliverability, removing the coal industry from the "two high and one surplus" industries, giving preferential tax treatment to enterprises in the capital investment for implementing the " reduction, optimization and green" policies for coal, and strengthening the construction of the "power transmission from Shanxi to other provinces" channel.

Keywords: Datong Coal Mine Group; High-quality Development; "36951" Strategic System

B. 7 Firmly Implement the High-quality Development Strategy, Steadily Implement the Three-Year Action Plan, and Strive to Become a World-class Coking Coal Enterprise with Global Competitiveness *Shanxi Coking Coal Group Co., Ltd.* / 176

Abstract: This empirical report introduces the basic situation of Shanxi Coking Coal Group, summarizes the achievements and experiences in implementing the high-quality development strategy, and puts forward the idea of vigorously implementing the "1126" development strategy, hoping that the government can provide policy support for enterprise development, burden reduction and solution of remaining problems.

Keywords: Shanxi Coking Coal Group; High-quality Development; "1126" Development Strategy

B. 8 Innovation-Driven, Reform and Opening Up, Transformation and Upgrading, Strengthening Party Building, and Striving to Speed Up the Construction of High-Quality Modern Industrial System *Yangquan Coal Industry (Group) Co., Ltd.* / 196

Abstract: In order to speed up the construction of high-quality development strategic pattern, Yangquan Coal Industry Group briefly introduces the basic situation of the company and the guiding ideology, implementation path and guarantee measures of "127" high-quality development strategic pattern driven by innovation.

Keywords: Yangquan Coal Industry Group; High-quality Development; "127" Strategic Pattern

Abstract: This report briefly introduces the basic situation of Lu'an Group, the general idea, goal, key tasks, implementation path, difficulties and challenges of high-quality development, and puts forward suggestions on how to promote high-quality development of enterprises, such as creating an international, convenient, open and cooperative business environment, speeding up policies, striving to promote policy management, and building a "national industrial innovation center" to promote innovative development of enterprises.

Keywords: Lu'an Group; High-quality Development; "One master, Three Auxiliaries, Two Nurtures"

Abstract: Shanxi Jincheng Anthracite Mining Group has thoroughly implemented the spirit of the 19th CPC National Congress and the spirit of General Secretary Jinping Xi's important speech during his visit to Shanxi, and has made every effort to implement the new concept of innovation, coordination, greenness, openness and sharing of new development, adhering to the development mission of "developing clean energy and boosting beautiful China", closely following the national supply-side structural reform and the strategic deployment of the energy revolution, and seizing the great opportunity and historic opportunity presented by the central government's "Opinions on supporting further deepening reform in Shanxi Province to promote the transformation and development of resource-based Economy" and "Opinions on pilot projects for comprehensive reform of the energy revolution in Shanxi" and Shanxi Province has issued the "Shanxi energy revolution comprehensive reform pilot action plan". Relying on the rich coal and coal-bed methane resources in the deep strata, we will give full play to the enterprise's experience accumulation and unique advantages in Coal Gas Co-mining, Coal-based extension, Coal and Electricity integration, etc, accelerate the expansion of China's Coal Industry Chain and Value Chain from the medium and low-end to the high-end. It is firmly moving towards the high-quality development path of expanding and strengthening gas (coal bed gas) industry, transforming and upgrading the Coal, Chemical Industry and Coal Power Industry, cultivating new strategic industries through innovation, striving to be the vanguard of the energy revolution, showing responsibility and accomplishment in the construction of modern energy system.

Keywords: Shanxi Jincheng Anthracite Mining Group; High-quality Development; Gas Industry

B. 11 Countermeasures for Accelerating Clean and Efficient Utilization of Coal *Qiao Naichen* / 232

Abstract: From the perspective of the strategic position of coal in China's primary energy structure, this paper analyzes that there are still some practical problems and deep-seated contradictions in the Coal Industry in Shandong Province due to historical and practical reasons. It is suggested to accelerate the construction of "1236" long-term management and control system, promote the clean and efficient use of coal, and improve the driving force for high-quality development.

Keywords: Shandong Province; China's Coal Industry; "1236" Strategy

Abstract: This report introduces the basic situation of Yankuang Group and its high-quality development in recent years. It is clear that high-quality development has become the main direction and development strategy for the transformation and upgrading of the China's coal industry. It is suggested that the China's coal industry and relevant departments of the state strengthen the top-level design in terms of funds, policies and mechanisms, and formulate targeted and operational policies and measures, and formulate targeted and operational policies and measures.

Keywords: Yankuang Group; High-quality Development; "Four Plus, Eight Optimizations"

Abstract: This report introduces the development of Jining Mine No. 3 in Yankuang Group, especially the active innovation of safety management and control mode, the efforts to solve the governance problems, the vigorous implementation of the strategy of developing the mine through science and technology, the emphasis on the construction of ecological civilization, the strengthening of the leading role of Party construction, and the realization of the high-quality development path of mine safety. Objectively reflects the difficulties in continuing high-quality development. Some suggestions are put forward, such as doing a good job in the transition and transfer of employees, negotiating with the local government to solve the "three conditions" pressure on coal, and prudently promoting the clean-up of mining rights in nature reserves.

Keywords: Jining Mine No. 3; High-quality Development; "One green, Five parks"

B. 14 Practice and Exploration of Yitai Group's High-Quality Development

Inner Mongolia Yitai Group Co. , Ltd. / 263

Abstract: Taking the development of Yitai Group as an example, the report introduces the achievements and main measures taken by Yitai Group in the process of high-quality development, analyzes the main factors affecting the development of coal enterprises, and puts forward some suggestions to support the high-quality development of coal enterprises.

Keywords: High-quality Development; Focus on the Main Business; Scientific and Technological Innovation

B. 15 Empirical Report on High-quality Development of Henan Energy and Chemical Industry Group Co. , Ltd.

Henan Energy and Chemical Industry Group Co. , Ltd. / 278

Abstract: The empirical report briefly introduces the general situation of the enterprise, analyzes the objectivity, difficulties and challenges faced from the stage of high-speed growth to the stage of high-quality development, and puts forward the high-quality development goal, path and related policy demands of fully studying the national "policy orientation, innovation guidance, green circulation, low carbon and high efficiency, striving for first class" .

Keywords: Henan Energy; High-quality Development; Strategic Approach

Abstract: The report systematically expounds the eight basic elements that coal enterprises should possess to comprehensively promote high-quality development, conform to the laws of economic development in the new era, and keep up with the pace of China's energy revolution: high-quality concept, high resource utilization, high safety cornerstone, high-tech guidance, high-capacity governance, high-efficiency support, high-quality team and high harmonious atmosphere.

Keywords: Coal Enterprises; High-quality Development; Basic Element

Abstract: In order to further adapt to the new situation of transformation, upgrading and development of resource-based enterprises, continue to deepen reform, accelerate structural adjustment, change the mode of economic growth, and effectively accelerate the pace of high-quality development, this plan is formulated in accordance with the spirit of the third plenary session of the 11th CPC Committee, the spirit of the CPC's "Decision on Overall Promotion of High-quality Development", the provincial SASAC's "Guidelines for High-quality Development of Sichuan Provincial State-owned Enterprises" and relevant documents, and in combination with the mid-term evaluation of the 13th five-year development plan of Sichuan Coal Industry Group and the actual situation of the enterprise, including overall requirements, development objectives, key tasks and safeguard measures.

Keywords: Sichuan Coal Industry Group; High-quality Development; Action Plan

皮 书

智库报告的主要形式
同一主题智库报告的聚合

皮书定义

皮书是对中国与世界发展状况和热点问题进行年度监测，以专业的角度、专家的视野和实证研究方法，针对某一领域或区域现状与发展态势展开分析和预测，具备前沿性、原创性、实证性、连续性、时效性等特点的公开出版物，由一系列权威研究报告组成。

皮书作者

皮书系列报告作者以国内外一流研究机构、知名高校等重点智库的研究人员为主，多为相关领域一流专家学者，他们的观点代表了当下学界对中国与世界的现实和未来最高水平的解读与分析。截至2020年，皮书研创机构有近千家，报告作者累计超过7万人。

皮书荣誉

皮书系列已成为社会科学文献出版社的著名图书品牌和中国社会科学院的知名学术品牌。2016年皮书系列正式列入“十三五”国家重点出版规划项目；2013~2020年，重点皮书列入中国社会科学院承担的国家哲学社会科学创新工程项目。

S 基本子库
UB DATABASE

中国社会发展数据库（下设 12 个子库）

整合国内外中国社会发展研究成果，汇聚独家统计数据、深度分析报告，涉及社会、人口、政治、教育、法律等 12 个领域，为了解中国社会发展动态、跟踪社会核心热点、分析社会发展趋势提供一站式资源搜索和数据服务。

中国经济发展数据库（下设 12 个子库）

围绕国内外中国经济发展主题研究报告、学术资讯、基础数据等资料构建，内容涵盖宏观经济、农业经济、工业经济、产业经济等 12 个重点经济领域，为实时掌控经济运行态势、把握经济发展规律、洞察经济形势、进行经济决策提供参考和依据。

中国行业发展数据库（下设 17 个子库）

以中国国民经济行业分类为依据，覆盖金融业、旅游、医疗卫生、交通运输、能源矿产等 100 多个行业，跟踪分析国民经济相关行业市场运行状况和政策导向，汇集行业发展前沿资讯，为投资、从业及各种经济决策提供理论基础和实践指导。

中国区域发展数据库（下设 6 个子库）

对中国特定区域内的经济、社会、文化等领域现状与发展情况进行深度分析和预测，研究层级至县及县以下行政区，涉及地区、区域经济体、城市、农村等不同维度，为地方经济社会宏观态势研究、发展经验研究、案例分析提供数据服务。

中国文化传媒数据库（下设 18 个子库）

汇聚文化传媒领域专家观点、热点资讯，梳理国内外中国文化发展相关学术研究成果、一手统计数据，涵盖文化产业、新闻传播、电影娱乐、文学艺术、群众文化等 18 个重点研究领域。为文化传媒研究提供相关数据、研究报告和综合分析服务。

世界经济与国际关系数据库（下设 6 个子库）

立足“皮书系列”世界经济、国际关系相关学术资源，整合世界经济、国际政治、世界文化与科技、全球性问题、国际组织与国际法、区域研究 6 大领域研究成果，为世界经济与国际关系研究提供全方位数据分析，为决策和形势研判提供参考。

法律声明